TRIATLÓN
Técnica, táctica y entrenamiento

per

Wilfried Ehrler

3ª Edición

Editorial
PAIDOTRIBO

Quedan rigurosamente prohibidas, sin la autorización escrita de los titulares del "copyright", bajo las sanciones establecidas en las leyes, la reproducción parcial o total de esta obra por cualquier medio o procedimiento, comprendidos la reprografía y el tratamiento informático y la distribución de ejemplares de ella mediante alquiler o préstamo públicos.

Título original de la obra:
TRIATHLON. Das Komplette
Know-how für Spitzenleistungen

© Sport und Gesundheit Verlag GmbH

Revisión técnica:
Jordi Porta Manceñido

© Wilfred Ehrler
Editorial Paidotribo
C/ Consejo de Ciento, 245 bis, 1º, 1ª
08011 Barcelona
Tel. 93 323 33 11 – Fax 93 453 50 33
http://www.paidotribo.com
E-mail: paidotribo@paidotribo.com

Tercera edición:
ISBN: 84-8019-205-4
D.L.: B-139-99
Fotocomposición: Ormograf, S.A.
Impreso en España por Carvigraf, S.L.

ÍNDICE

Triatlón: un producto de nuestro tiempo 9
Sobrepasar las dimensiones de la resistencia 9
El deporte evoluciona 11

Un deporte moderno y sus seguidores 15
Triatlón para principiantes 16
Triatlón ¿un deporte para niños? 19
Triatlón femenino 21
Minimizar los riesgos para la salud 22
    Natación 22
    Ciclismo 23
    Carrera 24

Exigencias a los triatletas 25
Las disciplinas parciales 27
La fuerza motriz del triatleta 29
Las transiciones y sus trucos 30

Factores de rendimiento en el triatlón 31
Los antecedentes deportivos del triatleta 31
El nadador: un perfecto atleta de élite en triatlón 32
Las posibilidades del ciclista 33
El corredor como triatleta 33

Principios generales para el entrenamiento del triatleta 35
¿Cuando se producen los procesos de adaptación? 35
Medios para el control de las cargas del entrenamiento 36
    Factores de la carga 36
    Métodos de entrenamiento 38
    Estructura de la carga 41
Enseñanza de habilidades y técnicas deportivas 44
    Resistencia: la virtud del triatleta 44
    La resistencia abarca un amplio campo 44
    Determinación de la intensidad del entrenamiento 46
    Control del método de entrenamiento para
    la resistencia 47
Desarrollo de la fuerza: complemento importante del entrenamiento
de la resistencia 48
    Tipos principales de fuerza 48
    Entrenamiento de la fuerza máxima 49
    Entrenamiento de la fuerza explosiva 50
    Entrenamiento de la fuerza resistencia 50
    Entrenamiento de la flexibilidad 52
    El desarrollo de la coordinación desde la infancia 53

Planificación del entrenamiento y valoración del rendimiento ... 57
Planificación del entrenamiento 57
    Reflexiones previas a la planificación del entrenamiento 59
    Contenido de la planificación del entrenamiento 59
    Duración del entrenamiento en el transcurso del año 60
    Autocontrol y diario del entrenamiento 63
    Análisis de las competiciones 64
Valoración del rendimiento 65
    Valoración del rendimiento por medio de la medición
    electrónica del pulso 65
    Medición del lactato como fundamento para una valoración del
    rendimiento 67

Índice

    Pruebas de laboratorio 68
    Realización del test 69

Modalidades de competiciones y distancias 71
Formas de competición en el triatlón 71
    Triatlón largo 72
    Triatlón medio 72
    Triatlón corto 72
    Triatlón esprint 73
    Triatlón popular 73
    Otras variantes de triatlón 73
    Triatlón de cross 74
    Competiciones de triatlón de larga duración 75
Otras modalidades de competiciones de resistencia 75
    Tres modalidades deportivas y no son aún triatlón 75
    Duatlón 75
    Las medallas del triatlón 76
    Triatlón turístico 77

Técnica y táctica de las diferentes disciplinas 79
Natación 79
    Técnica 80
    Técnicas de natación adecuadas 81
        Crol 81
        Braza 83
        Espalda 85
        Combinaciones de estilos de natación 87
    Técnica de viraje 88
        Virajes de crol 88
        Viraje de braza 89
    Táctica al nadar 91
    El comportamiento durante el recorrido 94
Ciclismo 96
    Física para el ciclista 97
    La técnica del ciclismo 99
    La táctica del ciclismo 103
La carrera 107
    La técnica de carrera 107
    La táctica durante el recorrido 111

Entrenamiento 113
Complejidad del entrenamiento de triatlón 113
   Estructura del entrenamiento 115
      Estructura del entrenamiento para principiantes 115
      Estructura del entrenamiento a largo plazo 117
Entrenamiento en natación 118
   Entrenamiento de la técnica 119
   Perfeccionamiento de la resistencia 123
      Resistencia extensiva aeróbica 123
      Resistencia aeróbica intensiva 124
   Otras indicaciones sobre el entrenamiento 126
      La fuerza resistencia aumenta el ritmo de nado 127
      Autosalvación en el agua 130
Entrenamiento para ciclismo 131
   Perfeccionamiento de la técnica 131
   Mejora del rendimiento en ciclismo 132
      Mejora de la capacidad aeróbica 133
      Fuerza y velocidad sobre la bicicleta 134
      Entrenamiento durante el invierno 136
Entrenamiento de la carrera 137
   Perfeccionamiento de la técnica de carrera 137
   Entrenamiento de la carrera de fondo 139
      Medios de entrenamiento para perfeccionar la resistencia
      aeróbica 140
      Medios de entrenamiento para perfeccionar la capacidad
      de rendimiento anaeróbico 140
   Ejercicios de estiramiento 141
   Entrenamiento de fuerza para triatletas 147
      Propuestas de ejercicios y programas 147
      De la recopilación de ejercicios al programa de ejercicios 154

Planificación general del entrenamiento para deportistas de alto rendimiento (distancia olímpica) 155
El entrenamiento para personas mayores 176

La competición 179
   Preparación para la salida 180
   Aclimatación 181
   El calentamiento antes de la salida 182

Utensilios de competición 183
Preparación mental antes de la competición 185
Comer y beber antes, durante y después de la competición 188

Profilaxis y regeneración 191
Alimentación 192
   Bebidas 195
Cuidados musculares 197
   Estiramiento de los músculos 197
   Relajación de los músculos 199
Medidas fisioterapéuticas 200
   Masaje 200
   Sauna 201
   Baños y duchas 201
Recuperación activa 202
Regeneración psíquica 203
Heridas y lesiones 205
   Lesiones por sobrecarga 205
   Lesiones agudas y enfermedades 206
Trastornos orgánicos a causa del calor 208
   Calambres por calor 209
   Agotamiento causado por el calor 209
   Insolación 210
Nadar en aguas abiertas frías 211

El equipo - un factor de rendimiento y accesorios de moda 213
Equipo para natación y medios de ayuda en el entrenamiento 213
   Trajes de protección 214
   Traje de triatlón 215
   Aparatos de entrenamiento y medios de ayuda
   en el entrenamiento del nadador 215
Material y equipo para el ciclismo 217
   El cuadro correcto 217
   Técnica de pedalada 219
      Los pedales 220
      Platos, piñones y cambios 221
      Las ruedas 222
   El sistema de dirección 227
   Los frenos 227

  El sillín 228
Complementos varios 228
  Ajuste de la bicicleta 229
   La posición clásica 229
   La posición "americana" 231
  Cuidados y conservación de la bicicleta 232
  Guardar las bicicletas 233
  Consejos para ayudarse uno mismo 234
  Ropa de ciclismo 237
El equipo de carrera 238
  Ropa 238
  Calzado 240
   Sobre el diseño de las zapatillas de carrera 240
   Sobre la elección de las zapatillas de carrera 242

Las reglas de las competiciones de triatlón 244
  Autorización para la salida, participación en competiciones sin permiso, identificación 244
  Reglas de natación 244
  Reglas de ciclismo 246
  Reglas para la carrera 247
  Comportamiento en las zonas de cambio 247
  Sanciones 247
  Grupos de edad 248

¡Las drogas ni tocarlas! 249

La organización de competiciones de triatlón 251
Indicaciones especiales para la organización 253
  Sobre el nivel de la competición 253
  Permisos 253
  Inscripción 253
  Aceptación de las condiciones de la competición 254
Sucesos imprevistos 254
Cronometraje y anuncio de resultados 255
Natación 255
Ciclismo 258
Carrera 260
Vestuario 262

Llegada a la meta 264
Protección del medio ambiente 265
Esquema de un plan de organización 268

Bibliografía 273

TRIATLÓN:
UN PRODUCTO DE NUESTRO TIEMPO

Hace aproximadamente unos diez años comenzaron en Alemania los primeros campeonatos de triatlón. Desde sus comienzos se ha conseguido mucho en este deporte. Los rendimientos han mejorado de forma constante, las reglas de los campeonatos han sido perfeccionadas, el equipo se ha especializado y los participantes han aumentado en número. ¿Cual ha sido la razón para este rápido desarrollo de un deporte de resistencia?

Con el transcurso del tiempo, el triatlón –que al principio era considerado más una moda para entusiastas de los deportes de resistencia– ha demostrado ser un deporte que pone de manifiesto un moderno sentido de la vida de una sociedad, en la cual desempeñan un papel importante la capacidad de rendimiento, la conciencia de la salud y la autodeterminación.

Sobrepasar las dimensiones de la resistencia

Otra razón para la rápida difusión fue, sin duda, un deseo de cambio en los deportistas de resistencia. Quien recorre siempre el mismo camino en el mismo deporte pronto se sentirá infravalorado y aburrido. Para muchos corredores, ciclistas y nadadores, el triatlón, con sus exigencias triples, era el ideal. Ahora se podrían alcanzar nuevas metas y superar viejos límites de resistencia.

El dicho de que «la monotonía es una cadena que nos ponemos nosotros mismos» también es válido en el deporte, sobre todo en el de resistencia, ya que el «solamente corredor» aprovecha parcialmente su potencial de adaptación física y, consecuentemente, nunca desarrolla por completo su capacidad de resistencia multivalente. Lo mismo le ocurre al ciclista o al nadador que se concentra exclusivamente en su deporte. Los conocimientos modernos sobre el entrenamiento tienen en cuenta este hecho. Los atletas de élite llevan a cabo de forma sistemática un entrenamiento complementario de su deporte específico. Se ha demostrado que la capacidad llamada resistencia es demasiado complicada para ser cubierta por una sola modalidad deportiva. La resistencia es multidimensional. Para la salud, la sensación de bienestar y una alta capacidad de rendimiento, sin embargo, es importante que se extiendan en todas las dimensiones, es decir, poner en funcionamiento el mayor número de grupos musculares y sistemas orgánicos. Aparte de la resistencia en el tiempo, debe desarrollarse la fuerza, además de una capacidad de resistencia no solamente para recorrer distancias largas, sino para mantener la correspondiente rapidez en las distancias cortas.

Suele ser muy difícil encontrar la solución más sencilla. Aunque en la historia del deporte han aparecido un sinfín de deportes de competición, entre ellos muchos deportes de equipo, hubo de transcurrir mucho tiempo antes de que se encontraran disciplinas específicas que dieran lugar a un entrenamiento de la resistencia. Entre un gran número de variantes de deportes en los cuales la resistencia jugaba un papel predominante, una combinación de ciertos deportes, que hoy en día denominamos triatlón, demostró ser la más atractiva. Esto no es de extrañar, ya que el triatlón se basa en los deportes de resistencia más apreciados. En las últimas tres décadas, la carrera de resistencia se ha convertido en el deporte más practicado para mantenerse en forma; el ciclismo se ha convertido en muchos países en un deporte popular como compensación al exceso de coches, y la natación siempre ha sido un deporte que ocupa un lugar destacado en la escala de preferencias de la gente.

Como todas las modalidades deportivas en el ámbito del deporte de masas, el triatlón ha obtenido su razón de ser en las sociedades industriales gracias a la escasez de actividad física de éstas. El triatlón se destaca por unos valores comunes a todos los deportes de resistencia: prevención de las enfermedades típicas de la civilización y ampliación de la cultura del movimiento de nuestro tiempo. Por ello, el triatlón no es una aparición casual, sino la consecuencia lógica del alto nivel del deporte de resistencia, que en esta fase requería otras variantes deportivas y formas de esfuerzo.

Con la modalidad deportiva del triatlón, en la práctica se ha impuesto una combinación de deportes, que nunca se puso a debate hasta hace pocos años y que en su desarrollo es único por su principio del *non-stop*.

El deporte evoluciona

Todos nosotros somos testigos de su rápido desarrollo. Aún recordamos las dramáticas imágenes por televisión de la primera retransmisión de un campeonato de triatlón desde Hawai en el año 1982. Enseguida, el triatlón se convirtió en el deporte en boca de todos y comenzó una carrera hacia las olimpiadas.

Salida de un campeonato de natación en Hawai.

En los últimos años, el triatlón se ha extendido por todo el mundo, ha creado su estructura interna y pública. El entrenamiento ya no está en manos de la casualidad, sino llevado de un modo cada vez más científico y controlado. El equipo se ha desarrollado específicamente para este deporte. Se ha convertido incluso en un factor de innovación para otras modalidades deportivas. Finalmente, a partir del triatlón se han desarrollado otras formas como son el crosstriatlón, el duatlón y los concursos o pruebas "multi-deportivas" de invierno. Los del ámbito de los deportes de resistencia son ahora posibles durante todo el año.

Estos hechos tienen influencia sobre las cantidades de personas interesadas y que participan. En los primeros años eran algunos ciclistas, corredores y nadadores quienes en los meses de verano buscaban nuevas experiencias deportivas en esta interesante combinación de deportes. El entrenamiento prácticamente no se centraba en ninguno de los tres deportes. También eran los tiempos en los cuales unos resultados excelentes en una disciplina y normales en las otras dos eran suficiente para obtener el triunfo.

Por regla general, eran los ciclistas quienes disfrutaban del éxito. Los rendimientos en natación estaban infravalorados a causa de las distancias a menudo demasiado cortas. Estos fenómenos fueron típicos de los primeros dos, tres años. No existía un entrenamiento específico para los triatletas y los buenos resultados eran debidos al entrenamiento anterior en un determinado deporte.

Después vino la etapa en la cual el entrenamiento estaba más enfocado hacia el esfuerzo realizado en una prueba de triatlón. Los mejores se entrenaban entonces para las tres disciplinas deportivas, aunque adoptaban los planes de entrenamiento casi exclusivamente de los especialistas en dichos deportes. Esta etapa se caracterizó por la amplitud de sus entrenamientos y por los períodos de entrenamiento ininterrumpidos, sin determinadas temporadas altas. Ello supuso indudablemente un aspecto positivo para el rendimiento, pero de ningún modo se alcanzó el máximo rendimiento de los deportistas. Ello era consecuencia de que no se había agotado por completo la periodicidad y otros principios del entrenamiento, como la especificidad de los ejercicios de entrenamiento o el análisis regular de los rendimientos.

Los nuevos conceptos del entrenamiento tienen mucho más en cuenta la estructura del esfuerzo al que se ve sometido el deportista durante un campeonato. Se parte de la base que no solamente es el esfuerzo total el que determina lo rápido que se recorre una distancia, sino también la estructura de esfuerzo diferente en cada disciplina y con ello también la forma dominante de la obtención de energía. Al mismo tiempo se tiene muy en cuenta que al menos en el entrenamiento para la prueba de cilcismo y carrera, aparecen efectos semiespecíficos del entrenamiento, que influyen en el balance total del rendimiento. Finalmente, se tiene una mayor conciencia que una resistencia de la fuerza específica influye sobre el rendimiento de forma altamente positiva. El éxito de estas medidas se controla por medio de los diagnósticos y valoraciones del rendimiento.

En este punto hay que indicar que las distintas distancias que deben ser recorridas en los campeonatos también requieren diferentes conceptos de entrenamiento. En el pasado no había diferencias prácticamente cualitativas entre la preparación al triatlón corto o la distancia de Hawai.

En cuanto al deportista de élite, en estos años se han hecho gran cantidad de experiencias y adquirido innumerables conocimientos. La mejora del rendimiento sobre todas las distancias es una prueba de este proceso. Mientras que, en 1978, el ganador de Hawai recorrió las tres distancias en 11h 46,58 m, el mejor tiempo actual se sitúa en las 8 h 09,15 m. Algo parecido ocurre con las distancias cortas que son prácticamente estándar. Mientras que en los primeros años del triatlón raramente se bajaba de las dos horas, hoy en día el ganador debe nadar 1,5 km, recorrer en bicicleta 40 km y correr 10 km en 1 hora y 45 minutos para estar entre los primeros en los campeonatos internacionales.

De forma similar a lo ocurrido con los rendimientos, la estructura organizativa también ha evolucionado. El deporte del triatlón se ha extendido por todos los continentes. Ahora existe una federación de triatlón en 90 países y en todos los continentes hay asociaciones de estas federaciones. Los problemas iniciales surgidos cuando estas federaciones de todo el mundo comenzaron a actuar conjuntamente son cosa del pasado. Una importante asociación mundial, la ITU (International Triathlon-Union), rige el destino del triatlón desde 1989. Anualmente se organizan campeonatos mundiales y continentales en el triatlón corto y largo. Tampoco en este sentido existen diferencias entre el joven deporte del triatlón y los deportes establecidos.

El triatlón fue reconocido por el COI como deporte olímpico. Ahora, los responsables de las federaciones nacionales se esfuerzan para integrar este deporte en el programa de los Juegos Olímpicos. Quizás pueda conseguirse en el año 2000, lo cual le daría a esta modalidad deportiva un mayor empuje.

UN DEPORTE MODERNO Y SUS SEGUIDORES

Desde sus principios, muchos deportistas se vieron atraídos hacia el triatlón. Por una parte, era el estímulo de la novedad, por otra parte, el reto de destacar en tres deportes de resistencia. De forma similar a lo que ocurrió en los primeros años del jogging, al comienzo eran los «deportistas reconocidos» que se sometían a prueba con el triatlón. Muchos vieron en él un bonito complemento al entrenamiento para la carrera que habían realizado durante años; otros reconocieron que como buenos ciclistas tenían posibilidades en otras disciplinas, y más de un nadador simplemente quería demostrar su fuerza en tierra firme.

Sin embargo, no hubo que esperar mucho hasta que una joven generación sin conocimientos previos se interesara por el triatlón. Pero también las personas de mayor edad disfrutan cada día más con el triatlón. Hoy en día se puede decir que una gran parte de la población que practica algún deporte tiene ambiciones en cuanto al triatlón. Esto vale tanto para los hombres como para las mujeres. ¿Qué conocimientos se tienen y qué experiencias se han hecho en los distintos grupos?

TRIATLÓN PARA PRINCIPIANTES

Los caminos que conducen hacia el triatlón son muy variados. A menudo son los amigos y conocidos quienes dan el primer estímulo y convencen para tener la primera experiencia con el triatlón.

Este comienzo se le hace bastante fácil al principante desde hace unos años. Son sobre todo los "triatlones-para-todos" los que mantienen muy bajo el límite de exigencia para empezar con el triatlón. Antes de efectuar la primera salida en un triatlón, frecuentemente se plantea la siguiente cuestión: ¿qué beneficios para la salud y la actividad deportiva ofrece el triatlón y qué peligros conlleva?

La combinación de tres disciplinas deportivas en las cuales la resistencia juega el principal papel hace que el triatlón tenga ya de por sí un gran valor desde el punto de vista de la salud. Los sobreesfuerzos que no son infrecuentes en el entrenamiento de una única disciplina son más raros dada la alternancia de los distintos deportes. Este hecho no sólo incide en las lesiones del aparato locomotor, sino que también se extiende a otros sistemas orgánicos.

También son muy positivos los métodos de entrenamiento que se emplean, por lo menos en el ámbito de los principiantes. Los campeonatos de triatlón duran al menos una hora aunque las condiciones de los deportistas sean limitadas. Se trata, por tanto, de un esfuerzo realizado durante un determinado tiempo. El entrenamiento debe adecuarse a la duración de la prueba. De esta manera se hace necesaria la aplicación de métodos de entrenamiento que solamente hagan posible una intensidad de entrenamiento moderada, y que, por tanto, no producen lesiones. El método del entrenamiento continuado y el fartlek son parte integrante de este método. Gracias a ello, los triatletas adquieren una alta capacidad de rendimiento. Entrenan principalmente de forma aeróbica y sin una limitación en el aporte de oxígeno. De esta forma, las personas de edad más avanzada y las que no están lo suficientemente entrenadas pueden afrontar largas distancias. El entrenamiento aeróbico es la forma de esfuerzo que tiene un mayor valor para la salud. Además, es muy sencillo de llevar a cabo, ya que solamente hay que determinar la amplitud y frecuencia del entrenamiento. Estos dos factores pueden determinarse sin grandes dificultades de diagnóstico en base a las propias sensaciones y experiencias. Por tanto, el peligro de un exceso de entrenamiento es bastante bajo.

Ya desde la antigüedad, el ideal del cuerpo humano ha exigido el desarrollo de todos los músculos y de las capacidades físicas más importantes. No todos los deportes cumplen esta exigencia de polivalencia. Las pruebas de deportes diferentes son las que más se adecúan a esta idea. El triatleta posee una musculatura de pecho y brazos bien desarrollada como resultado de los entrenamientos en natación, así como también una musculatura atlética típica en las piernas. Como resultado del esfuerzo continuado no se encuentra mucho tejido adiposo debajo de la piel, de forma que la muscultura resalta en mayor grado. Además de la resistencia se fomenta la capacidad para desarrollar fuerza, una condición previa necesaria para llevar a cabo unos rendimientos satisfactorios en el ámbito de la velocidad.

Entre las ventajas del haber del triatlón se encuentran además:

– Los tres deportes del triatlón requieren capacidades locomotoras que no necesitan un proceso de aprendizaje de larga duración.

– Las tres disciplinas se encuentran entre los deportes de más vitalidad que pueden ser practicados desde la infancia hasta edades avanzadas. Los deportistas que ya no practican el triatlón de competición pueden seguir entrenándose en uno o más de estos deportes.

– El entrenamiento del triatlón ofrece grandes posibilidades de alcanzar el peso ideal siguiendo una dieta adecuada.

Para determinar el peso ideal (en kg) puede utilizarse la siguiente fórmula: talla en cm menos 100 = peso ideal. Las mujeres deberían restarle un 10% al resultado obtenido.

– Ya que es sencillo determinar la amplitud del esfuerzo y su intensidad en el ámbito aeróbico, el entrenamiento en los tres deportes es fácil de organizar.

– La mejora de los rendimientos en las tres disciplinas es fácil de medir al poco tiempo de llevar a cabo el entrenamiento por medio de tests de rendimiento locomotor (p. ej. 5000 m lisos, 400 m natación, 20 km de ciclismo). Otras indicaciones de adaptación pueden ser comprobadas por medio de unos sencillos métodos de análisis médico:

– Disminución de la frecuencia cardíaca en descanso y durante un determinado rendimiento.

– Valoración de la absorción máxima de oxígeno.

– Transformación positiva de la presión sanguínea.

– Deben valorarse muy positivamente los resultados obtenidos por el triatlón. Ya el entrenamiento ofrece mucha variedad, y los campeonatos suelen ser acontecimientos que permanecen en el recuerdo durante semanas.

– Finalmente, la capacidad de rendimiento adquirida gracias al triatlón aumenta el sentimiento de la propia dignidad e influye positivamente sobre el estado psíquico.

La organización del entrenamiento personal en triatlón ofrece otras ventajas:

– Las tres disciplinas que forman parte del triatlón son adecuadas para entrenarse por cuenta propia. El tiempo de entrenamiento puede ser variable, incluso las personas cuyo tiempo está en gran parte ocupado por su profesión pueden encontrar tiempo para entrenarse.

– Hay posibilidades de entrenamiento casi siempre y en todas partes. Si en invierno las posibilidades de entrenarse en ciclismo y natación están limitadas localmente, este tiempo puede ser aprovechado para correr y llevar a cabo un entrenamiento conpensatorio.

– Los costes para adquirir el equipo son altos, pero tanto la ropa como los aparatos pueden utilizarse durante mucho tiempo.

> El principiante en triatlón entrena tres veces por semana. Ello hará posible que adquiera una buena condición, más salud y un aumento de la confianza en sí mismo.

¿Cuáles son las desventajas del triatlón y del entrenamiento que requiere?

Todo deporte entraña un riesgo físico. Las estadísticas sobre los accidentes en el deporte lo indican claramente. Más peligro corren los esquiadores alpinos y los jinetes, pero también los jugadores de fútbol. El cilcismo, que forma parte del triatlón, se encuentra en un térrmino medio, y tanto la natación como la carrera están a la cola de la lista. Los accidentes no son la única forma de peligro. Frecuentemente son las lesiones por sobreesfuerzo, que se hacen notar de una manera menos dramática pero más encubierta. Afectan principalmente al aparato locomotor, de lo cual daría buena cuenta un corredor de fondo. Debe mencionarse también un mayor riesgo de sufrir resfriados como consecuencia del entrenamiento en natación. Y, finalmente, el cambio de la natación al ciclismo constituye otro factor de riesgo, ya que a menudo el deportista comienza a pedalear con la ropa mojada.

Con un entrenamiento correcto desde el punto de vista de la metodología, el seguimiento de unas reglas higiénicas, una ropa adecuada a su función, controles médicos, así como también un comportamiento de acuerdo con las reglas de la circulación durante el entrenamiento en ciclismo, estos riesgos pueden reducirse al mínimo. El principiante debe saber que el triatlón, cuando se realiza en campeonato o durante un espacio de tiempo largo o medio, es una cuestión que requiere mucho entrenamiento. El mínimo absoluto de entrenamiento semanal estaría entre cuatro y cinco horas (1 1/2 h de carrera, 1 h natación, 2 h ciclismo).

Los gastos materiales y económicos no son muy altos en este deporte, siempre y cuando el atleta no siga los dictados de la moda y aproveche las posibilidades para participar en campeonatos organizados en lugares más o menos cercanos a su residencia.

TRIATLÓN ¿UN DEPORTE PARA NIÑOS?

Nadar, ir en bicicleta y correr han sido siempre deportes practicados en el colegio y en el tiempo libre de los niños, de cuyos efectos beneficiosos para la salud nadie se atrevería a dudar. Aunque el organismo infantil presente ciertas particularidades, ya que los niños de ningún modo son «pequeños adultos», no existen razones fisiológicas que contraindiquen un entrenamiento de la resistencia y pequeños campeonatos. Aún menos cuando en una disciplina son los brazos y en la otra las piernas las que realizan la mayor parte del trabajo. El esfuerzo repartido que caracteriza a este deporte es mucho más adecuado para el organismo del niño que un esfuerzo continuado y unilateral.

El diseño del entrenamiento es muy importante en el caso de los niños. Se diferencia completamente de lo que los «mayores» entienden bajo el concepto de «entrenamiento».

El juego y la diversión deben determinar continuamente el entrenamiento de los niños. Los campeonatos solamente deben constituir un momento aislado en el año deportivo. Evidentemente, un campeonato solamente se disfruta cuando uno se ha preparado para ello y se dominan las técnicas básicas de los tres deportes.

El entrenamiento para el triatlón de niños no debe ser una copia reducida del deporte que realizan los adultos. No se entrenan solamente las habilidades y capacidades específicas para un deporte, sino también la agilidad, la rapidez y la movilidad. Por medio de las técnicas empleadas en la natación y el ciclismo, así como gracias a una técnica de carrera correcta, se crea una amplia base coordinativa gracias al desarrollo de múltiples habilidades. Todo ello fue tenido en cuenta por la unión alemana de triatlón en su campaña denominada «la juventud entrena para el triatlón». De esta manera se intenta dar al mayor número de niños posible la oportunidad de realizar experiencias con el deporte del triatlón tanto en el club deportivo como en el colegio. En los campeonatos se recomendaron las distancias que se adecuaban a la capacidad de rendimiento de los niños. Los niños de 10 a 12 años podían nadar un máximo de 300 metros, recorrer en bicicleta no más de 10 km y correr 2 km. Los campeonatos infantiles deben dar a los jóvenes la posibilidad de descubrir sus talentos, ampliar sus intereses y comprobar sus fuerzas realizando una prueba deportiva muy variada. Y sobre todo deben disfrutar con ello.

El entrenamiento en los grupos de niños no está concebido de cara a futuros deportistas de alta competición. Los grupos infantiles le dan a todos la oportunidad de practicar y entrenarse de una forma variada. Quien quiera practicar el triatlón como deporte principal encontrará en estos grupos una primera aproximación ideal.

Preescolar	Primeros años escolares	Últimos años escolares	Adolescencia
Desarrollo locomotor general por medio de juegos, gimnasia con aparatos, correr, saltar y lanzar.	Familiarización con los tres deportes de competición.	Ampliación del aprendizaje de las técnicas de los tres deportes.	Perfeccionamiento de la técnica.
Aprendizaje de la natación y montar en bicicleta.	Juegos variados de movimiento (principalmente juegos de pelota).	Mejora de las capacidades de coordinación por medio del entrenamiento (resistencia, fuerza, rapidez).	Entrenamiento de la condición física y entrenamiento sistemático y durante todo el curso, en los tres deportes.
	Aprendizaje de los elementos fundamentales de la técnica de la natación.	Orientación del entrenamiento hacia el triatlón.	Entrenamiento de complemento en los deportes similares.
	Perfeccionamiento de la coordinación.	Experiencias en el entrenamiento (entrenamiento sistemático durante todo el curso).	Campeonatos de triatlón.
	Fortalecimiento por medio de la gimnasia.		
	Adquisición de velocidad.		
	Primeras experiencias en campeonatos de los tres deportes por separado y juntos.	Experiencias en competiciones de triatlón y en cada uno de los deportes por separado.	
5 6 7	8 9 10	11 12 13	14 15 16

Tabla 1: Practicar y entrenar con niños y jóvenes en la modalidad deportiva del triatlón (de izquierda a derecha)

La tabla 1 da una visión general de los contenidos principales del entrenamiento infantil en triatlón y cómo se les pueden acercar a los niños estos tres deportes.

TRIATLÓN FEMENINO

Los campeonatos de triatlón son en un 90% para hombres. Solamente una media del 10% de la participación total recae sobre las mujeres.

¿Es el triatlón demasiado difícil y cansado para mujeres y niñas? Por lo menos esto no es así desde el punto de vista médico, ya que el organismo femenino tolera el esfuerzo continuado tan bien como el masculino. Las investigaciones en medicina deportiva no han evidenciado diferencias significativas con respecto a los hombres. Una absorción máxima de oxígeno, la frecuencia cardíaca durante el esfuerzo y los valores de lactato son fundamentalmente los mismos. No existen argumentos de peso que desaconsejen la práctica del triatlón a mujeres y niñas.

> Las mujeres se adaptan mejor a los esfuerzos continuados que a las exigencias de máxima fuerza y rapidez.

El hecho de que el deporte del triatlón no esté tan extendido entre las mujeres como entre los hombres radica más en razones sociales. Por sus múltiples ocupaciones, la mujer, por lo general, no tiene tanto tiempo para entrenarse. La experiencia demuestra que si en la familia no existe una marcada afición por el deporte, para la mujer es imposible realizar una actividad de entrenamiento y campeonato regular. La participación de la mujer es frecuente allí donde los hombres y los amigos también practican el triatlón.

Otra razón para la usual «abstinencia del triatlón» de la mujer es la postura social ante los deportes de resistencia. Estos deportes aún se consideran propios de hombres. Unas mujeres sudorosas y extenuadas no se corresponden con el ideal femenino de nuestro tiempo. Se consideran femeninos aquellos deportes como el patinaje artístico, la gimnasia, el baile y el esquí. Estos problemas seguirán acompañando a los deportes de resistencia durante largo tiempo. Solamente llegará el cambio cuando las mujeres tomen contacto con los deportes de resistencia desde muy jóvenes.

Las deportistas de élite también podrían conseguir un cambio de mentalidad. Su ejemplo puede servir para animar a muchos niños y jóvenes. El deporte de alta competición también puede cambiar el rumbo del futuro del triatlón.

MINIMIZAR LOS RIESGOS PARA LA SALUD

Natación

Aparte de los riesgos comunes que acompañan a la natación, el triatlón esconde un peligro potencial sobre todo por la combinación de una distancia a recorrer relativamente larga y una baja temperatura del agua. Se puede producir una hipotermia con todas sus posibles consecuencias. Este peligro se evita con mayor seguridad cuando el nadador nada con trajes que le protejan del frío. El neopreno ayuda a mantener la temperatura del cuerpo durante más tiempo aun en agua fría. Los trajes protecto-

Hace tiempo que los triatletas conquistaron las piscinas.

res permanecen pegados al cuerpo y el aire contenido en sus celdillas forma un alcolchamiento de calor.

La adaptación al agua fría también puede entrenarse. Los «baños de hielo» lo confirman. Por tanto, durante el entrenamiento en natación, el trialeta no solamente debería refugiarse en una piscina cubierta, sino adaptarse a tiempo a unas condiciones más desfavorables sigiuiendo un «programa de agua fría».

Ciclismo

Todos los deportes que se llevan a cabo a gran velocidad requieren que quienes los practiquen tengan conciencia del peligro potencial. Por esta razón, el ciclismo se lleva a cabo en segundo lugar, ya que así es posible que el atleta aún llegue a la meta con concentración y no excesivamente cansado. A pesar de ello, la mayor preocupación de los organizadores de campeonatos de triatlón es la elección de la distancia a recorrer en bicicleta. La curvas, las salidas rápidas, las carreteras mojadas, los adoquines y la gravilla constituyen peligros verdaderos. Evitar una caída presupone dominar la técnica perfectamente y, sobre todo, tener mucho dominio sobre sí mismo. En el entrenamiento y en la competición, el deportista debe saber mantener una velocidad acorde con las condiciones exteriores (carretera, climatología).

Ya que en la mayoría de los campeonatos no es posible cerrar la carretera al tráfico, éste se convierte en otro peligro para el ciclista. Por esta razón, todo triatleta debería tener siempre presente lo siguiente:

1- que debe cumplir siempre las reglas del código de la circulación y
2- que frente al tráfico, él siempre será la parte más débil.

Una circulación agresiva le colocará en las situaciones de mayor peligro. Cuando haya nieve y hielo, la bicicleta debe estar en «la cuadra». En los días de invierno se puede mantener la condición física corriendo y nadando, o también realizando esquí de fondo y patinaje sobre hielo. En cada entrenamiento, la bicicleta de carreras debe estar en perfecto estado técnico. Unas ruedas desgastadas, unos frenos que no funcionan debidamente, ruedas mal centradas, a menudo han sido las causas de numerosos accidentes. También debe tenerse en cuenta que el entrenamiento en las carreteras normales requiere que la bicicleta cuente con dispositivos de seguridad. Entre éstos se encuentran los reflectores traseros, el timbre, dos sistemas de frenado independientes y luz para la oscuridad. Otra medida de seguridad la constituye un casco que no se mueva y que proteja la cabeza de las lesiones que puede producirse en una caída. El casco también debe ponerse en el entrenamiento.

Carrera

Cuando se recorre una distancia durante una prueba, los problemas no se producen tanto por el esfuerzo de correr, sino más bien por la suma de los esfuerzos realizados durante las disciplinas anteriores y las condiciones climatológicas. El calor en la temporada de verano constituye el mayor peligro. Para no correr riesgos innecesarios, en el primer tercio del campeonato debería armonizarse el deseo de rendir y la capacidad de rendimiento. Ésta es la medida preventiva más importante. También debe tenerse en cuenta que la necesidad de tomar líquido y alimento es mayor en esta fase del campeonato. Esto deberían tenerlo en cuenta sobre todo los organizadores.

En el entrenamiento de la carrera se reducen las posibilidades de riesgo de la persona que entrena al mínimo. Si se elije la ropa correcta, se lleva un calzado que desempeñe sus funciones debidamente y el suelo es adecuado para correr, prácticamente no existen factores de peligro.

El triatlón es un deporte de competición que requiere un entrenamiento constante. Solamente un entrenamiento realizado con regularidad durante años hace que se consigan las necesarias adaptaciones que se esperan generalmente en el deporte.

> Los beneficios del entrenamiento solamente pueden conservarse durante largo tiempo si no se produce un accidente u otro tipo de lesiones físicas. La prevención de accidentes y lesiones forma parte del aprendizaje del entrenamiento, tanto como un suficiente aprendizaje técnico y práctico.

EXIGENCIAS A LOS TRIATLETAS

Triatlón significa competición, rendimiento deportivo, pero también aventura. Ya el primer pequeño triatlón constituye para la mayoría una prueba de las capacidades y una vivencia.

¿Qué requisitos deben cumplirse para participar en un campeonato de triatlón?

– Un triatlón general dura una hora o más, un triatlón corto lo terminan los mejores en menos de 2 horas, y para la distancia media se necesitan al menos cuatro o cinco horas. Todo triatlón, por tanto, requiere una resistencia prolongada del deportista. Esto significa que, además de la capacidad de resistencia aeróbica, también se debe entrenar la anaeróbica. En este deporte, la disponibilidad y el consumo de oxígeno están equilibrados.

– Los procesos fisiológicos cuando se participa en una prueba de triatlón aún son en gran medida desconocidos para la ciencia del entrenamiento. La combinación de tres disciplinas deportivas –practicadas según el principio del *non-stop*– supone la exigencia de resistir en diversos campos, lo cual no solamente significa que se exige mucho en el plano de la condición física y en el coordinativo, sino también una gran capacidad de adaptación y reorientación. Los patrones de movimiento cambian de una disciplina a la otra, y esta transformación resulta especialmente difícil para el deportista después de realizar un gran esfuerzo.

Las siguientes indicaciones dan una idea de la estructura del redimiento en el triatlón con sus presupuestos fisiológicos.

> Es necesario que el triatleta tenga capacidad de resistencia a largo plazo, lo cual se consigue con una disponibilidad de energía estable.

La capacidad de rendimiento del atleta está determinada en primer lugar por la capacidad aeróbica del organismo.

El músculo puede transformar la energía química en trabajo mecánico, y esto con un grado de efectividad que no ha sido conseguido por ninguna máquina. La energía necesaria para el proceso de contracción se produce en la célula por la transformación aeróbica y anaeróbica de los hidratos de carbono y las grasas. El metabolismo graso, sin embargo, es menos productivo ya que requiere más oxígeno. Ello significa que cuando se agotan las reservas de hidratos de carbono (y consecuentemente el cambio hacia el metabolismo graso), se produce una disminución clara del rendimiento. Ya que los campeonatos de triatlón suelen sobrepasar la frontera crítica de los 90 minutos, también el metabolismo graso juega un papel determinante en la capacidad de rendimiento durante la competición. En el triatlón medio y especialmente en el triatlón largo, esta forma de disponibilidad de energía es un factor determinante. En el entrenamiento no solamente deben tenerse en cuenta la mejora de la obtención de energía y la capacidad de acumular hidratos de carbono, sino sobre todo la capacidad de rendimiento del metabolismo graso. Sin embargo, es erróneo calcular solamente la duración del campeonato. Al fin y la cabo, el rendimiento total en el triatlón depende de tres disciplinas. Lo típico de una estructura de rendimiento de triatlón es: durante el esfuerzo realizado en un cierto intervalo de tiempo se produce un cambio de esfuerzo triple, lo cual influye de forma diferente en la disponibilidad energética.

Exigencias a los triatletas

> La condición más importante para recorrer cualquier distancia de triatlón es una buena disponibilidad de energía aeróbica. Las tres formas diferentes de trasladarse hacen más fácil el esfuerzo total.

LAS DISCIPLINAS PARCIALES

– La primera disciplina del triatlón, la natación, solamente tiene efectos energéticos mínimos sobre las dos siguientes disciplinas parciales. El triatleta, que aún tiene toda su capacidad de rendimiento, preferirá nadar según la técnica de crol. Sin embargo, se ve cada vez con más frecuencia que también se obtienen buenos resultados con la técnica de la braza. En ambas técnicas se puede comprobar que el esfuerzo recae sobre todo sobre los depósitos de glucógeno de la musculatura de los brazos y, por tanto, prácticamente no tiene consecuencias sobre las

Se ha efectuado la salida en natación, aún es posible casi todo.

otras dos disciplinas. La frecuencia cardíaca, la frecuencia respiratoria y, por tanto, la absorción de oxígeno corresponden a un esfuerzo medio en el ámbito aeróbico. Los atletas abandonan el agua sin grandes señales de cansancio.

> Tramo de natación - esto significa
> – altas exigencias técnicas,
> – consumo energético relativamente bajo,
> – esfuerzo realizado por los brazos.

– Una situación semejante se produce en el ciclismo. Aquí se cansa principalmente la musculatura de las piernas. Durante la segunda disciplina domina el metabolismo de las grasas. Ello es válido especialmente para las competiciones que superan la distancia corta. El esfuerzo realizado durante la prueba de ciclismo se encuentra en el nivel medio y así lo considera también el atleta. Además, el cambio del «deporte de brazos», que es la natación, al «deporte de piernas», que es el ciclismo, tiene unos efectos muy beneficiosos. Aquí parece que estriba la razón principal por la cual los deportistas en el triatlón finalizan el recorrido en bicicleta en los mismos tiempos que en un campeonato específicamente de ciclismo. La intensidad moderada con la que se realiza el esfuerzo es la razón por la cual el entrenamiento en esta disciplina puede ser llevado a cabo de forma extensiva. Un esfuerzo prolongado, con una intensidad media a baja, debería constituir el principio del entrenamiento para el ciclismo en el triatlón. Las intensidades altas con deficiencia de oxígeno y gran producción de ácido láctico no contribuyen a un aumento del rendimiento ni a mejorar la salud.

> Tramo de ciclismo - significa
> – alternancia de la exigencia de resistencia y de fuerza
> – habilidad táctica
> – esfuerzo realizado por las piernas

– La carrera que se realiza en último lugar somete al deportista al mayor esfuerzo, después del esfuerzo realizado anteriormente y el carácter específico de la carrera. En esta parte del campeonato debe calcularse con una frecuencia cardíaca superior a las 170 pulsaciones por minuto. Por esta razón, la carrera es considerada la «disciplina dura» del triatlón, mientras que la natación y el ciclismo son las «disciplinas blandas».

La obtención de energía durante la carrera se basa principalmente en el metabolismo de los hidratos de carbono. Ello es válido especialmente para el metabolismo en el ámbito del trabajo, o sea de la musculatura de las piernas. En consecuencia, debería prestarse la mayor atención al entrenamiento de esta parte del triatlón. Este tipo de movimiento presupone una adaptación muy importante al esfuerzo continuado, tanto desde el punto de vista orgánico como funcional. Tampoco se trata de ser una «centella», ya que también en el entrenamiento básico de la carrera vale el principio de «lento pero seguro».

> Tramo de carrera - significa
> – consumo de las reservas de energía
> – esfuerzo realizado por las piernas

LA FUERZA MOTRIZ DEL TRIATLETA

No se pone en duda: una capacidad de resistencia bien desarrollada es el fundamento para obtener buenas marcas en triatlón. El sistema cardiovascular y el metabolismo, los presupuestos orgánicos para tener resistencia, son en cierto modo el motor central de todo el organismo. Los músculos de las extremidades forman los motores periféricos del sistema triatleta. Estos motores son los responsables de la propulsión. Para ello deben estar en las mejores condiciones para llevar a cabo un rendimiento y tener muchos caballos de fuerza. Los déficits existentes se pueden solucionar fácilmente por medio de un entrenamiento de fuerza. El triatleta debe encontrar el punto justo entre la musculatura de pura resistencia y unos músculos orientados a desarrollar fuerza máxima, como ocurre en los que se dedican al "body building". Lo primero tendría como consecuencia un motor demasiado «débil», lo último un motor demasiado pesado y que no aguanta los esfuerzos prolongados.

Para el triatleta, ello significa que debe fortalecer su musculatura utilizando los métodos del entrenamiento de la fuerza resistencia. La musculatura debe someterse a estímulos submáximos, dependiendo el componente de la resistencia de un número de repeticiones relativamente alto. Solamente así se conseguirá que el atleta recorra las distancias establecidas a una velocidad óptima, especialmente en el triatlón corto. Los rendimientos de fuerza resistencia se exigen principalmente de la musculatura de los brazos en la natación y de la musculatura de las piernas en el ciclismo. En la parte de la carrera de 10 km se trata más de una resistencia global que de la fuerza resistencia. Aquí el esfuerzo es más continuado que en el ciclismo, que tiene tramos de mucho esfuerzo, por ejemplo al escalar una montaña. Incluso aquí puede entenderse que no siempre es fácil encontrar en el entrenamiento el compromiso correcto entre las dos variantes de capacidad. Lo mismo ocurre en el desarrollo de la musculatura de los brazos. Realmente sólo se necesita para nadar. En las disciplinas de ciclismo y carrera podría convertirse incluso en una carga que limitase los rendimientos.

En el triatlón, el entrenamiento de la fuerza resistencia ha ganado en importancia en los últimos años. La fuerza resistencia de un grupo muscular en cuestión se ha convertido en un factor de rendimiento determinante.

El objetivo fundamental del entrenamiento del triatlón es la mejora de la fuerza resistencia que determina el rendimiento.

LAS TRANSICIONES Y SUS TRUCOS

Un capítulo especial en el triatlón está dedicado al cambio de una disciplina a otra. Mientras que el paso de la natación al ciclismo aún se desarrolla sin problemas, el cambio de bicicleta a carrera conlleva grandes dificultades para el deportista. A menudo tarda algunos kilómetros hasta que la musculatura se ha acostumbrado al nuevo movimiento y la coordinación se desarrolla sin dificultades. Ésta es una particularidad del triatlón que no se da en ningún otro deporte. Todas las experiencias en este sentido indican que también estas exigencias de coordinación pueden entrenarse. Por esta razón, el deportista debería correr un par o tres de kilómetros después del entrenamiento del ciclismo, para acumular el mayor número de experiencias en este cambio y para acortar al mínimo el proceso de adaptación coordinativa.

> La multiplicidad de las formas de exigencia sobre el aparato locomotor, estando sometido a un esfuerzo continuado, es la particularidad y a la vez el gran aliciente de este deporte. La finalidad del triatleta es dominarlas cada vez más por medio del entrenamiento.

FACTORES DE RENDIMIENTO EN EL TRIATLÓN

En el deporte de alto rendimiento, a partir de la denominada estructura de rendimiento se deduce cómo debe diseñarse el entrenamiento, qué requisitos físicos debe cumplir el atleta y qué condiciones deben crearse para el entrenamiento y la competición. En el triatlón –como en la mayoría de las disciplinas deportivas– esta estructura del rendimiento aún no se ha comprendido en su totalidad. Lo que es seguro es que juegan un papel destacado una capacidad de rendimiento superior a la media, unos conocimientos previos de técnica deportiva y unos componentes psíquicos, como son la capacidad de resistencia, de resistir el dolor y la perseverancia. Esto vale tanto para el deportista de élite como para el atleta común. Solamente si cumple estas codiciones deportivas y es capaz de luchar tanto en el entrenamiento como en la competición, tendrá posibilidades de convertirse en un buen triatleta. ¿Qué condiciones especiales son determinantes?

Los antecedentes deportivos del triatleta

A causa de las exigencias variadas a las que se ve sometido el deportista de resistencia, se piden de él ciertos requisitos físicos y a la vez se desarrollan. Por esta causa, el «típico triatleta o duatleta» no es reconocible exteriormente. De forma diferente, por ejemplo, al corredor de maratón o al lanzador de pesas, en este atleta no se destaca de forma dominante ningún tipo de particularidad física (p. ej. talla corporal, peso, etc.). Las fotos de los ganadores en los campeonatos muestran que la talla corporal es lo menos importante. Parecen más importantes el desarrollo muscular y la fuerza relativa (fuerza máxima/peso). En consecuencia, entre los mejores se encuentran frecuentemente tipos atléticos, y solamente en casos excepcionales los atletas con exceso de peso pueden colocarse en los primeros lugares. Lo determinante para conseguir unos buenos resultados, sin embargo, es la capacidad y la habilidad en las diferentes disciplinas parciales.

¿Qué requisitos previos cumplen los nadadores, los ciclistas y los corredores para poder convertirse en buenos triatletas o duatletas?

El nadador: un perfecto atleta de élite en el triatlón

Si no se domina de forma sólida un estilo de natación, no puede comenzarse a practicar el triatlón. Por tanto, el saber nadar es un requisito imprescindible. Por «nadadores» se entienden aquellos deportistas que ya han tenido experiencias previas en campeonatos de natación. La natación en el triatlón es la parte que requiere las habilidades técnicas más desarrolladas. Al mismo tiempo es la distancia que se recorre con mayor rapidez. Sin embargo, no por ello debe subestimarse la importancia de la prueba de natación; porque una buena marca en esta modalidad deportiva es determinante para obtener una buena posición en la prueba de ciclismo. El principiante también debe saber que a partir de los treinta años es muy difícil aprender nuevas técnicas natatorias con una alta perfección. Quien no domine estas técnicas desde la niñez y juventud nunca alcanzará buenos tiempos en natación. Hasta aquí las ventajas de los «nadadores» para el triatlón. Para este tipo de deportista es importante que adquiera una buena condición física para aquellos deportes que se realizan en tierra firme. Se obtendrán los mejores resultados si el nadador lleva a cabo un entrenamiento sistemático para la carrera. También deben acumularse experiencias sobre la bicicleta. Aquí también es importante tener conocimientos sobre la mecánica de la bicicleta y adquirir la necesaria destreza, ya que unos buenos rendimientos en ciclismo no solamente dependen del número de kilómetros entrenados sobre la bicicleta, sino también de cómo ajusta el deportista su bicicleta, cómo la cuida y domina técnicamente. Generalmente puede observarse que, sobre todo entre los mejores, los nadadores tienen importantes ventajas frente a los triatletas de otras modalidades.

> Los nadadores lo tienen más fácil. Pueden concentrar totalmente su entrenamiento en la mejora de su condición física.

Las posibilidades del ciclista

Los ciclistas tienen muchas posibilidades de obtener buenos resultados cuando comienzan a tomar parte en una competición de triatlón, siempre y cuando en un principio sean al menos nadadores aceptables. La distancia a recorrer en bicicleta ocupa ya el mayor tiempo en el triatlón y, a juzgar por la experiencia, los ciclistas suelen ser buenos corredores. No es raro que en las pruebas de triatlón corto un ciclista medio pueda conseguir una ventaja de 10 a 15 minutos: valor que equilibra un rendimiento regular en natación y que supone una considerable ayuda para la siguiente prueba de carrera. Ello aún se acentúa más cuando un ciclista experimentado comienza la carrera relativamente fresco. Para un buen ciclista suele tratarse de mejorar el rendimiento en natación y especialmente entrenarse durante el invierno para la carrera a fin de mejorar esta condición especial.

Una posibilidad relativamente nueva que tiene el ciclista para obtener una buena marca en las pruebas de deportes combinados la constituye el duatlón. Los resultados de las grandes competiciones de duatlón, por ejemplo, en Zofingen (Suiza) lo demuestran. Aunque la disciplina del ciclismo se ve flanqueada por la de carrera, o sea se corre dos veces, el ciclista se siente cómodo en esta prueba. La primera carrera se suele realizar sin grandes problemas y en la segunda, los ciclistas aprovechan la ventaja obtenida en su especialidad.

> En la distancia recorrida en bicicleta se consume la mayor parte del tiempo, por lo cual se puede aprovechar al máximo la ventaja que se obtenga frente a los otros «especialistas».

El corredor como triatleta

Aunque la carrera sea el medio principal de entrenamiento del triatleta, se puede observar que los corredores de fondo más entrenados evitan el triatlón. La razón parece radicar en las dificultades que entraña la natación. Por una parte, puede tratarse de una deficiencia en la técnica necesaria, por otra parte, puede deberse a una mayor sensibilidad al frío de los corredores de maratón, que suelen estar muy delgados. Del conjunto de corredores, son los tipos atléticos, más que los leptosomáticos, los que se sienten atraídos hacia el triatlón. El «únicamente corredor» también tiene problemas por el hecho de que tiene que perfeccionarse técnicamente en dos disciplinas. Ello siempre suele resultar más difícil que simplemente mejorar la condición física. Las ventajas del corredor se encuentran claramente en su condición básica y en la fuerza para llegar a la meta. Cuando otros llegan trotando lentamente o incluso andando, él es capaz de pasar a sus contrarios uno tras otro a un ritmo bastante ligero. En el triatlón de Leipzig en 1992, el mejor corredor aventajaba en 25 minutos a la media de su grupo de edad. Esta diferencia no solamente es característica del rendimiento en carrera que puede desarrollar este tipo de deportista, sino que da una idea de las consecuencias que tiene un esfuerzo anterior sobre los tiempos de carrera. Entre otras cosas puede deducirse que un entrenamiento bien diseñado mejora la resistencia base en las tres disciplinas y aumenta considerablemente las posibilidades de llegar a la meta.

En el duatlón, un buen corredor solamente tendrá posibilidades si tiene experiencia en ciclismo y obtiene nuenas marcas, ya que en el duatlón los rendimientos en ciclismo tienen el mayor peso. Ello ocurre especialmente en la distancia corta (5/30/5) y aún más en la distancia larga (10/60/10).

Quien quiera codearse con los mejores –sea en el triatlón o el duatlón– no puede permitirse ser peor en una disciplina. Todas sus marcas parciales deben estar por encima de la media. En los rendimientos de los mejores atletas, una desventaja de dos minutos en la primera distancia es muy difícil de recuperar en el resto de los recorridos.

> Si la condición física general es satisfactoria, el corredor tiene las máximas posibilidades frente a sus competidores para llegar a la meta.

PRINCIPIOS GENERALES PARA EL ENTRENAMIENTO DEL TRIATLETA

El principio básico del entrenamiento se basa en la capacidad del organismo humano para adaptarse a esfuerzos superiores a lo normal.

¿CUÁNDO SE PRODUCEN LOS PROCESOS DE ADAPTACIÓN?

Los procesos de adaptación se producen cuando el esfuerzo realizado durante el entrenamiento sobrepasa el umbral al que está acostumbrado el organismo, es decir, cuando los valores del esfuerzo (p. ej. duración e intensidad) son mayores que la capacidad momentánea para realizar un esfuerzo y soportar una carga. En los principales, este valor puede ser un estímulo relativamente bajo, mientras que en el deportista experimentado son necesarios esfuerzos mayores para poner en marcha los procesos de adaptación. Es difícil encontrar este valor óptimo. El triatleta no deberá confiar exclusivamente en sus sensaciones, sino también tener en cuenta valoraciones objetivas. Entre ellas se encuentra al menos el control del entrenamiento de la resistencia por medio de la medición del pulso. Los diagnósticos del rendimiento fisiológico y los tests específicos para cada discipina deportiva ofrecen datos más exactos sobre los procesos de adaptación desencadenados por el entrenamiento. Otro medio lo constituye el control obtenido mediante las competiciones. Pero no siempre debe tratarse de campeonatos de triatlón. También una carrera de 100 metros o una distancia de natación de 800 metros facilitan información sobre la efectividad del entrenamiento.

MEDIOS PARA EL CONTROL DE LAS CARGAS DEL ENTRENAMIENTO

Las cargas del entrenamiento están determinadas por los factores de esfuerzo, los procedimientos del esfuerzo y la estructura del esfuerzo (tabla 1). Estos tres factores de influencia variables constituyen los índices de la metodología del entrenamiento.

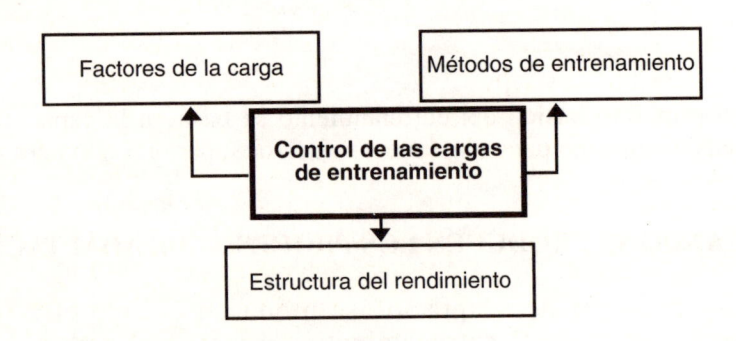

Tabla 1: Control de la carga en el entrenamiento

Factores de la carga

En los índices de la metodología del entrenamiento, los factores de esfuerzo son los más importantes para el triatlón. Éstos se componen de intensidad, volumen, frecuencia semanal de entrenamiento, tipo de ejercicios físicos y eficiencia del movimiento realizado (ilustración 1)...

```
┌─────────────────────────┐
│        Volumen          │
└─────────────────────────┘
    ┌─────────────────────────┐
    │       Intensidad        │
    └─────────────────────────┘
┌─────────────────────────────────────┐
│ Frecuencia semanal del entrenamiento│
└─────────────────────────────────────┘
    ┌─────────────────────────────┐
    │  Tipo de ejercicios físicos │
    └─────────────────────────────┘
┌──────────────────────────────────────────┐
│ Eficiencia en la realización del movimiento │
└──────────────────────────────────────────┘
```

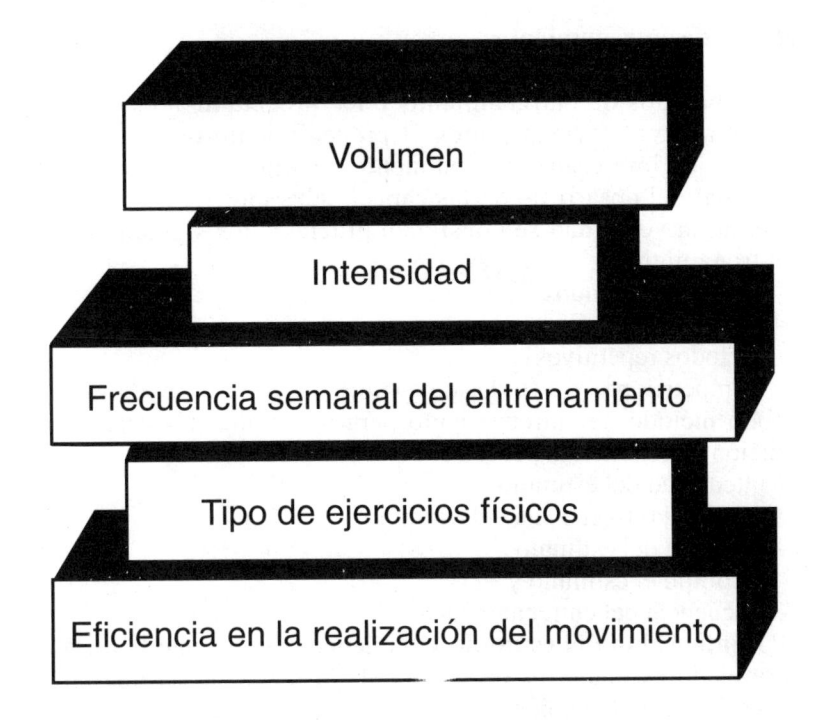

Ilustración 1: Factores de la carga

Los factores de esfuerzo, a su vez, están determinados por la estructura del rendimiento de un deporte. La estructura del rendimiento caracteriza la configuración interna del rendimiento deportivo y presenta las relaciones mutuas entre los diferentes factores de rendimiento.

De esta forma, la estructura de rendimiento da noticia de cuál es la relación entre fuerza y resistencia en el triatleta, por ejemplo, o qué papel juegan las habilidades técnicas.

Partiendo de esta estructura del rendimiento puede deducirse el nivel de formación del deportista a partir del perfil de los requisitos que cumple en ese momento. Ello puede significar que en determinadas etapas de su proceso de formación deportiva, que se desarrolla durante años, se ponga un mayor acento en el aspecto técnico o de condición física. Además, el conocimiento de la estructura de rendimiento es un requisito imprescindible para determinar qué métodos y medios deben utilizarse en el entrenamiento.

Métodos de entrenamiento

Los métodos de entrenamiento y los procedimientos metodológico-organizativos forman juntos el procedimiento de esfuerzo. A los triatletas les interesan principalmente aquellos métodos de entrenamiento para el desarrollo de las capacidades motrices. La resistencia, la fuerza, la velocidad se consiguen gracias a los siguientes métodos de entrenamiento :
– Métodos continuos
– Métodos interválicos
– Métodos repetitivos
– Competiciones y métodos de control

Todo método de entrenamiento para desarrollar las capacidades de condición se caracteriza por los componentes de esfuerzo:
– intensidad del estímulo,
– densidad o frecuencia del estímulo,
– duración del estímulo
– amplitud el estímulo y
– frecuencia del entrenamiento.

Por **intensidad del estímulo** se entiende básicamente la fuerza de un determinado estímulo, es decir, el trabajo realizado en una unidad de tiempo. En el entrenamiento de la resistencia y la velocidad se mide en forma de velocidad (m/s) y en el entrenamiento de fuerza en kg/s, o bien en mkg/s como expresión de la carga levantada, o bien de la carga levantada en una unidad de tiempo. **La densidad del estímulo** resulta de la consecución temporal de los estímulos del entrenamiento en una unidad de entrenamiento. Las densidades del estímulo dan información sobre la relación entre el esfuerzo y la recuperación y, por tanto, sobre la duración de las pausas entre cada intervalo de esfuerzo.

Por **duración del esfuerzo** se entiende la duración de la influencia de los distintos estímulos de esfuerzo, mientras que la amplitud del estímulo determina la cantidad total de los estímulos de esfuerzo en el entrenamiento.

La amplitud del estímulo se expresa en el entrenamiento de la resistencia por la longitud de la distancia o por el tiempo (km o por horas), y en el de la fuerza por la suma de la repeticiones de un movimiento y/o de las cargas levantadas.

Por **frecuencia del entrenamiento** se entiende la densidad semanal de las unidades de entrenamiento. En los deportes de resistencia cíclicos,

Principios generales para el entrenamiento del triatleta 39

como son la carrera, el ciclismo, la natación, la duración del estímulo y la amplitud del mismo son idénticos en el entrenamiento permanente, de forma que solamente se necesitan los componentes de intensidad, densidad y frecuencia semanal del entrenamiento.

Métodos continuados

Lo normal es que los esfuerzos no sean interrumpidos por pausas. La amplitud o duración es importante, la intensidad relativamente baja. Las métodos continuados se dividen en otros métodos especiales (ilust. 2) :
– Método continuado–extensivo
– Método fraccionado
– Fartlek

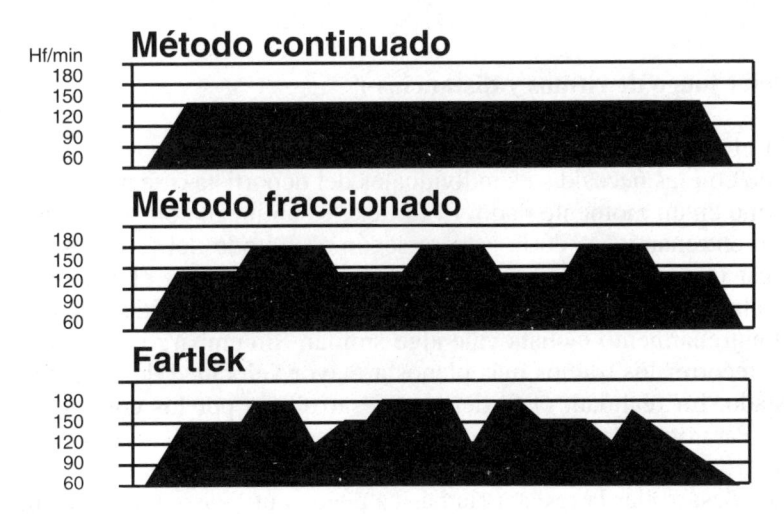

Ilustración 2: Métodos continuados

Método continuado

Una velocidad inalterable se mantiene durante un intervalo de tiempo largo. La duración no debería sobrepasar los 30 minutos y la intensidad situarse en una frecuencia cardíaca de 140 a 160 pulsaciones por minuto según edades. Estos valores solamente son válidos para el entrenamiento de la carrera.

En el entrenamiento para natación y ciclismo, las frecuencias cardíacas son notablemente más bajas, ya que una parte de la masa corporal descansa sobre la bicicleta o es soportada por el agua.

Método fraccionado

Durante el esfuerzo continuado se modifica la velocidad de acuerdo con un plan establecido y se aumenta de tal forma que el deportista pueda quedarse momentáneamente sin aliento.

Ejemplo: Un entrenamiento de la carrera según el método fraccionado podría ser de la siguiente forma: 1000 m de carrera lenta con una frecuencia cardíaca de 140 a 150 pulsaciones por minuto. 400 m con una intensidad de 170 a 180 pulsaciones por minuto. Lo mismo se repite entre seis y ocho veces.

Fartlek (juego de ritmos y distancias)

En el transcurso del esfuerzo continuado se varía la velocidad de acuerdo con las necesidades individuales del deportista o según su estado de ánimo en un momento dado. El fartlek "es un juego con la velocidad". Para el entrenamiento de la carrera según el método del fartlek se elige un lugar con mucha variación. Un relieve con colinas y elevaciones es especialmente adecuado, ya que se puede adaptar la velocidad al terreno. En el entrenamiento ciclista vale algo similar. Sin embargo, el deportista puede recorrer los tramos más planos a mayor velocidad de acuerdo con su estado. En realidad, el fartlek fue desarrollado por los corredores de fondo. Para otros deportes, especialmente para la natación, no es tan adecuado.

Para desarrollar la resistencia básica pueden utilizarse todos los métodos de resistencia, aunque debería empezarse por el método continuado. Este método es el óptimo para los principiantes, mientras que los otros dos deberían ponerse en práctica entre deportistas avanzados. En especial el método fraccionado puede constituir un buen complemento al entrenamiento de la resistencia básica que se requiere durante el entrenamiento realizado específicamente para un campeonato. En el triatlón, aproximadamente un 80% de todo el entrenamiento de la resistencia para la carrera y el ciclismo utilizan los métodos continuados. Solamente en natación esta relación es diferente. Aquí los interválicos ocupan al menos la mitad de la totalidad del entrenamiento.

Métodos interválicos

En los métodos interválidos se alternan según un plan establecido las fases de esfuerzo y recuperación. Los intervalos de pausa solamente sirven para una recuperación incompleta. El siguiente esfuerzo comienza cuando la frecuencia cardíaca ha alcanzado unos valores de 120 a 130 pulsaciones por minuto.

Lo determinante para su efectividad es el hecho de que la duración del esfuerzo y la duración de las pausas estén en una relación correcta. Después de un importante esfuerzo, la pausa puede ser algo más prolongada, si la fase de esfuerzo es menor la pausa también tiene que ser breve.

Por regla general, la duración de la pausa debe ser más corta que el esfuerzo. Normalmente supone un tercio de la duración del esfuerzo. Después de la duración de los intervalos de esfuerzo se decide entre

– el método interválico corto
(15 segundos hasta 2 minutos)
– método interválico medio
(2 a 8 minutos)
– método interválico largo
(8 a 15 minutos)

Para el triatlón son adecuados principalmente los largos. El trabajo de intervalo extensivo ha demostrado ser el más eficaz. Éste se caracteriza por unas fases de esfuerzo relativamente largas (ver largo) con una intensidad disminuida. Para el entrenamiento de los triatletas, los métodos interválicos tienen poca significación. La larga duración del esfuerzo durante la competición fuerza especialmente a los principiantes a preferir los métodos continuados, al menos en el entrenamiento para la prueba de ciclismo y carrera.

Estructura de la carga

Las experiencias acumuladas a lo largo de los años en el desarrollo de conceptos de entrenamiento para determinadas disciplinas deportivas demuestran una y otra vez que éstos solamente conducen al éxito si la estructura del entrenamiento está de acuerdo con la estructura de la carga del deporte en cuestión. Para las disciplinas deportivas más populares ya se ha avanzado mucho en la determinación de la estructura de la carga, sin embargo, los deportes jóvenes como el triatlón deben recuperar mucho terreno. Algunos elementos de esta estructura, como el esfuerzo realizado durante largo tiempo, la alternancia de esfuerzos o la natación en aguas abiertas, parecen obvios cuando se observa este deporte, pero permanecen ocultos. El deportista o el entrenador siempre lo recuerdan cuando en una competición advierten que estos elementos no han sido valorados correctamente y, por tanto, no se han tenido suficientemente en cuenta al llevar a cabo el esfuerzo en el entrenamiento.

Los factores fundamentales de la estructura de la carga en el deporte son:
– las capacidades de condición física,
– las habilidades y aptitudes técnico-coordinativas,
– las habilidades tácticas,
– las cualidades personales del deportista.

Separar estos factores principales y encontrarle su sitio justo en un deporte determinado es la condición fundamental de un entrenamiento diseñado de forma científica. ¿Qué factores de rendimiento son de importancia para el triatlón?

Factores de rendimiento complejos (triatlón corto)
– capacidad aeróbica
– alta capacidad para el metabolismo de las grasas
– fuerza resistencia para la musculatura de piernas y brazos
– capacidad de aguante pisíquico y constancia en el esfuerzo (capacidades volitivas)

Factores de rendimiento específicos
Natación
– habilidades en la técnica de la natación perfeccionadas y estables durante la competición (especialmente en crol)
– habilidades en la técnica natatoria que puedan emplearse de forma variable de acuerdo con la situación táctica del momento
– resistencia específica para la competición en el campo de la resistencia aeróbica
– fuerza resistencia bien desarrollada en la región de la cintura escapular y los brazos.

Ciclismo
– resistencia específica para la prueba en resistencia aeróbica intensiva II
– total dominio de las técnicas del ciclismo
– capacidad para utilizar de forma variable las técnicas de ciclismo de acuerdo con la situación táctica del campeonato
– desarrollo de la fuerza resistencia, especialmente de la musculatura de la región de las piernas y los glúteos
– dominio de la mecánica de la bicicleta de carreras

Carrera
– resistencia específica para la competición en la resistencia aeróbica intensiva II
– aplicación variable de las tácticas de competición

> Solamente aquel que conozca los factores de rendimiento más importantes puede diseñar y llevar a cabo un entrenamiento de forma concreta y, por tanto, concentrarse en lo esencial.

Factor	Triatlón corto	Triatlón medio	Triatlón
Factores complejos			
Capacidad aeróbica	xxx	xxx	xxx
Metabolismo de las grasas	xx	xxx	xxx
Fuerza resistencia	xxx	xx	xx
Resistencia psíquica	xx	xxx	xxx
Factores aislados			
Natación			
Técnica perfeccionada	xx	xxx (Resist. I)	xxx (Resist. II)
Habilidades natatorias variables	xx	xx	xxx
Resistencia específica para la prueba	xx (Resist. I)	xxx	xxx
Fuerza resistencia	xxx	xx	xx
Ciclismo			
Resistencia específica para la prueba	xx (Resist. II)	xxx (Resist. III)	xxx (Resist. IV)
Técnica ciclista	xx	xxx	xxx
Técnica ciclista variable	xx	xx	xx
Fuerza resistencia	xxx	xx	x
Mecánica	xx	xxx	xxx
Carrera			
Resistencia específica para la prueba	xx (Resist. I)	xxx (Resist. II)	xxx (Resist. III)
Táctica variable	x	xx	xxx

Tabla 2: *El valor de los factores de rendimiento de acuerdo con la diferente distancia del triatlón*

Dependiendo de la distancia a recorrer en la competición, los factores de rendimiento adquieren un valor diferente en el triatlón (tabla 2).

ENSEÑANZA DE HABILIDADES Y TÉCNICAS DEPORTIVAS

Resistencia: la virtud del triatleta

La resistencia tiene una importancia determinante para el rendimiento del atleta. Esta capacidad también es importante en muchos otros deportes. Incluso el esprínter necesita una capacidad de resistencia bien desarrollada, ya que constituye un requisito para una rápida recuperación después de haber llevado a cabo un gran esfuerzo. Existen estrechas relaciones entre la capacidad de resistencia aeróbica y una buena salud. Ello ya es una razón para dedicarle tiempo a las tres disciplinas que componen el triatlón.

La resistencia abarca un amplio campo

Se distingue entre una resistencia básica y una resistencia específica para cada modalidad. El triatleta que tenga ambición de ocupar puestos destacados en los campeonatos debe desarrollar las dos formas de resistencia. La distinción clásica en base a la duración del esfuerzo solamente es de interés para el triatleta en el ámbito de la resistencia larga, ya que las competiciones sobrepasan ampliamente los 90 minutos. A causa de la variedad de las modalidades deportivas, que pasan claramente de la hora (p. ej. nadar largas distancias, etapas ciclistas, concursos de mountainbike, carrera de ultraresistencia y triatlón), la resistencia larga berceich se divide en cuatro partes. Con ello se obtienen puntos de referencia para el triatlón como un todo y sus distancias parciales. La división de todos los ámbitos de la resistencia se muestra en la tabla 3.

Además de esta división de la resistencia, la metodología del entrenamiento conoce también los conceptos de velocidad resistencia y fuerza resistencia. La velocidad resistencia es la capacidad de ratrasar la aparición de la fatiga ante esfuerzos de velocidad máxima o submáxima y obtención de energía principalmente anaeróbica (bajo condiciones de carencia de oxígeno). La fuerza resistencia se caracteriza por una alta capacidad de

Ámbito de la resistencia	Duración min.	Disposición de energía porcentajes aeróbico	anaeróbico
Resistencia breve	0,5 - 2	20	80
Resistencia tiempo medio	2 - 10	60	40
Resistencia tiempo largo I	10 - 30	70	30
Resistencia tiempo largo II	30 - 90	80	20
Resistencia tiempo largo III	90 - 36	95	5
Resistencia tiempo largo IV	más de 360	99	1

Tabla 3: Ámbito de la resistencia y disposición de energía

desarrollar una tensión submaximal durante largo tiempo, especialmente de aquella musculatura que realiza la mayor parte del esfuerzo en un movimiento específico de una cierta disciplina deportiva. La fuerza resistencia es un elemento importante para lograr un buen rendimiento en el triatlón. Es necesario, por tanto, que los deportistas de élite la desarrollen.

¿Qué se entiende bajo capacidad de rendimiento aeróbico y anaeróbico, y cómo se desarrolla?

Capacidad de rendimiento aeróbico: es la capacidad de rendimiento que se desarrolla en el ámbito de la resistencia sin que se produzca un déficit de oxígeno, es decir, el consumo de oxígeno se corresponde con la disponibilidad de éste. Esta forma de disponibilidad de energía se encuentra principalmente en los casos en los que se realiza un esfuerzo constante a largo plazo. Los valores de ácido láctico se sitúan normalmente por debajo de los 3 mmol/l.

La capacidad de rendimiento aeróbico se desarrolla por medio de esfuerzos continuados con una duración de once o más minutos –mejor a partir de los 30 minutos– y una frecuencia cardíaca de 150 pulsaciones por minuto o más.

La adquisición de la capacidad de rendimiento aeróbico (nivel de la resistencia básica) se produce entre los principiantes en el entrenamiento según el principio de «largo y lento». Se pueden aplicar los siguientes métodos de entrenamiento :
– Método continuado
– Método interválico largo con un carácter marcadamente extensivo.

La resistencia aeróbica se puede entrenar fácilmente. Requisito para ello es una gran duración de entrenamiento y varias unidades de entrenamiento a la semana.

Capacidad de rendimiento anaeróbico: es la capacidad de rendimiento que se produce mediante un déficit de oxígeno, es decir, el consumo de oxígeno es superior a la absorción de oxígeno posible. La frecuencia cardíaca se encuentra por encima de los valores típicos para una resistencia extensiva. La producción de ácido láctico es alta (más de 3 mmol/l hasta 12 mmol/l).

La capacidad de rendimiento anaeróbico se desarrolla mediante un esfuerzo corto (45 s hasta unos 5 min) y de intensidad alta hasta máxima.

Existe una estrecha relación entre la capacidad de rendimiento aeróbica y la anaeróbica. La capacidad de rendimiento anaeróbica siempre debe construirse sobre la base de un buen nivel de rendimiento aeróbico. En general, para el entrenamiento de la resistencia vale el siguiente principio: el desarrollo de la capacidad aeróbica se produce antes del desarrollo de la capacidad anaeróbica.

Como métodos de entrenamiento (para la capacidad anaeróbica) son más adecuados los métodos interválicos cortos y el método repetitivo. Lo característico de estos métodos es que las pausas entre los diferentes esfuerzos se prolongan casi hasta que el pulso se ha tranquilizado, o sea más que en el entrenamiento de intervalos.

> Para entrenar la resistencia anaeróbica se requiere fuerza de voluntad y poder soportar el dolor en cierto grado. Las más adecuadas son las distancias medias.

Determinación de la intensidad de entrenamiento

La duración y la intensidad son los factores más importantes de la metodología del entrenamiento. Se encuentran en una situación de dependencia mutua. Si la duración es grande, la intensidad solamente puede ser baja, y viceversa.

La duración y la intensidad en el entrenamiento de la resistencia dependen de los siguientes factores:
– la finalidad del entrenamiento (desarrollo de la resistencia larga, corta, media),
– estado de entrenamiento del deportista,
– período de entrenamiento anual.

Principios generales para el entrenamiento del triatleta 47

Sobre la intensidad del esfuerzo, los valores indicados en la tabla 4 pueden servir de orientación.

Tipo de resistencia	Intensidad del entrenamiento
Resistencia básica	60 a 80% del posible rendimiento máximo
Resistencia larga específica para la competición	80 a 100% del posible rendimiento máximo
Resistencia media	90 a 100% del posible rendimiento máximo
Resistencia corta	95 a 100% del posible rendimiento máximo

Tabla 4: Intensidades orientativas

Como medida vale siempre la mejor marca personal sobre la distancia en cuestión. No solamente se controla con el cronómetro, sino también con la frecuencia cardíaca.

Control del método de entrenamiento para la resistencia

El control del entrenamiento y el nivel de la carga es importante para conseguir el éxito en todo proceso deportivo La forma más sencilla de control es la medición del pulso. Una frecuencia superior a las 120 pulsaciones por minuto indica la efectividad del entrenamiento. Las 120 a 160 pulsaciones por minuto señalan una intensidad media todos los valores que las sobrepasen se acercan al ámbito del esfuerzo máximo. El efecto del entrenamiento de la resistencia se complementa con una medición de los niveles de lactato o ácido láctico. Los valores de lactato muestran la relación entre el esfuerzo realizado durante el entrenamiento y la reacción bioquímica del cuerpo. El entrenador puede deducir el estado de entrenamiento y el efecto de sus ejercicios guiándose por los niveles de lactato.

Las mediciones de lactato siempre entrañan la extracción de una pequeña cantidad de sangre.

¡No confíes únicamente en tu instinto, las medidas objetivas muestran el verdadero esfuerzo realizado en el entrenamiento!

Tipo de resistencia	Lactato	Frecuencia cardíaca (pulsaciones/ min)	Tipo de metabolismo dominante	Catabolismo predominante	Necesidad de O_2
Resistencia básica	um 2	120-140	aeróbico	Grasas, pocos hidratos de carbono	40-50%
Resistencia básica	2-3	140-155	aeróbico	Paso se grasa a hidratos de carbono	50-60%
Resistencia básica	4-6	155-180	aeróbico/ anaeróbico	Hidratos de carbono	60-9%
Resistencia específica para competición	6-10	~180	aeróbico/ anaeróbico	Hidratos de carbono	90%
Velocidad resistencia	12-18	~200	anaeróbico/	Hidratos de carbono	100%

Tabla 5: Características metodológicas y fisiológicas de las diferentes formas de resistencia (según Engelhardt)

La tabla 5 indica las concentraciones de lactato y otros parámetros bioquímicos cuando se siguen diferentes planes de entrenamiento.

Desarrollo de la fuerza: complemento importante del entrenamiento de la resistencia

Los triatletas tienen una tendencia a descuidar el entrenamiento de fuerza. Esto es un error, ya que sin la capacidad de la fuerza no funciona nada, especialmente en el ciclismo y la natación. El entrenamiento de la fuerza debe ocupar un lugar destacado en el período de preparación. A continuación, se explicará cuál es el grado de fuerza necesario.

Tipos principales de fuerza

La capacidad condicional de la fuerza es un requisito necesario para que se pueda llevar a cabo un rendimiento que haga superar los obstáculos exteriores o luchar contra fuerzas externas. La fuerza depende de la actividad muscular. En el deporte, la hace posible el movimiento de un aparato o del propio cuerpo, la actuación frente a los contrarios o la protección de las acciones de éstos. Se distingue entre fuerza máxima, fuerza velocidad y fuerza resistencia.

«Por fuerza máxima se entiende la mayor fuerza que el deportista puede desarrollar por medio de una contracción voluntaria muscular.» La fuerza máxima determina los rendimientos en deportes como la halterofilia y la lucha. También tiene mucha importancia en las disciplinas de lanzamiento en atletismo.

«La fuerza explosiva es la capacidad de desarrollar una gran tensión intramuscular en el menor tiempo posible.» Por ejemplo, es imprescindible para alcanzar buenos marcas en las disciplinas de esprint, salto, lanzamiento y en los deportes de equipo, en las disciplinas de esprint en ciclismo y en el patinaje de velocidad.

«La fuerza resistencia es la capacidad de desarrollar una tensión intramuscular submaximal durante largo tiempo.» Ocupa un lugar destacado en los deportes de resistencia, ya que en estos deportes se tiene que superar un obstáculo externo relativamente alto durante un tiempo prolongado.

Entrenamiento de la fuerza máxima

La fuerza muscular depende principalmente de la cantidad de músculo. Cuanto mayor es, mayor es la fuerza muscular. El aumento del corte transversal del músculo o hipertrofia se consigue con mayor efectividad cuando se realiza un entrenamiento con pesos. Los principiantes deberían elegir pesos que no sobrepasasen el 60 al 80% del peso máximo posible. Estos pesos relativamente soportables también permiten que incluso el principiante ejecute el movimiento eficientemente, disminuyen el peligro de lesiones y tienen bastante efectividad en el desarrollo de la fuerza máxima. Los avanzados, es decir, los deportistas entrenados y que dominan la realización técnica del movimiento, pueden entrenarse con pesos de un 80 a un 100% de la capacidad máxima de fuerza. Según el peso elegido, deberán realizarse entre 2 y 8 repeticiones en cada serie de ejercicio. Las pausas entre las series de ejercicios deben asegurar una recuperación suficiente. Debería ser de dos a cinco minutos. La fuerza máxima tampoco carece de importancia para el triatleta, ya que es necesaria para conseguir la resistencia de la fuerza que determina el rendimiento.

Entrenamiento de la fuerza explosiva

Los rendimientos de fuerza explosiva dependen de la fuerza máxima y de la velocidad de las contracciones musculares. La mejora de la fuerza explosiva requiere consecuentemente un aumento del desarrollo de la fuerza máxima y de la velocidad de los movimientos. Para los triatletas, la fuerza explosiva no tiene una significación especial. Para ellos es más un producto adicional del entrenamiento de fuerza que puede serles de alguna utilidad.

Entrenamiento de la fuerza resistencia

Las capacidades de resistencia y fuerza a menudo se contradicen. Sin embargo, es posible que el deportista de resistencia adquiera un grado óptimo de fuerza gracias al entrenamiento en este sentido. La capacidad de la fuerza resistencia puede estructurarse de forma muy diferente. Para el triatleta, la fuerza debería situarse por debajo de la resistencia. Con ello se asegura que el rendimiento total durante una competición se desarrolle de forma óptima. Para desarrollar la capacidad de la fuerza resistencia el método más adecuado es el entrenamiento en circuito.

Si, tal y como ocurre en el triatlón, el componente de fuerza de la capacidad de fuerza resistencia que debe desarrollarse solamente ocupa un lugar secundario o insignificante, el componente resistencia adquiere gran importancia. En el entrenamiento en circuito solamente será necesario desarrollar una fuerza del 40 al 70% de la capacidad máxima. Para ello debería realizarse entre diez a treinta repeticiones de cada ejercicio, siendo las pausas entre cada serie breves (de medio minuto a un minuto o menos). Si el circuito tiene entre 8 y 12 estaciones, deberán realizarse dos o tres series (ilustración 3).

> Para la capacidad de la fuerza vale el siguiente dicho: tal y como se gana se pierde. Por tanto, solamente un entrenamiento intensivo y regular hace posible un buen nivel de fuerza.

Ilustración 3: Ejemplo de un entrenamiento en circuito

Entrenamiento de la flexibilidad –a menudo infravalorada

La particularidad de la capacidad de la flexibilidad radica en que en la infancia alcanza su máximo y a partir de aquí va disminuyendo continuamente. Hasta los treinta años de edad se observa un aumento de la fuerza y la resistencia, aunque entonces se produce una evolución regresiva. La movilidad articular, sin embargo, es una condición imprescindible para toda realización eficiente de un movimiento. El triatlón exige una gran flexibilidad sobre todo en la natación, pero también en la carrera, aunque menor en el ciclismo. La amplitud de movimientos supone ventajas en los siguientes aspectos:
– en el perfeccionamiento de capacidades específicas para la natación,
– en la amplitud del paso en la carrera,
– para economizar la realización de movimientos en las tres disciplinas deportivas,
– para disminuir, el peligro de lesiones en tendones, ligamentos y especialmente músculos,
– para adquirir la capacidad de relajación muscular y con ello la capacidad de recuperación del deportista.

Para el triatleta es muy importante tener movilidad en las siguientes articulaciones:
– articulación del hombro (natación)
– articulación de la cadera (natación y carrera)
– articulación del tobillo (natación, ciclismo y carrera)

También debe tenerse en cuenta el siguiente aspecto: la flexibilidad también depende de la coordinación intermuscular entre los antagonistas y agonistas–sinergistas. Una articulación flexionada por agonistas o sinergistas es tan móvil dentro de sus límites anatómicos como lo permite su antagonista. Ello significa que también debe estirarse el antagonista por medio de ejercicios bien elegidos.

Los problemas surgen frecuentemente en relación con el entrenamiento de fuerza. Los músculos que solamente son fortalecidos unilateralmente sin ser estirados al mismo tiempo, se acortan con el transcurso del tiempo y empeoran la movilidad de la articulación. En el peor de los casos conlleva los denominados desequilibrios musculares. Como el nombre indica, se destruye el equilibrio existente entre los antagonistas y los agonisats–sinergistas. Más exactamente, frente a un músculo debilitado se encuentra un antagonista acortado. Este desarrollo incorrecto aumenta por medio de un entrenamiento de fuerza erróneo y se puede presentar en todas las articulaciones , pero especialmente en la columna vertebral. Un entrenamiento equilibrado de fuerza y movilidad evita su aparición.

> Una buena flexibilidad crea las condiciones necesarias para dominar una técnica racional, previene de lesiones y mejora la capacidad de relajación durante el movimiento.

Como toda capacidad, también la flexibilidad puede entrenarse. Para ello se ofrecen numerosos ejercicios de movilidad, tanto pasivos como activos. En cuanto a la mejora de la flexibilidad debe tenerse en cuenta lo siguiente:

– La elección de los ejercicios corporales está determinada por las técnicas básicas de las tres disciplinas del triatlón.

– Para que el deportista adquiera una buena flexibilidad debe cumplir unos requisitos de edad y también genéticos. El entrenador debe tener en cuenta estas condiciones.

– Se distingue entre flexibilidad pasiva y activa. En los triatletas de necesita principalmente una movilidad activa.

– Los ejercicios para adquirir flexibilidad solamente deben realizarse con la musculatura calentada previamente.

– Para desarrollar la flexibilidad existen varios procedimientos:
 – estiramiento repetido,
 – estiramiento constante,
 – estiramiento postisométrico (estiramiento después de la tensión de los antagonistas).

Estos tres procedimientos pueden aplicarse en el entrenamiento del triatlón. En la práctica del entrenamiento, la elección depende sobre todo de la oferta de ejercicios para la articulación en cuestión.

El desarrollo de la coordinación desde la infancia

Algo de cierto hay en el dicho de «lo que Juanito no aprende no lo aprenderá Juan nunca». Aunque el triatlón es un deporte en el cual la condición física se encuentra en primer término, también las habilidades para realizar determinados movimientos son importantes. Ello vale especialmente en la natación, aunque también el ciclismo y la carrera requieren que se dominen ciertos aspectos técnicos.

Conocimientos para el desarrollo de habilidades, que son de importancia en el triatlón:

– Para el desarrollo de habilidades coordinativas específicas y formas de movimiento elementales, no es nunca demasiado pronto. Al contrario, puede suceder que se empiece tarde y con los métodos inadecuados.. Ello se aplica principalmente a aquellas modalidades deportivas que requieren un aprendizaje intensivo. Nos referimos sobre todo a las técnicas de la natación y la sensación de nadar. Pero también pedalear correctamente en el ciclismo es un movimiento difícil de realizar con total perfección. Este patrón de movimiento debe aprenderse con paciencia y esfuerzo, ya que es muy diferente a andar y correr, que forman parte de la motricidad humana innata.

– Entre las capacidades motrices para el deporte que deben desarrollarse lo más tempranamente posible se encuentran la flexibilidad y la velocidad. Esta última presenta un componente nervioso más marcado que la fuerza y la resistencia. Su adquisición debería comenzarse ya a una edad preescolar y acenturase mediante ejercicios durante toda la etapa escolar. La flexibilidad y la velocidad son "reservas" de rendimiento que más tarde le serán muy útiles al triatleta.

– Las técnicas deportivas aprendidas y consolidadas se mantienen estables y a disposición durante largo tiempo, al contrario de lo que pasa con las capacidades de la condición física, especialmente la resistencia. El joven «técnico» se asegura un «saldo a su favor» para la edad en la que puede desarrollar sus capacidades condicionantes que le asegurarán un rendimiento deportivo máximo, del cual puede disponer en cualquier momento sin necesidad de realizar mucho entrenamiento. Ello le permite dedicarse más intensamente al entrenamiento de la condición física, lo cual supone una ventaja para un deporte como el triatlón que requiere un entrenamiento muy intensivo.

La importancia de una sólida formación coordinativo-técnica realizada tempranamente como parte integrante de la estructura del rendimiento deportivo ha aumentado considerablemente en los últimos años. A menudo se observa que los deportistas de talla mundial no alcanzan sus éxitos desarrollando solamente al máximo sus capacidades físicas, sino también gracias a cualidades coordinativo-técnicas excepcionales. Ya que, en el triatlón, el entrenamiento de la resistencia y la fuerza se ha igualado, las deficiencias en el ámbito técnico ya no pueden equilibrarse gracias a la condición física. De esta forma, por nombrar un ejemplo, las diferencias en las marcas conseguidas en natación cada vez son menores. Sin embargo, quien esté en condiciones de ahorrar energía gracias a una técnica más depurada dispondrá de una reservas mayores para la disciplina siguiente, el ciclismo.

– La formación de las capacidaes motrices se produce en las fases: aprendizaje - perfeccionamiento - estabilización.

1ª fase: **Desarrollo de la coordinación básica** (aprendizaje)

La estructura fundamental del movimiento se domina, pero el desarrollo del movimiento puede sufrir distorsiones y es poco económico. A menudo, el movimiento se lleva a cabo con excesiva fuerza y de forma convulsiva.

2ª fase: **Desarrollo de una coordinación más refinada** (perfeccionamiento)

El desarrollo se corresponde ampliamente con el ideal. Si se cambian o se dificultan las condiciones aparecen desequilibrios.

Edad	Natación	Ciclismo	Carrera
Edad preescolar	Saltar, deslizarse, bucear; aprender a nadar espalda y braza.	Aprender a montar en bicicleta sobre una bicicleta para niños.	Correr, brincar, saltar de forma lúdica, cambiar de velocidad al correr.
Primera etapa escolar	Perfeccionamiento de la técnica de espalda y braza; aprendizaje del crol; aprendizaje del viraje.	Perfecto dominio de la bicicleta (curvas, rodar con movimiento adicional, circular con una mano y sin manos, aprendizaje del pedaleo).	Desarrollo de la velocidad cíclica.
Segunda etapa escolar	Estabilización de la técnica de braza y espalda; perfeccionamiento y estabilización de la técnica de crol y el viraje.	Estabilización de las técnicas de ciclismo más importantes (descenso por montaña, técnica para tomar curvas, técnica de balanceo).	Mejora de la técnica y eficiencia de la zancada.
Juventud	Estabilización de todos los desarrollos de movimientos importantes.		

Tabla 6: Edad de aprendizaje de las técnicas del triatlón

La habilidad aprendida todavía no está "madura" para la competición.

3ª fase: **Estabilización de los patrones de movimiento**

El movimiento se corresponde al ideal. También en situaciones anormales el movimiento es correcto técnicamente. De ser necesario, puede controlarse y modificarse conscientemente.

Para el aprendizaje y perfeccionamiento de las técnicas más importantes de los deportes que conforman el triatlón existen determinadas edades ideales (tabla 6).

PLANIFICACIÓN DEL ENTRENAMIENTO Y VALORACIÓN DEL RENDIMIENTO

PLANIFICACIÓN DEL ENTRENAMIENTO

El entrenamiento significa siempre un aumento de la carga. Este proceso no se desarrolla de forma continuada, sino por fases. El entrenamiento debe adaptarse a estas fases determinadas fisiológicamente. Fases, que se dividen según su duración en:

Macrociclos
Se denominan así aquellos ciclos que pueden tener una duración de varios meses y que desempeñan diferentes tareas en el proceso de perfeccionamiento deportivo (p. ej. período de preparación, período de competición).

Mesociclos
Ciclos de una duración de 3 a 6 semanas que tienen una finalidad de entrenamiento muy concreta.

Microciclo
Suelen ser períodos de una duración de una semana o inferior (ilustración 4).

El triatlón, desde el punto de vista del rendimiento, es un deporte que requiere una preparación a largo plazo. El perfeccionamiento de las capacidades de resistencia y fuerza resistencia se produce a lo largo de varios años; también el aprendizaje de habilidades técnicas y tácticas necesita tiempo. Por esta razón, es necesario que el triatleta tenga una planificación del entrenamiento a largo plazo. En este sentido, el triatlón no es una excepción en comparación con otras modalidades deportivas. El detalle de las diferentes fases de la planificación depende fundamentalmente de la meta que el atleta desee alcanzar. También debe tenerse en cuenta el tiempo de que dispone, sus conocimientos previos sobre deporte y su talento.

En la planificación del entrenamiento de un triatleta con ambición de batir marcas deben considerarse las siguientes posturas y reflexiones previas:

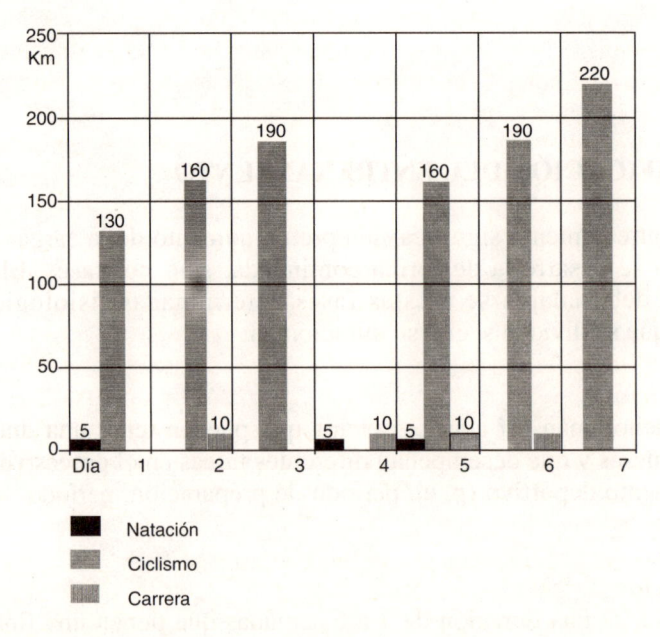

Ilustración 4: *Microciclo: ejemplo de una programación de entrenamiento*

Reflexiones previas a la planificación del entrenamiento

Al comienzo de toda planificación del entrenamiento, el deportista debe tener muy claro qué resultados piensa alcanzar en el presente año y en los siguientes. Las posibilidades son amplias. Puede tratarse de obtener un puesto en un campeonato o simplemente participar en una competición para aficionados. El punto de partida de todos los objetivos a conseguir es siempre las posibilidades físicas así como el tiempo disponible del deportista. Un atleta, cuyos requisitos físicos son insuficientes y que ya sabe de antemano que el tiempo de que dispone para el entrenamiento está muy limitado, debería tener en cuenta estos factores en la planificación de su entrenamiento.

También es importante considerar en qué pruebas es importante conseguir las mejores marcas. En los deportistas de élite serán los campeonatos de Europa. Otro querrá tener resultados aceptables durante toda la temporada, y un tercero soñará con participar en el triatlón largo de Hawai. Ello significa un excelente rendimiento para calificarse en julio y un segundo momento de máximo rendimiento en octubre. Se ha demostrado que los rendimientos máximos solamente son posibles durante períodos de tiempo relativamente cortos. Quien no lo tenga en cuenta en su planificación personal seguramente no estará satisfecho de sus resultados al finalizar la temporada.

Estos ejemplos muestran solamente algunas variantes que determinan la decisión a tomar. En la realidad deportiva se ve que cada deportista tiene sus objetivos particulares que deben tenerse en cuenta cuando se hace una planificación. El grado de importancia y satisfacción de los deportistas con los resultados obtenidos a lo largo de la temporada debe plantearse en el momento en que se concentren los objetivos.

La planificación del entrenamiento es una situación que debe ir de acuerdo con las circunstancias individuales. Los objetivos, el talento, las posibilidades de tiempo y las condiciones materiales son variables. Estas diferencias se reflejan en el plan de entrenamiento.

Contenido de la planificación del entrenamiento

Todo entrenamiento que se realiza a largo plazo debe rediseñarse de forma periódica, ya que el biorritmo del cuerpo necesita esta adaptación.

Las épocas de gran esfuerzo deben alternarse con etapas de tranquilidad relativa y recuperación activa. La periodización del entrenamiento del triatleta no difiere de forma importante de la de otros deportes de verano. Su particularidad estriba, sin embargo, en la corta temporada de competiciones desde mediados de junio hasta mediados de septiembre y la relativamente alta frecuencia de competiciones en este tiempo. También deben tenerse otros factores en cuenta si el atleta quiere participar en las competiciones de duatlón que se organizan antes y después de la temporada. Los períodos de entrenamiento del triatleta se pueden consultar en la tabla 7.

Período	Época
Período de preparación	Diciembre-Mayo
Etapa I (acondicionamiento gral.)	Diciembre-Febrero
Etapa II (acondicionamiento específico)	Marzo-Mayo
Período de competición	Junio-Septiembre
Período de transición (recuperación activa)	Octubre-Noviembre

Tabla 7: Períodos de entrenamiento de los triatletas

El siguiente ejemplo del reparto de la carga como marco para una planificación del entrenamiento (comparar con ilustraciones 6 y 7) tiene en cuenta estos períodos principales, aunque no considera las etapas cortas de entrenamiento (microciclos). Esta planificación pormenorizada del entrenamiento debe realizarlo el entrenador o el atleta de acuerdo con las condiciones del lugar, sus objetivos y las condiciones individuales. El ejemplo puede aplicarse a los deportistas que desean participar principalmente en los triatlones cortos.

Duración del entrenamiento en el transcurso del año

En el transcurso del año la duración del entrenamiento difiere bastante. Mientras que en el período de transición se entrena poco de forma específica para un deporte, en la etapa I del período de preparación tanto el grado o nivel de la carga y, por tanto, también la duración temporal del entrenamiento son muy altas. La ilustración 5 muestra con un ejemplo las curvas de la carga en las diferentes modalidades deportivas a lo largo del año. Mientras que en la natación la duración muestra pocas oscilaciones,

Planificación del entrenamiento y valoración del rendimiento 61

en el ciclismo y la carrera se observa claramente su amplitud. Estos máximos se suceden en la misma época del año.

En el presente ejemplo se desarrolla la resistencia básica por medio del entrenamiento de la carrera pricipalmente. Si existe la posibilidad de llevar a cabo el entrenamiento en lugares más cálidos durante el invierno y la primavera, se puede introducir el ciclismo en bloque dentro de esta etapa. Esta solución supone también trasladar el llamado «entrenamiento del metabolismo de las grasas» a una época más temprana del año. Esta forma de entrenamiento es condición previa para conseguir una disponibilidad estable de energía en las competiciones que se prolonguen más de dos horas. El entrenamiento del ciclismo sobre distancias largas (100 km y más) ha demostrado ser un medio de entrenamiento muy adecuado para alcanzar esta finalidad (comparar con ilustración 6).

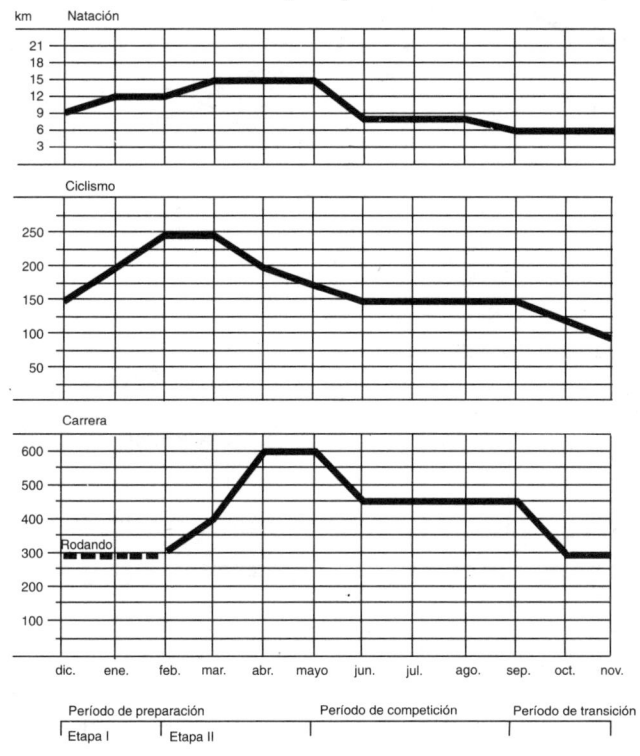

Ilustración 5: *Evolución de la carga a lo largo del año*

Durante la temporada de competición desde junio a últimos de septiembre, la duración disminuye notablemente. Un hecho forzado por el esfuerzo realizado en las competiciones y la fase de recuperación que sigue. La experiencia ha demostrado que las pausas en el entrenamiento y las formas de recuperación activa contribuyen decisivamente a mantener la forma y acelerar el restablecimiento, y en consecuencia en el período de competición debería renunciarse a duraciones excesivas e intensidades especialmente altas. La curva de la dedicación en tiempo al entrenamiento (ilustración 6) hace patente una disminución de la carga en el entrenamiento durante el período de competición.

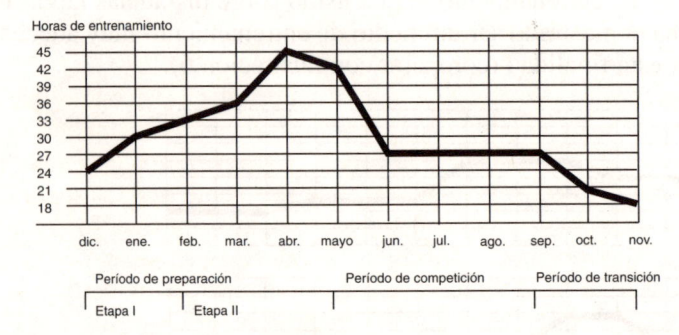

Ilustración 6: Tiempo dedicado al entrenamiento a lo largo del año

Ilustración 7: Protocolo de entrenamiento

Planificación del entrenamiento y valoración del rendimiento

Las amplitudes que se presentan son válidas especialmente para aquel deportista que además del entrenamiento tiene otros deberes profesionales y familiares. Para los deportistas profesionales son necesarias amplitudes de entrenamiento considerablemente mayores. Su plan de entrenamiento y competición debe estar más detallado y definido.

El gráfico no dice nada sobre la intensidad del entrenamiento. Este valor de esfuerzo debe ser determinado de nuevo en cada entrenamiento. El deportista tiene que pensar que es sobre todo la apmlitud del entrenamiento el factor determinante que al final decidirá el resultado en la competición.

Autocontrol y diario del entrenamiento

Todo deportista de resistencia debe autocontrolar su entrenamiento de la forma que sea. Sólo así es posible diseñar el entrenamiento de forma sistemática y llevarlo a cabo durante un cierto período de tiempo. El control del entrenamiento no es necesario únicamente para el deportista con ambición de ganar, sino también para el triatleta medio. Incluso los deportistas que practican el triatlón por motivos de salud se ven beneficiados si al final de la temporada comparan sus rendimientos con la planificación que habían hecho.

Como mínimo el protocolo del entrenamiento debe incluir la duración del entrenamiento. A partir de aquí pueden sacarse muchas conclusiones sobre el éxito o el fracaso del entrenamiento y así modificar el entrenamiento posterior. El ejemplo ofrecido muestra cómo puede controlarse la amplitud del entrenamiento con los medios técnicos más sencillos (ilustración 7).

Quien quiera una información más exhaustiva deberá anotar también los datos sobre el tipo y la intensidad del entrenamiento. Para ello, se recomienda la siguiente gradación:

Intensidad máxima = 100
90% intensidad = 90
80% intensidad = 80
70% intensidad = 70

Ha demostrado ser también muy importante hacer anotaciones sobre el estado físico durante el entrenamiento. Puede utilizarse la siguiente escala sencilla:

excelente = 1
bien = 2
mal = 3

La planificación del entrenamiento y su control deben ser considerados como una unidad. De aquí se deduce que la valoración del entrenamiento también depende de la calidad de la planificación de éste. Si en la planificación del entrenamiento solamente se trabaja con la duración de las cargas, no será necesario incluir en el protocolo la intensidad.

Como en la vida profesional, también en el deporte es necesario llevar un control. Los diarios de entrenamiento dan información exacta sobre las ganancias y los déficits, pudiendo dar explicaciones en caso de una bancarrota deportiva.

Análisis de las competiciones

El análisis de las competiciones forma parte del análisis del entrenamiento. Puede contribuir significativamente al control del proceso de entrenamiento. La valoración de la competición no debería únicamente indicar el puesto en la clasificación y el tiempo final, sino bastantes más datos.

Indicaciones generales sobre la competición	Longitud de las distancias	Puesto en la clasificación general y tiempo	Puesto/tiempos parciales Natación Ciclismo Carrera	Comentarios sobre: tiempo y vestimenta	problemas técnicos y de condición física	táctica y alimentación
Ejemplo: Superesprint en Leipzig 28.7.1992 Salida a las 10 h.	1,4/40/10	4/1:45	3/15:22 7/58:07 3/34:16	Temperatura veraniega (neopreno) agua 22° aire 28°	ninguno	Salida en el agua (posición exterior)

Tabla 8: *El ánalisis de la competición en el triatlón*

Los siguientes índices son adecuados para una valoración :
– Tiempos y puesto en las distancias parciales
– Tiempos alternativos

– Comportamiento táctico (p. ej. salida en natación, distancia de ciclismo, carrera)
– Problemas de condición física en las distancias parciales
– Relación entre clima y vestimenta
– Alimentación antes y después de la competición

Para el análisis de las competiciones de triatlón, es conveniente utilizar el esquema que muestra la tabla 8.

VALORACION DEL RENDIMIENTO

La efectividad del entrenamiento se muestra, a más tardar, en la competición. Sin embargo, puede ser demasiado tarde para «corregir el rumbo». El triatleta debe saber a tiempo en qué disciplinas ha hecho progresos y en cuáles debe forzar o modificar el entrenamiento.

El triatlón exige un rendimiento muy complejo. No solamente es la suma de los rendimientos por separado, sino un resultado integral que también debe tenerse en cuenta. Naturalmente sería óptimo realizar el triatlón completo y sacar después las conclusiones. Sin embargo, no es posible, ya que el instrumento de control que es el «test total» tiene efectos negativos sobre los resultados posteriores. Por tanto, deben encontrarse medios que den información sobre el estado momentáneo del atleta y puedan compaginarse con el entrenamiento. A este respecto ya se desarrollaron diferentes métodos en el pasado. Son desde un simple test de campo hasta los complicados estudios fisiológicos del rendimiento. ¿Qué métodos de valoración ofrece la moderna ciencia sobre el entrenamiento?

Valoración del rendimiento por medio de la medición electrónica del pulso

Los aparatos electrónicos de medición del pulso sobre la base del electrocardiograma se han hecho cada vez más funcionales en los últimos años. Informan al deportista sin dudas sobre su grado de esfuerzo interno muy objetivamente. Cuando se mejora el estado de entrenamiento se realizan esfuerzos comparables con una menor frecuencia cardíaca.

Oschmann desarrolló un método que para la distancia de carrera proporciona datos muy exactos sobre el estado actual de forma. El resultado también permite sacar ciertas conclusiones sobre el rendimiento general del atleta. Para ello se propone el siguiente método:

1- Elección de un recorrido estándar de entrenamiento de unos 10 a 15 km de longitud que pueda ser utilizado durante todo el año como distancia de control.

2- Definición del pulso de control. El pulso de control (pulso de test) se calcula a partir del pulso en descanso, el pulso de trabajo y la edad:

$$PT = \frac{P.\ TR\ \times 75}{100} + PD$$

PT = pulso de test o pulso de control
PTR = pulso de trabajo (220 - edad - pulso en descanso)
PD = pulso en descanso o basal (medido por la mañana en la cama)

Ejemplo de la medición del PT (triatleta de 30 años con pulso en descanso de 50 pulsaciones/ min) : 220 - 30 - 5- = 140

Pulso de test : $\frac{140 \times 75}{100}$ = 50 = 155 pulsaciones /min

3- Recorrer la distancia de test a ser posible dentro de los límites del test de pulso, cronometración.

4- Comparación más frecuente de los tiempos de carrera con el tiempo del test.

El deportista podrá comprobar que los resultados serán muy diversos. El mejor estado de entrenamiento se refleja en un mejor tiempo de test manteniéndose la misma frecuencia cardíaca de test. Naturalmente que en la valoración de los resultados también deben tenerse en cuenta las condiciones exteriores (clima, viento, suelo, temperatura).

El mismo método también puede aplicarse para obtener información sobre el estado «ciclista». La distancia de test debería tener una longitud de 25 a 30 km. El pulso de test calculado se reduce en 10 pulsaciones, ya que el peso del cuerpo descansa sobre la bicicleta. En este test también debe tenerse en cuenta que el viento reinante puede alterar los resultados considerablemente.

Resumiendo, se puede decir que la utilización de un aparato de medición electrónica del pulso tiene muchas ventajas. Especialmente porque la valoración del rendimiento puede realizarse durante el pro-

Planificación del entrenamiento y valoración del rendimiento

ceso de entrenamiento con frecuencia y sin que interfiera en él. El método mencionado debe preferirse siempre a un control del rendimiento recorriendo una distancia establecida a velocidad máxima –un procedimiento de test que requiere una regeneración de mayor duración y, por tanto, influye sobre el entrenamiento posterior.

Medición del lactato como fundamento para una valoración del rendimiento

El valor de lactato (ácido láctico en sangre) se ha convertido en un importante método para el análisis del entrenamiento y su control en los deportes de resistencia. Los valores de lactato indican con qué intensidad se entrena y qué sistemas metabólicos se utilizan para la obtención de energía. La cantidad de lactato revela si la musculatura ha trabajado anaeróbica o aeróbicamente. Los valores que aparecen en la tabla 9 indican la intensidad del esfuerzo.

Valor de lactato (mmol/l)	Grado de esfuerzo
1– 3	Entrenamiento de recuperación
	Resistencia aeróbica extensiva
3– 4	Entrenamiento de resistencia intensiva
4– 16	Entrenamiento interválico
6– 12	Entrenamiento interválico intensivo

Tabla 9: *Valores de lactato dependientes de la carga*

El valor de 4 mmol/l se considera la frontera aeróbica/anaeróbica. El entrenamiento de la resistencia se suele encontrar por debajo de este límite. La disponibilidad de energía radica casi exclusivamente en la descomposición aeróbica de los hidratos de carbono y los ácidos grasos.

El efecto del entrenamiento de la resistencia se nota especialmente en el tiempo del esfuerzo continuado que obtienen los deportistas con un nivel de lactato bajo (2 a 4 mmol/l). Un nivel de lactato bajo es muy importante para el triatleta, ya que si realiza un esfuerzo continuado debe cuidar de aprovechar al máximo la energía. Este hecho es la base para los tests de rendimiento con medición del lactato. Estos tests se realizan de forma similar en las diferentes disciplinas del triatlón como los tests de medición de la frecuencia cardíaca.

Los tests de lactato se realizan siguiendo estos pasos:

1- Para el deporte correspondiente se elije una distancia determinada. Las más adecuadas son:
– 800 m natación
– carrera de 5 ó 10 km
– recorrer en bicicleta 20 km en bicicleta

2- La distancia se recorrerá con la frecuencia cardíaca establecida mediante un test. Inmediatamente después del test se establece el nivel de lactato.

3- En los tests siguientes, siendo la frecuencia cardíaca la misma, puede comprobarse
– primero, cómo se desarrolla el tiempo de test y
– segundo, cuál es el nivel de lactato.

Tiempos menores con un nivel de lactato igual o inferior indican un beneficio obtenido del entrenamiento.

4- El test también se puede llevar a cabo como un test máximo. El deportista intenta recorrer la distancia a una velocidad máxima. El valor de lactato da información sobre la capacidad de movilización del sistema metabólico. El tiempo conseguido indica el estado de entrenamiento.

Los tests máximos agotan las fuerzas en gran medida, por lo cual deberían realizarse de forma limitada.

Las mediciones del nivel de lactato eran bastante complicadas hasta hace pocos años. En la actualidad, gracias a los biosensores transportables se ha hecho mucho más sencilla la extracción de sangre: solamente hace falta una gota. Los niveles de lactato pueden leerse justo después de la extracción de sangre.

La valoración del rendimiento utilizando métodos modernos hacen posible una información detallada sobre la forma física y objetivizan el pronóstico de los rendimientos que se lograrán en las competiciones.

Pruebas de laboratorio

Los métodos de diagnóstico presentados se suelen centrar en un componente parcial del triatlón. Por esta razón, no son suficientes para obtener una visión compleja del rendimiento llevado a cabo en el triatlón. Pfützner del Instituto de Ciencias Aplicadas del Entrenamiento en Leipzig desarrolló un complicado programa de entrenamiento que se realiza bajo condiciones de laboratorio y, sin embargo, se acerca mucho al esfuerzo real que se desarrolla en una competición de triatlón.

Este test de competición se desarrolla de la siguiente manera:
– 800 m de natación (piscina de 50 m),
– 10 km ciclismo sobre una cinta continua con un ángulo de 3 grados para hombres y 2 grados para mujeres,
– 5 km carrera sobre una cinta continua.

Las siguientes condiciones técnicas y deportivas son necesarias para ello:

Piscina (50 m) con una cinta continua justo al lado (1,2 m de ancho y 4 m de largo) así como un laboratorio médico-técnico.

Realización del test

Con el paso de la piscina a la cinta continua transcurren unos 3 a 5 minutos. Los deportistas utilizan su propia bicicleta y corren con ella sobre una cinta ancha sin que existan riesgos. Después de la prueba de ciclismo se realiza la de carrera sobre la misma cinta, que no tendrá inclinación. La velocidad la controla el deportista mismo.

Medidas registradas:
– frecuencia cardíaca: continuamente por medio de un medidor sumergible
– lactato: después de nadar, mientras se realiza la prueba de ciclismo y de carrera
– absorción de oxígeno: intermitentemente durante a prueba de ciclismo y de carrera.

Además se pueden recoger otros datos como la velocidad, la frecuencia del movimiento, los fenómenos cíclicos así como la técnica empleada, de forma continua o en momentos determinados de antemano.

El valor informativo de este método es muy alto para el entrenador. Sin embargo, también es un test muy complicado. La ilustración 8 da una idea del alto contenido informativo de este test de simulación de una prueba de triatlón.

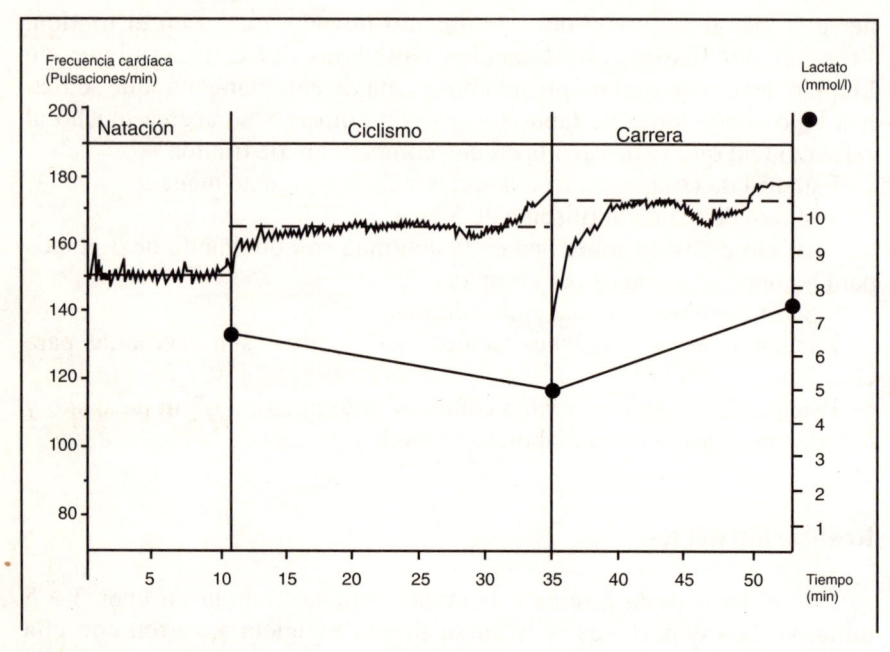

Ilustración 8: *Resultados del test de simulación de triatlón (frecuencia cardíaca y niveles de lactato)*

MODALIDADES DE COMPETICIONES Y DISTANCIAS

Además del clásico triatlón de Hawai se han introducido diferentes distancias y formas combinadas de las diferentes especialidades. Entre los niños que se dedican al triatlón es más frecuente el duatlón. En los comienzos, la run-bike-run era una solución al problema de la temperatura del agua que no hacía posible nadar. Por esta razón se introdujo la carrera en sustitución de la prueba de natación. Actualmente, esta variante está comúnmente aceptada. Aunque a la sopa le falte sal –la natación–, esta variante del triatlón es bien recibida por los deportistas en otoño y primavera, ya que alarga la temporada de competición un par de semanas.

¿Qué variantes en las distancias se han desarrollado para el triatlón en los últimos años?

FORMAS DE COMPETICIÓN EN EL TRIATLÓN

El punto de referencia del triatlón ha sido desde siempre el Ironman (hombre de hierro) de Hawai, que se realiza todos los años en

octubre y del cual partió el primer empujón para que el deporte del triatlón se desarrollara en todo el mundo. Hawai aún conserva mucho poder decisivo. La longitud de las distancias en la competición de Hawai fue desde el principio la base para las relaciones de distancias de todas las competiciones largas o cortas. Las distancias base de todas las competiciones de triatlón son las siguientes:
- 3,8 km natación
- 180,0 km ciclismo
- 42, 195 km carrera

Triatlón largo

Esta distancia del Ironman ha entrado en el orden deportivo como triatlón largo. A partir de éste se han desarrollado la media distancia y el cuarto de distancia. Sin embargo, se ha demostrado que esta división puramente matemática de las distancias perjudica principalmente a los nadadores. A partir de este dato se prolongaron las distancias de natación y se acortaron ligeramente las distancias de ciclismo. El reglamento deportivo alemán acepta las siguientes distancias además del triatlón largo:

Triatlón medio

2,0 ó 2,5 natación
80 (5%) km ciclismo
20 (± 5%) km carrera

Las posibilidades de participar en competiciones con estas distancias son relativamente escasas en comparación con el triatlón corto; de las 10 competiciones que suelen organizarse solamente una es de distancia media. Esta longitud de recorrido está perdiendo en importancia. A partir de 1994 tampoco se realizarán campeonatos en esta distancia media.

Triatlón corto

1,0 ó 1,5 km natación
40 (±10%) km ciclismo
10 (± 5%) km carrera

Las dos distancias que aparecen para la natación dependen del hecho si se nada en una piscina o en aguas abiertas. En el primer caso se recomienda la distancia de 1 km por motivos de organización.

El triatlón corto se ha convertido en la distancia de campeonato preferida. Las razones radican en la facilidad de su organización y las menores exiegencias de entrenamiento de los deportistas, al contrario de lo que ocurre en distancias mayores. El triatlón corto también es el más interesante para los espectadores y los medios de información. Ello puede ser la razón por la cual esta distancia se incluirá en el programa olímpico.

> Mientras que, en sus principios, la distancia de Hawai era el punto de referencia obligado, el triatlón corto –la futura distancia olímpica– goza de mayor aceptación en estos momentos.

Triatlón esprint

0,5 ó 0,7 km natación
20 (± 10%) km ciclismo
5 (± 10%) km carrera

Es especialmente adecuado para escolares y jóvenes. Las distancias también son recomendables para las competiciones preparatorias de la primavera y para los campeonatos por equipos.

Triatlón popular

aprox. 0,5 km natación
aprox. 20 km ciclismo
aprox. 5 km carrera

Estas distancias de recorrido resultan en una duración total de la competición de unos 80 minutos para un deportistas medianamente entrenado. Éste es un esfuerzo que puede realizarlo sin muchos problemas cualquier deportista de resistencia. Por estas razones, adquiere gran importancia como medio de obtener nuevos seguidores.

Otras variantes de triatlón

Naturalmente que son posibles otras variantes de distancias. Sin embargo deberán mantenerse dentro del marco de las siguientes relaciones para que todos los participantes tengan las mismas oportunidades:
1: 30 ... 50 : 9 ... 11

Triatlón de cross

El triatlón de cross supone la posibilidad invernal para que los triatletas tomen parte en una competición. Las distancias aún son muy variables. Los recorridos en bicicleta suelen atravesar lugares poco apropiados y por ello suelen realizarse con "mountain bikes". La prueba de natación se desarrolla en una piscina climatizada, la distancia de carrera debería tener igualmente un carácter de cross y exigir mucho tanto de la condición física como de la técnica se carrera.

Frente al triatlón clásico presenta una particularidad: después de la natación se observa una pausa de descanso para limitar el peligro de que los atletas de enfríen.

El triatlón de cross preferido presenta las siguientes distancias:
1,0 km natación
12 a 20 km ciclismo
6 a 10 km carrera

Competiciones de triatlón de larga duración

Para los deportistas que nunca tienen bastante también se ofrecen distancias muy superiores a la distancia de Hawai. Se conoce entre otras el «ironman doble» y en Estados Unidos también existe el triple. Es comprensible que el número de participantes en estas competiciones sea muy reducido y que solamente se consideren como curiosidades en el mundo deportivo.

OTRAS MODALIDADES DE COMPETICIONES DE RESISTENCIA

Tres modalidades deportivas no son aún triatlón

> El reglamento de competiciones considera que solamente pueden llevar la denominación de triatlón aquellas pruebas que se componen de: natación, ciclismo y carrera y además se desarrollan por este orden.

Otras combinaciones, p. ej. esquí, carrera y patinaje, no deberían considerarse consecuentemente como triatlón. Sin embargo, también pueden enriquecer considerablemente la oferta de competiciones para el deportista de resistencia. Algo similar ocurre con la inclusión de los deportes acuáticos o de nieve en una competición de resistencia. En estas circunstancias incluso pueden organizarse competiciones con cuatro o más disciplinas parciales.

Otras posibilidades para enriquecer las competiciones de resistencia se basan en la inclusión de relevos y competiciones por equipos. Hay que tener en cuenta que el triatlón es una competición individual y que, por tanto, todas las competiciones que modifiquen esta idea básica –es decir, realizar individualmente las tres disciplinas deportivas sin interrumpir el esfuerzo– no pueden considerarse triatlón.

Duatlón

Esta forma de competición es especialmente adecuada para el período de preparación y para el otoño como medio de enriquecer las experiencias acumuladas en las competiciones y la condición física general. Entretanto ya ha surgido una casta de duatletas que participan principalmente en este tipo de competiciones para así evitar la «molesta» natación. Después de que en Alemania se hayan cosechado títulos tanto en los campeonatos europeos como mundiales, se ofrecen competiciones de duatlón a lo largo de toda la temporada.

La particularidad del duatlón es que se comienza con la prueba de carrera para así distanciar el orden de salidas. Seguidamente se lleva a cabo la prueba de ciclismo y para finalizar de nuevo la carrera. Las transiciones se hacen como en el triatlón, sin interrupción.

En las competiciones se ofrecen las siguientes distancias:
Duatlón largo:
10 km carrera - 60 km ciclismo - 10 km carrera
Duatlón corto:
5 km carrera - 30 km ciclismo - 5 km carrera
Duatlón popular:
2,5 km carrera - 15 km ciclismo - 2,5 km carrera
En otras distancias de recorrido debería respetarse la relación 1 : 5 ... 7 : 1.

En los útimos años, el duatlón se ha convertido como solución al mal tiempo para el triatlón en un deporte propio. La competición de duatlón más conocida se desarrolla cada año a principios de mayo en Zofingen (Suiza). Zofingen se ha convertido en el Hawai de los duatletas.

Las medallas del triatlón

Estas medallas tienen la finalidad de estimular a los deportistas a participar en el triatlón. La federación alemana las concede a aquellos que recorren una distancia determinada en las competiciones de duatlón o triatlón.

La medalla de bronce la obtiene aquel deportista que en una temporada
– nade 2 km,
– circule en bicicleta 80 km y
– corra 20 km.

La medalla de plata la obtiene aquel que realiza la distancia de Hawai sin interrupción o por etapas, es decir
– nade 3,8 km,

Modalidades de competiciones y distancias

– circule en bicicleta 180 km y
– corra 42 km.

La medalla de oro la obtendrá aquel atleta que en las competiciones en las que participe durante el año
– nade 10 km,
– circule en bicicleta 400 km y
– corra 100 km.

La medalla de triatlón puede pedirse en la federación previo pago de una tasa.

Triatlón turístico

Con esta forma se hace muy fácil la toma de contacto con el deporte del triatlón. El triatlón turístico es especialmente adecuado para familias y niños.

Solamente se exige que el deportista nade, monte en bicicleta corra o ande simplemente en un mismo día. Estas excursiones deben ser organizadas por clubes.

El triatlón turístico puede contribuir a hacer más popular este deporte y al mismo tiempo ganar nuevos adeptos.

TÉCNICA Y TÁCTICA
DE LAS DIFERENTES DISCIPLINAS

El triatlón es un deporte que depende en gran medida de la condición física. Los conocimientos técnicos y tácticos, sin embargo, también deciden el éxito o el fracaso. Mientras que la técnica domina principalmente en la natación, en ciclismo y la carrera la táctica es lo importante. Todo deportista ya debería intentar desarrollar una técnica deportiva desde un principio. Los trucos tácticos se aprenden a base de acumular experiencias en muchas competiciones. Sin embargo, siempre es una ventaja cuando se puede participar de los conocimientos de los demás a través de la literatura.

NATACIÓN

La natación es la disciplina más difícil para más de un triatleta, ya que suele comenzar a una edad bastante avanzada con el entrenamiento en natación. Otros tienen problemas con el agua fría. Al fin y al cabo, a nadie le gusta zambullirse en aguas heladas cuando hace viento y mal tiempo. También, uno se siente bastante solo en medio de la inmensidad del agua y frecuentemente existe un cierto miedo a lo «desconocido de las profundidades». Gracias al traje de neopreno y las medidas de seguridad, muchos deportistas han perdido gran parte del miedo a las aguas abiertas. A pesar de ello es diferente nadar en una piscina climatizada con líneas de orientación y pocas olas que en el mar. Por esta razón, el triatleta no debería entrenarse en estas condiciones tan «domesticadas», sino también acumular experiencias nadando en lagos y en el mar. También la natación en los ríos requiere una adecuación de la técnica y la táctica, ya que las corrientes existentes no son fáciles de ver.

Técnica

En la natación se pueden aplicar algunos principios válidos para todos los estilos de igual manera.

– La posición más adecuada para nadar es la que se adopta lo más recta y más cerca de la superficie del agua posible; en braza, la frente debería encontrarse en la línea divisoria entre el aire y el agua. Esta posición varía ligeramente según el viento reinante: si el viento viene de cara o de costado se colocará más profundamente en el agua, si el viento sopla de atrás incluso se puede sacar la cabeza algo más del agua.

– Siempre debe intentarse ofrecer la menor superficie de resistencia posible en el sentido en que se nade (levantar la cabeza supone bajar las piernas: ¡la superficie de resistencia aumenta!).

– En la dirección en que se nade, todas las partes del cuerpo (brazos, manos, piernas) deben moverse lentamente; deben ser «pequeñas», de lo contrario frenarían en exceso.

– Contra la dirección en que se nade, aquellas partes del cuerpo que realizan el avance deben moverse bastante rápido y ser «grandes» (toda la palma de la mano con dedos cerrados o casi cerrados, las plantas de los pies).

– Todos los movimientos de avance deben realizarse justo al contrario de la dirección en la que se nade, porque si no le dan al cuerpo impulsos incorrectos hacia arriba, hacia abajo o hacia los lados.

– El nadador debe encontrar un ritmo equilibrado entre tensión y relajación de la musculatura que realiza el avance, es decir, tirar, empujar, golpear, etc. conscientemente y mover al punto de partida suave y conscientemente.

– La musculatura que trabaja de forma estática es un consumidor de energía que debe tener muy en cuenta el principiante o aquella persona que aprenda una nueva técnica. No son pocos los triatletas que cuando han nadado un par de cientos de metros notan contracturas, sobre todo de la musculatura de espalda y nuca. Puede ser de ayuda la mejora de la técnica de respiración –inspirar rápida y profundamente, espirar en el agua lenta e ininterrumpidamente– y aumentar la movilidad de la cintura escapular.

– La técnica de un estilo de natación se practica mejor con un compañero; él ve los errores y dirige los movimientos que uno mismo no puede controlar ópticamente, siendo también importante para velar por la seguridad y el ánimo.

Técnicas de natación adecuadas

Crol

El crol es el estilo de natación más rápido ya que se realiza un avance continuamente y la superficie del cuerpo que ejerce de freno es relativamente «pequeña». Por esta razón, todo triatleta debería aprender esta técnica (ilustración 9). Lo más importante es:

– Colocar el brazo lo más adelantado posible y moverlo o empujarlo hacia el muslo con un movimiento largo y ligeramente en forma de S (desde la altura del pecho) (ilustración 10); la palma de la mano, con los dedos ligeramente estirados, siempre estará dirigida de pleno en contra de la dirección en la cual se nade. El codo se flexiona ligeramente cuando llega a la altura de la cabeza y es estirado de nuevo cuando llegue a la cintura; seguidamente mover el brazo relajado completamente hacia adelante por encima del agua hasta estirarlo totalmente.

– El movimiento de las piernas estabiliza la posición del cuerpo y prácticamente no sirve para el avance, por lo que debe realizarse sin mucho esfuerzo; los pies deben estar estirados y relajados y no golpear hacia arriba y abajo más de 30 cm, estando el punto superior justo por debajo de la superficie del agua; el movimiento se lleva a cabo a partir de la articulación de la cadera, las pantorrillas «se dejan mover».

– El tronco tiene que estar relajado y horizontal a la superficie del agua. Para respirar, solamente se gira la cabeza (o ésta se levanta cuando hace falta orientarse).

– La inspiración, por regla general, se realiza lateralmente, ya que de este modo el movimiento total se ve poco distorsionado; para ello se gira la cabeza hacia la derecha cuando el brazo derecho llega al muslo derecho –inspirar rápida y profundamente–, la cabeza vuelve a estar recta cuando el brazo derecho es movido hacia adelante por encima del agua –espirar lenta e ininterrumpidamente–, mantener la cabeza recta, la frente se encuentra a la altura de la superficie del agua; la inspiración hacia el lado izquierdo se desarrolla correspondientemente; el ritmo respiratorio debería realizarse hacia la derecha y la izquierda alternativamente cada tres (o bien seis) movimientos de brazo, ya que de esta forma se controla a los demás participantes.

– La orientación en cuanto a la dirección en la cual se nada y el puesto que se ocupa también se puede hacer, sin interrumpir los movimientos natatorios, levantando la cabeza por encima del agua hacia adelante-arriba (comparar con waterpolo), con lo cual la boca y la nariz quedan libres para inspirar; sin embargo, este movimiento hace que el cuerpo se hunda más en el

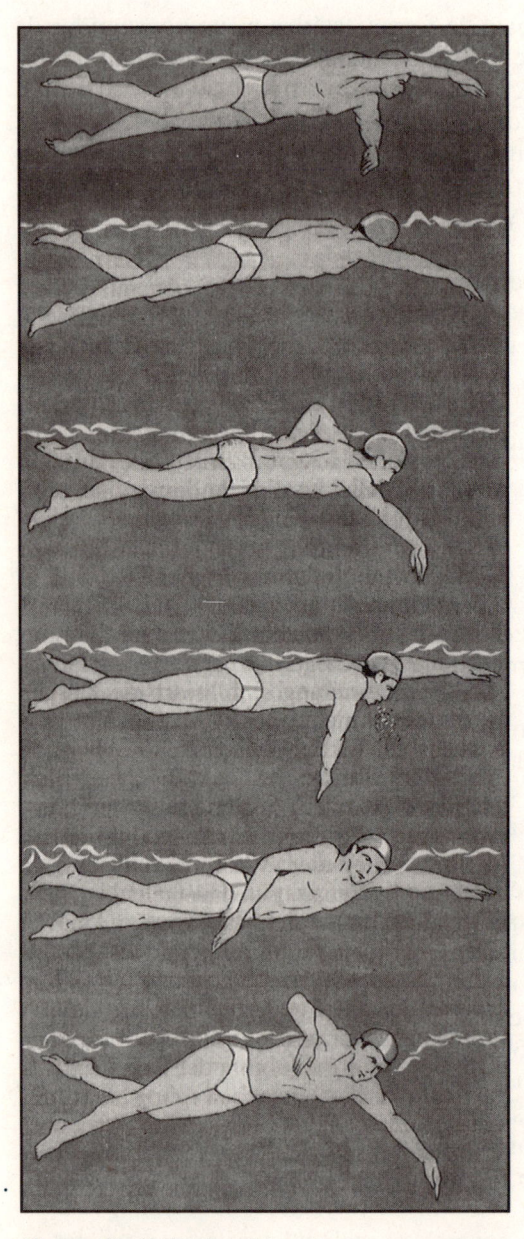

Ilustración 9*: Técnica del crol*

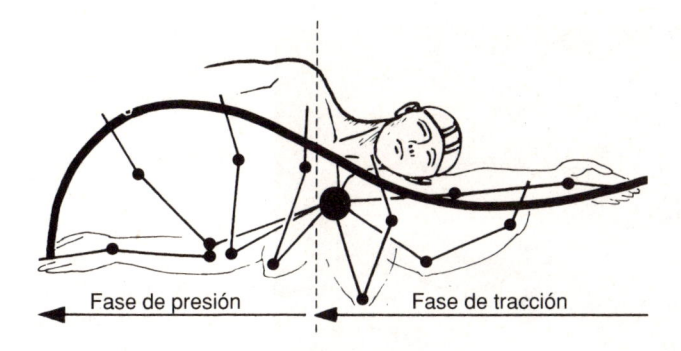

Técnica y táctica de las diferentes disciplinas

Ilustración 10: *Fase de impulso del movimiento de brazos en el crol*

agua, provoca una posición poco hidrodinámica y consecuentemente no debería adoptarse con demasiada frecuencia, ya que además daña la musculatura de la nuca y le quita a todo el movimiento su ritmo y su relajación.

> El crol es el estilo de natación más rápido y más elegante. El joven triatleta debería intentar aprender su técnica. La ganancia de tiempo en comparación a un nadador de braza igual de bueno es en el triatlón de unos 2 a 2 1/2 minutos.

Braza

Nadar braza es importante para todo triatleta. Para muchos, este estilo es el más común y tanto la respiración y la orientación son fáciles. Nadar braza es poco económico ya que el avance no es continuo, las superficies corporales son relativamente grandes y están orientadas en contra de la dirección en la que se nada (especialmente los muslos y el pecho) y los movimientos de freno en el agua (flexión de las piernas, extensión de los brazos), así como la necesidad de utilizar las piernas (grupos musculares grandes que consumen mucha energía) para realizar la mayor parte del avance (al fin y al cabo al triatleta aún le quedan muchos kilómetros que hacer en bicicleta y corriendo). Éstas son las razones principales que provocan un consumo de energía considerable para los metros que se nadan y la velocidad relativamente baja que se alcanza con esta técnica. Sin embargo, el triatleta tiene suficientes razones para preferir la braza.

Nadando braza es posible relajarse, respirar libremente, tener una visión global del recorrido así como utilizar grupos musculares que trabajan relativamente poco en otros estilos de natación.

– En el movimiento de braza (ilustracion 11), las manos con los brazos estirados se mueven hacia adelante, manteniendo entre sí una distancia equivalente a la que existe entre los hombros, hasta colocarse a la altura de la cabeza. Después, los codos se flexionan delante del pecho y las manos, que casi se tocan, se estiran de nuevo hacia adelante; en el momento de la tracción, los brazos están flexionados en los codos y las palmas de las manos con los dedos ligeramente separados, colocadas en dirección contraria a la que se nada; el movimiento de los brazos debe ser muy rápido, la extensión de los brazos (y de los hombros) hacia adelante relativamente lenta; cuando los brazos estén estirados se produce la fase de deslizamiento.

– El movimiento de las piernas es fácil de controlar cuando se es consciente de cómo se mueven y cómo

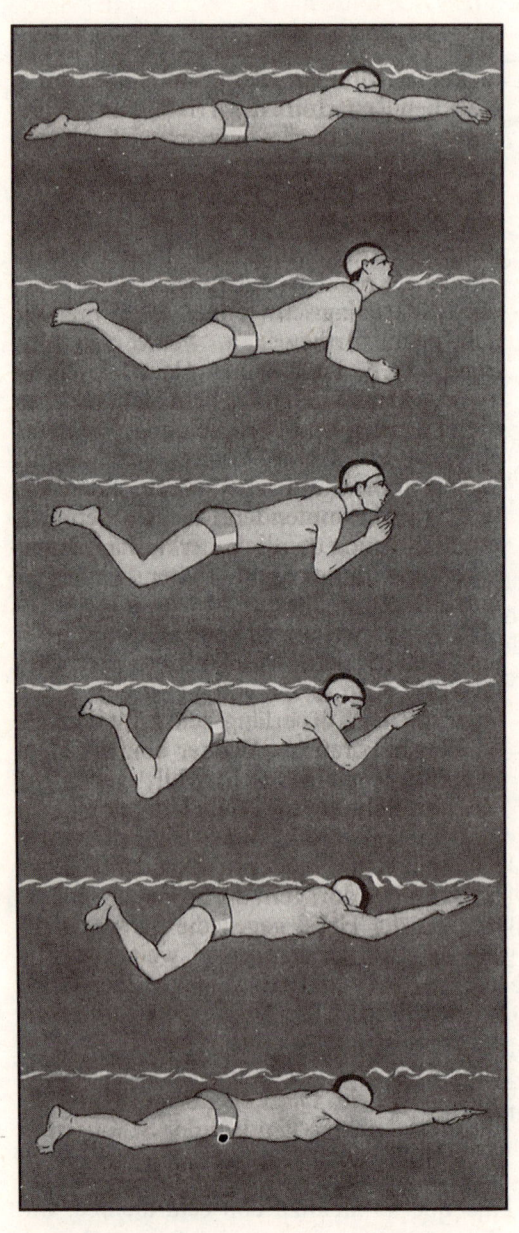

Ilustración 11: *Técnica para nadar braza*

están colocados los pies; ambos pies «describen» a 10 ó 20 cm debajo de la superficie del agua una elipse, golpeando rápidamente con los pies, que están colocados cerca de las pantorrillas (planta justo al contrario de la dirección en la que se nada), hacia atrás siguiendo las líneas curvas. Seguidamente se estiran los pies y en la fase de deslizamiento, cuando los brazos están estirados, los dos pies vuelven juntos hasta las nalgas con relativa lentitud; en este movimiento, las rodillas no deben colocarse nunca debajo de las nalgas o incluso el vientre.

– Cuando se nada a braza, el cuerpo está situado justo debajo de la superficie del agua, la cabeza se hunde en el agua hasta la frente; todos los movimientos se desarrollan en el agua, sumergiéndose las manos y las rodillas profundamente en el agua durante la fase de avance.

– Al nadar braza, la coordinación de los movimientos de brazos y piernas es de gran importancia para conseguir la máxima velocidad y economía. Primeramente, los brazos inician el movimiento; cuando los codos se juntan delante del pecho, los pies se mueven en dirección a las nalgas; la extensión de los brazos se produce al mismo tiempo que el golpeo de los pies hacia atrás. Si los brazos y los pies están estirados, se produce la fase de deslizamiento, que termina con un nuevo movimiento de tracción de los brazos antes de que la velocidad descienda en exceso.

– La inspiración profunda y rápida se produce en la segunda mitad del movimiento de brazos, durante el resto del tiempo en el que se produce el movimiento se puede realizar la espiración (en el agua); para inspirar no es necesario levantar la cabeza en exceso, ya que de todas formas el movimiento de los brazos levanta el tronco y produce un hueco de la onda (¡por ello, practicar la posición plana de la cabeza en el entrenamiento!).

> Un nadador a braza seguramente no saldrá primero del agua. Sin embargo, tiene la ventaja de disfrutar de una orientación mejor. En cualquier caso es más racional nadar con una buena técnica de braza que debatirse en el agua con un mal crol.

Espalda

Nadar espalda debería formar parte del repertorio del triatleta (ilustración 12), ya que es un estilo rápido, económico (avance continuado),

Ilustraciòn 12: *Técnica para nadar espalda*

fácil de aprender y que mantiene la cara siempre encima de la superficie del agua. Respiración libre, orientación hacia atrás y lateralmente así como también una relajación relativa, toda la posible. Nadando espalda se puede seguir avanzando cuando se quiere deshacer una calambre (en pies, pantorrilla, mano) o bien cuando ya no se puede mover una pierna por esta causa. Se recomienda que cuando se sienta que se va a sufrir un calambre, se gire inmediatamente y se nade estirando el músculo afectado hasta que se note claramente que el calambre ha desaparecido, seguir nadando espalda normalmente y más tarde cambiar el estilo de natación.

– El movimiento de los brazos en la espalda se parece al movimiento de las aspas de un molino hacia atrás; a través del meñique, el brazo y la mano entran completamente estirados en el agua como prolongación del eje longitudinal del cuerpo, la palma de la mano se coloca completamente en dirección contraria a la que se nada y estira o empuja (siempre antes que el brazo) con un codo que se flexiona y vuelve a estirar hasta llegar a la cadera; desde allí el movimiento sigue con la extensión de la mano en dirección contraria a la que se nada hasta llegar al muslo. El brazo estirado se levanta relajado por encima del agua hasta llegar a la posición inicial, desde donde continúa sin interrupción el movimiento. Cuando se mueve el brazo derecho, el muslo izquierdo está estirado. Estos movimientos de los brazos son acompañados por un ligero balanceo de los hombros alrededor del eje longitudinal medio, mientras que la cabeza permanece quieta.

– En el movimiento de las piernas, los pies no deberían golpear encima del agua (los dedos de los pies pueden salpicar) o a demasiada profundidad; la ampitud de los movimientos alternativos hacia arriba y abajo puede ser de 30 a 50 cm; el movimiento de las piernas parte de la cadera, realizando las pantorrillas y los pies un movimiento hacia arriba parecido al de un látigo y bajando con relativa lentitud. El movimiento de las piernas es más efectivo cuanta más movilidad se tenga en el tobillo (quien sea capaz de orientar con los dedos de los pies hacia el suelo estando sentado en él con las piernas estiradas disfruta de una movilidad excelente).

– La posición del cuerpo al nadar espalda se puede comprobar fácilmente en los siguientes aspectos: 1- la barbilla está cerca del pecho, 2- el pecho y las caderas se encuentran en la superficie del agua y 3- las rodillas permanecen sumergidas en el agua, los dedos práticamente no sobresalen.

– Lo más adecuado es armonizar el movimiento de los brazos y la respiración; p. ej. cuando se mueva el brazo derecho relajadamente hacia atrás debe inspirarse rápida y profundamente, espirar lenta y continuadamente mientras se realizan los movimientos de los brazos.

> Quien esté buscando nuevos métodos de entrenamiento en natación debería incluir la técnica de la espalda en sus ejercicios. Aunque en las competiciones la «espalda» juegue un papel secundario, puede ser muy útil en las situaciones críticas.

Combinaciones de estilos de natación

Quien domine las técnicas del crol, la braza y la espalda, también está en situación de intercambiar los movimientos de brazos y piernas de cada uno y practicar nuevos «estilos», p. ej., nadar espalda con los movimientos de brazos en espalda y con los de piernas de braza. Lo que más descansa es conseguir que ambos brazos tiren al mismo tiempo cuando se nada espalda utilizando los movimientos de piernas de braza.

Las combinaciones de estilos de natación sirven sobre todo para relajarse parcialmente cuando se está nadando y evitar que el entrenamiento se haga monótono. Praticar combinaciones de estilos es divertido y entrena muy bien las capacidades de coordinación, sobre todo las sensaciones del agua.

Técnica de viraje

En aguas abiertas no es necesario dominar una técnica de viraje, pero en los triatlones cada vez más frecuentes que se organizan en piscinas climatizadas el saber efectuar un viraje correcto supone una gran ventaja. Mejorar el tiempo en 0,5 hasta 0,8 segundos cuando se hacen 19 virajes en una piscina de 50 metros puede hacer posible una mejor posición de salida. Por esta razón vale la pena aprender a realizar el viraje, además que de esta forma se ahorra fuerza y de todas formas es necesario en todo entrenamiento.

En el caso de los triatletas se trata de dominar el viraje en crol y braza. En el estilo crol existe un viraje elevado, uno plano y otro profundo.

El triatleta normal se limitará al viraje alto, mientras que los atletas de élite y los que tengan mucha experiencia como nadadores prefieren el viraje profundo. Es el más rápido, pero también el más complicado. El viraje en braza es básicamente un viraje alto. En todos los virajes debe observarse la siguiente regla: La pared debe ser tocada al menos por una parte del cuerpo, sin que importe si son los brazos o los pies.

Ahora pasemos a la realización del movimiento:

Virajes de crol

El viraje alto

Justo antes de tocar la pared, el nadador se gira ligeramente en dirección al brazo que la va a tocar. La mano toca la pared a la altura de la superficie del agua. El cuerpo continúa moviéndose en dirección a la pared mientras el brazo que la ha tocado comienza a flexionarse. Al mismo tiempo se acercan rápidamente las rodillas al pecho. Gracias a ello y por la extensión simultánea del brazo que ha tocado la pared de la piscina y el giro de la cabeza en dirección contraria a la que se encuentra este brazo, se produce un cambio de dirección del tronco en 180°. Las piernas flexionadas se colocan juntas contra la pared de la piscina. Poco antes, el nadador ha quitado la mano de la pared y ha inspirado. Después de haber adoptado la posición ventral se sumerge por debajo de la superficie del agua. A continuación se produce una rápida extensión hacia adelante de los brazos y el empuje de las piernas.

Después de la fase de deslizamiento comienza el movimiento propio del crol, empezando por las piernas y utilizando después los brazos.

El viraje profundo («viraje con "voltereta"») (ilustración 13)

Aproximadamente un cuerpo antes de llegar a la pared de la piscina, el nadador se prepara para el viraje calculando exactamente las brazadas que necesita. Sin embargo, no se toca la pared con las manos, sino que se efectúa enseguida el giro («voltereta») del cuerpo, tocando la pared con los pies. Un rápido movimiento de la cabeza y de los hombros hacia abajo introducen el giro, ayudado por los brazos. Se produce la elevación de las caderas y después se mueven los pies en dirección a la pared.

Al mismo tiempo comienza el giro alrededor del eje longitudinal del cuerpo. Los pies tocan la pared a una profundidad de unos 30 ó 40 cm.

El empuje de los pies se produce inmediatamente, aun cuando no se haya alcanzado todavía la posición correcta.

A continuación se realizan los mismos movimientos que en el viraje alto.

Viraje de braza (ilustración 14)

El toque de la pared en el viraje de braza se produce al final de la extensión de los brazos algo por debajo de la superficie del agua. Después de tocar la pared de la piscina con ambas manos, los brazos se flexionan ligeramente y paralelamente se produce la flexión a la altura de las caderas y de las rodillas. Las rodillas se colocan rápidamente debajo del cuerpo. El giro –que se produce principalmente alrededor del eje profundo– se realiza gracias al movimiento de los brazos y apoyado por el movimiento de la cabeza. Ambas manos se separan del borde de la piscina, los pies se apoyan contra la pared a una profundidad de unos 0,50 metros. El empuje y el deslizamiento se efectúan como en el crol.

Ya que en la braza el paso a los movimientos natatorios se realiza con una inmersión, la profundidad de deslizamiento es algo mayor que en el crol.

90   Triatlón

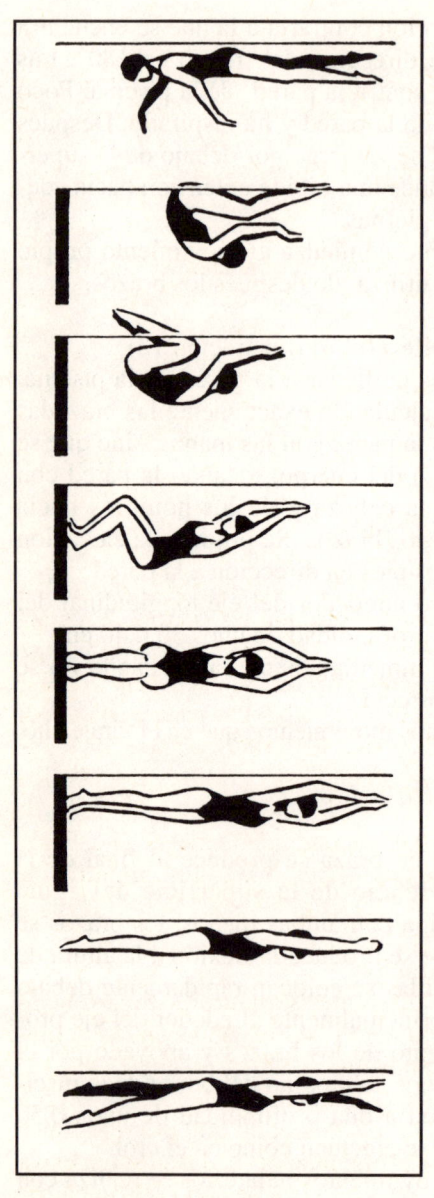

Ilustración 13: Viraje profundo
en el crol

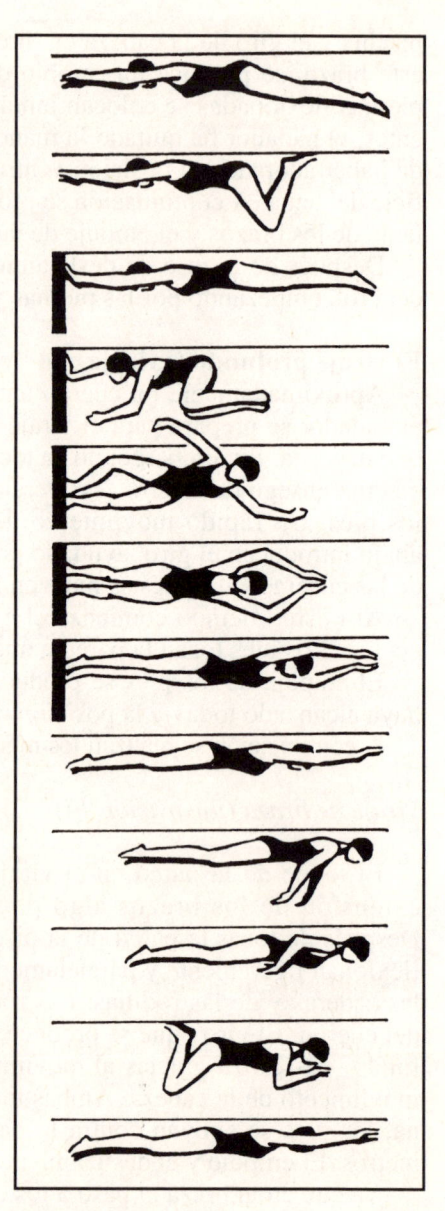

Ilustración 14: Viraje
de braza

Técnica y táctica de las diferentes disciplinas

Táctica al nadar

De cuando en cuando se oye la opinión de que la natación y la táctica no tienen nada que ver. Se dice que solamente la técnica, una buena condición física y la voluntad cuentan para alcanzar la meta. Los triatletas saben, sin embargo, que no se puede defender una tesis como ésta. Porque un comportamiento tácticamente adecuado cuando se nada asegura un aprovechamiento óptimo de las capacidades propias.

La táctica también se refiere a la adaptación consciente de la propia actitud ante las condiciones de la competición, las circunstancias de la ingestión de alimentos, la vestimenta adecuada y, sobre todo, la conducta de los competidores, la dosificación de las fuerzas y la influencia de los contrarios.

Esta enumeración de factores ya hace entrever las reservas de energía que contiene una táctica bien preparada pero flexible.

Comer y beber antes de nadar

El último alimento debe ingerirse una hora y media antes de la salida de natación. Esta regla general «para el baño» adquiere una importancia especial en el triatlón, ya que además de la posición horizontal del cuerpo, las condiciones de presión modificadas en la región del vientre y el cierre de la boca por el agua (en caso de vómitos), todas las reservas de energía deben utilizarse para mover las extremidades y no para la digestión. No hay nada en contra de un trago de zumo o un poco de fruta o chocolate antes de la salida.

Cuando se ha recorrido la distancia a nado (1,5 km), se han perdido por regla general entre 2000 y 3000 kj y con ello también 1 grado de calor corporal. Por esta razón, siempre es recomendable beber té caliente (aun en los días de calor), y comer dos o tres bocaditos mientras se monta en la bicicleta.

Actitud ante una competición de natación

Ya que existen muchos caracteres diferentes y múltiples experiencias individuales, la misma diversidad de matices se encuentra en las actitudes que se toman ante la distancia que hay que recorrer a nado.

Los nadadores «activos», una minoría entre los triatletas, se dirigen relativamente tranquilos a la línea de salida, sabiendo que primero viene su especialidad. Solamente tienen un problema: no nadar con excesiva rapidez, ya que la «hora de la verdad» para ellos viene con las pruebas de ciclismo y carrera.

Los triatletas que provienen del mundo de la carrera están acostumbrados a las distancias largas, como los ciclistas, pero no al medio húmedo ni a avanzar gracias a los brazos. Para ellos, en la prueba de natación vale el siguiente principio: «llegar a la meta con dignidad».

Se trate de nadadores activos o de deportistas de resistencia, la larga distancia a recorrer en agua fría es más llevadera con la siguiente actitud:

– Tener confianza en la propia capacidad de resistencia, de aguante y en las condiciones físicas.

Quien no esté convencido de la propia capacidad de resistencia no se sentirá seguro en la carrera. La confianza en uno mismo solamente se adquiere por medio del entrenamiento. Todo aquel que participe en un triatlón debe sentirse absolutamente en forma. Hay que conocer el propio cuerpo y saber «escucharlo». Si hay algo que no marcha bien, si se tienen dolores en las extermidades, sensación de debilidad, trastornos digestivos, etc., deberá renunciarse a participar en una competición.

– Ser tolerante en vista de problemas imprevistos.

Quien se moleste en exceso por un mal puesto de salida, los empujones en la salida, un golpe considerable del vecino, una ola repentina, las corrientes de agua fría, un ligero calambre, las salpicaduras constantes del compañero de delante... perderá gran parte de su capacidad de rendimiento. Hay que tener muy claro que estas cosas ocurren y que no hay que prestarles demasiada atención.

– Tener el firme propósito de hacer su propia carrera.

No hay que dejarse impresionar por otros atletas que en un momento dado son más rápidos, sino que hay que modificar el propio plan, individual y probado, en cuanto a utilización de fuerzas y velocidad de natación. El deportista debe nadar a aquella velocidad que aún le permita esforzarse un poco más.

– A todos aquellos a quienes les resulte penosa la prueba de natación se aconseja que se distraigan conscientemente mientras nadan.

Por ejemplo, se puede prestar una mayor atención a la técnica de natación, respirar conscientemente o practicar especialmente la fase de deslizamiento. También se puede dividir la distancia en distintas partes para alegrarse cuando se llega a una meta parcial. En la última parte de la distancia ya se piensa en cómo se realizará el cambio en el párking.

Calentamiento

Los ejercicios de calentamiento antes de la salida son imprescindibles. Habrá que reservar para ello al menos 15 minutos. Dos tercios pueden utilizarse para el calentamiento general corriendo o llevando a cabo una ligera gimnasia de condición.

El calentamiento especial justo antes de la salida deberá contener los siguientes ejercicios que son importantes para la natación:
– Relajación de la musculatura de los hombros y brazos, así como también de las piernas;
– Ejercicios de respiración (inspirar de forma rápida y profunda, espirar lenta y continuadamente);
– Estiramiento sobre todo de las articulaciones de hombros y tobillos;
– Ejercicios breves de fuerza submáxima (flexiones, saltos con piernas flexionadas, etc.).

El calentamiento deberá relizarse con ropa de abrigo durante todo el tiempo que sea posible (chandal, calcetines, zapatos). Sin lugar a dudas, no es conveniente la costumbre de meterse en el agua cinco minutos antes de la salida, solamente vestido con bañador y haciendo girar los brazos. La ropa, que regula la temperatura, deberá quitarse sólo un minuto antes de la salida (si lo permite la organización de la competición), y únicamente entonces se recomienda salpicarse y zambullirse en el agua para acostumbrarse a ella.

La salida

A este respecto se han desarrollado dos variantes:
– la salida en el agua y
– la salida en tierra.

En la primera, el deportista ya se encuentra en el agua antes de que se dé la señal, puede nadar un poco y acostumbrarse a la temperatura del agua. En el segundo caso, debe coger una carrerilla corta, o larga en los casos excepcionales, para llegar hasta el agua. En este supuesto, también deberá nadar antes un poco para no arriesgarse a sufrir un «shock» por el agua fría, lo cual le perjudicaría en cuanto a su capacidad de rendimiento en esta fase. En cuanto a la longitud de la distancia que debe nadarse y de los riesgos que conlleva una salida en masa en la prueba de natación, deberá elegirse un sitio que sobre todo esté libre al frente o al frente-lateralmente, aun cuando entonces se trate de un margen. Quien se encuentre en el centro de los deportistas deberá contar con ser golpeado involuntariamente con pies y manos por los demás, o constituir uno mismo un impedimento para los demás.

Si se consigue evitar la aglomeración hacia un lado o delante, se obtendrá la recompensa de no tener que nadar detrás de una «pared» de atletas que salpican, cuya velocidad quizás sea inferior a la propia.

El comportamiento durante el recorrido

El triatlón no exige que se observen las reglas de las competiciones de natación, igual como ocurre en otros acontecimientos deportivos en los cuales se tenga que recorrer una larga distancia a nado. Los estilos de natación más comunes pueden intercambiarse libremente. En aguas que lleguen al pecho o sean poco profundas no hace falta avanzar nadando. Una técnica de natación ejecutada de forma errónea tampoco provoca la descalificación.

Descrpción de los problemas	Estilo de natación recomendado
–Cansancio muscular local	ver tabla 11
–Falta de orientación	braza
–Calambre	espalda simétrica
–Ataque de tos	braza
–Cansancio general	braza

Tabla 10: *Cambio de estilo de natación en cansancio muscular local*

Estilo de natación original	Musculatura cansada	Nuevo estilo de natación
Crol	Nuca/cuello	espalda o espalda simétrica
	Piernas de braza	braza
	Cintura escapular	espalda
	Brazos	espalda
	Manos	braza
	Piernas/pies	espalda simétrica con braza
Braza	Nuca/cuello	espalda o espalda simétrica
	Cintura escapular/pecho	espalda o espalda simétrica
	Brazos	espalda simétrica
	Manos	espalda simétrica o espalda
	Caderas/piernas/pies	espalda o crol
Espalda	Cuello/nuca	braza o crol
	Cintura escapular	crol o braza
	Brazas/manos	braza
	Piernas/pies	braza o crol

Tabla 11: *Cambio de estilo de natación en cansancio muscular local*

Quien al principio haga un esprint para colocarse en las primeras posiciones, deberá haberlo entrenado frecuentemente o se arriesgará a sufrir un exceso de lactato, que será difícil de eliminar y que tendrá efectos negativos sobre el metabolismo aeróbico necesario para recorrer largas distancias.

En muchos atletas medios se ha demostrado que lo mejor es comenzar a recorrer la distancia a una velocidad media y al cabo de unos 100 a 200 metros encontrar la intensidad en la cual es posible aguantar hasta el final con un metabolismo aeróbico. La mejor velocidad es aquella que permite sentir que aún se tiene una «reserva de fuerzas».

Se dan situaciones en las cuales es mejor cambiar de estilo de natación. La tabla 10 indica cuándo debe cambiarse a qué estilo de natación.

> En el agua se permite seguir la "estela". Quien lo aproveche puede ahorrarse muchas energías.

Táctica de natación en caso de viento y olas

Las olas y el viento entorpecen al nadador especialmente en el mar, pero también en los lagos continentales. A pesar de ello existen ciertas posibilidades de paliar los efectos negativos. Cuando las corrientes de aire son persistentes y soplan en una dirección, se produce una corriente contraria justo debajo de la superficie revuelta del agua. Consecuentemente, hay que hundirse más en el agua cuando se tenga el viento de cara, para así poder aprovechar esta corriente, y en caso de olas altas, «nadar» por debajo de ellas. Si el viento sopla de espalda, se puede intentar dejarse «llevar» por las olas, es decir, permanecer sobre las olas y no sumergirse.

Si el viento viene de un lado, nos encontramos ante la peor situación, ya que prolonga la distancia a nadar, puesto que o bien el nadador se desvía ligeramente o tiene que nadar permanentemente hacia un lado para llegar a la meta en línea más o menos recta.

Autocontrol en situaciones de competición

El triatleta debería entrenarse para mantener el control del esfuerzo durante el recorrido a nado y no olvidarse de ello durante toda la competición. El control más sencillo y más adecuado para el agua es un ritmo respiratorio regular, no debiendo cambiar la frecuencia de una inspiración rápida y profunda y una espiración larga y lenta, ambas sincronizadas con la técnica de natación. Quien sienta que cuando nada a crol debe coger aire después de dos brazadas en lugar de tres, es que nada excesivamente rápido o no sigue una técnica económica. Aquí solamente ayuda nadar más despacio, cambiar la técnica y el estilo de natación.

Algo más difícil y solamente posible si se tiene una experiencia acumulada durante años es poder controlar el esfuerzo mediante determinadas sensaciones en la musculatura. Quien concozca el límite entre el dolor producido por el cansancio (cuando ya se han agotado las reservas) y la «punzada fisiológica» puede utilizarlo como orientación de forma más exacta que con la respiración.

En la prueba de natación del triatlón nunca hay que agotar las fuerzas, sino que debe nadarse con una reserva racional. Quien lo consiga puede atreverse con tranquilidad a distancias superiores a los 1500 metros – condición necesaria en el triatlón largo.

Si la temperatura del agua es baja, se producen a menudo hipotermias. Aquel que tenga mucho frío, dolores musculares e incluso calambres y ya no pueda realizar todos los movimientos deberá interrumpir su participación. Levantando una mano se lo indicará a los jueces.

No es ninguna vergüenza interrumpir la competición en estas circunstancias. La salud siempre es lo primero.

CICLISMO

La disciplina del ciclismo exige mucha experiencia. Más de lo que se imaginan muchos principiantes. No en vano, el correr por tiempo para los ciclistas significa «la prueba de la verdad»; porque un buen ciclista conoce perfectamente su bicicleta, sabe calcular las propias fuerzas y pedalear de forma inteligente y ahorrando energía.

La obligación de la contrarreloj –una particularidad característica del triatlón– constituye desde un principio un grave problema del deporte del triatlón. Aunque para los que no conocen muy bien el ciclismo no supone un gran diferencia si se rueda en pelotón o en escapada, el especialista sabe que el colocarse a rueda tiene enormes ventajas y, por tanto, no es ético. En el túnel de viento se ha podido comprobar que a una velocidad de 50 km/h los ciclistas que hacen de pantalla necesitan un 45,3 % más de enegía que los corredores que les siguen. Los que se colocan detrás pueden ahorrar muchas fuerzas. Por esta razón, el ciclista que rueda en solitario quedará relegado sin remedio a un segundo plano cuando se encuentre con un grupo que se releva del duro trabajo de ser el primero.

Prisas en el párking para la transición natación–ciclismo

Los jueces de la competicón y los organizadores se esfuerzan por eliminar esta mala costumbre. Lamentablemente sólo queda aplicar sanciones muy duras y descalificaciones. Quien no quiera tener problemas y sea un deportista que juega limpio, deberá seguir siempre las siguientes reglas:
– Distancia del corredor delantero: 10 m.
– Está prohibido rodar constantemente al lado de los demás ciclistas.

Otras particularidades del ciclismo en el triatlón resultan del esfuerzo realizado anteriormente en natación y del hecho de que el deportista aún no ha llegado a la meta cuando finaliza la prueba de ciclismo. Aunque existen maneras específicas de rodar, la técnica que se utiliza en el triatlón no se diferencia de la técnica básica. El triatleta debe dominar todas las técnicas que se utilizan al circular por las calles.

Física para el ciclista

En el ciclismo, la biofísica desempeña un papel importante. Los conocimientos de aerodinámica y de mecánica pueden ayudar al triatleta a ahorrar fuerzas y alcanzar mayores velocidades. Los ciclistas deben luchar en contra de dos obstáculos: la resistencia del aire y la resistencia por rozamiento. El rozamiento permanece bastante constante y no aumenta aunque aumente la velocidad. Completamente distinta es la resistencia del aire (viento favorable y viento en contra). Algunos datos:

– La resistencia del aire aumenta exponencialmente a la velocidad. Si, por ejemplo, se duplica la velocidad, la resistencia del aire se cuadriplica. O bien: un aumento de la velocidad de 10 km/h a 30 km/h tiene como resultado una resistencia nueve veces mayor. A este respecto, otras cifras: mientras que la resistencia del aire a 10 km/h es de 1,4 N, aumenta a 40 N cuando se circula a 40 km/h.

– Cuanto mayor es la resistencia del aire, mayor es también el consumo de energía. El vientro de frente y lateral aumentan aún más la resistencia. A una velocidad de 20 km/h y un viento en contra de 15 km/h suponen una resistencia y un consumo de energía que corresponderían a una velocidad de 35 km/h.

– La resistencia aumenta aún más si la ropa no se ajusta bien al cuerpo o la bicicleta tiene componentes añadidos (p. ej. parafangos, dínamo y faro). En el entrenamiento esto no tiene ninguna importancia, pero en un campeonato puede ser muy desventajoso. El deportista debería llevar ropa aerodinámica y quitarle a la bicicleta todos los «paravientos» innecesarios (solamente botella de agua, cuentakilómetros, cuadro).

– Unas ruedas hinchadas correctamente (aprox. 0,6 MPa) resultan en un frotamiento de 10 N. Esta resistencia de frotamiento aumenta enseguida de forma considerable si la presión de las ruedas es menor.

– Las reglas del contrarreloj obligaron desde un principio al triatleta a buscar las condiciones aerodinámicas más favorables durante la carrera.

Los trajes ajustados al cuerpo y el casco aerodinámico fueron bien recibidos por los ciclistas, aunque no así la eliminación de otros factores que ofrecen resistencia al aire. El grado de resistencia frontal depende de la superficie que el ciclista ofrece al aire. Cuanto menor es esta superficie y cuanto más aerodinámica es la postura, menor es la resistencia del aire (cw) total y con ello la formación de remolinos que disminuyen la velocidad.

El valor de cw mejoró de forma notable con el descubrimiento del manillar para triatlón. El triatlón aportó con ello una innovación que benefició a todos los ciclistas y que celebró su primera victoria cuando Greg LeMond ganó el Tour de Francia en 1989.

La técnica del ciclismo

Pedalear

Como cuando se nada y se corre, también cuando se rueda en bicicleta hay que seguir una técnica básica. Si se domina, el desarrollo del movimiento es más racional y el rendimiento mejora. Esta técnica básica del ciclismo es el pedaleo o la «pisada redonda». Ello significa que el desarrollo del movimiento es igual en todas sus fases. En ángulo recto con la manivela del pedal se realiza siempre la presión o la tracción. De esta manera se desperdicia la menor energía posible.

Para el triatleta, el pedaleo redondo es especialmente importante, ya que se puede mantener una velocidad regular durante un tiempo bastante prolongado. Importantes variaciones en la frecuencia de pedaleo significan una pérdida innecesaria de energía y tiempo. En una pedalada se observan las cuatro fases siguientes (ver ilustración 15):

– *empuje:* la fuerza se dirige hacia adelante
– *presión:* la fuerza se realiza hacia abajo (parte más efectiva de la pedalada);
– *tracción:* la fuerza se dirige hacia atrás;
– *descanso:* ligera tracción hacia arriba.

Esta fase de movimiento es apoyada por la otra pierna en orden contrario.

Cuanto mayor sea el número de pedaladas por minuto que se pueda mantener, cuanto mejor se domine el pedaleo "redondo", tanto mejores serán la técnica y el estado de entrenamiento.

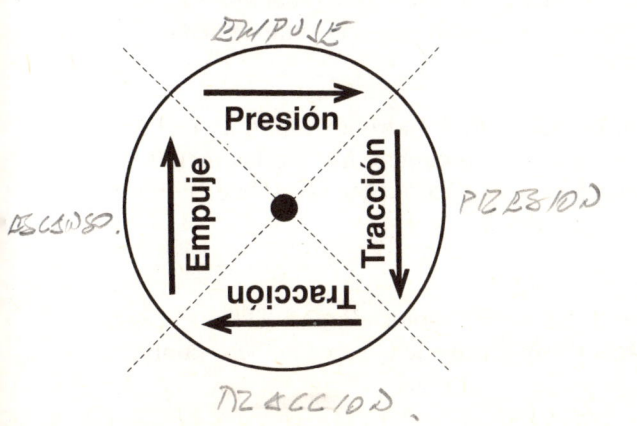

Ilustración 15: Fases de una pedalada

El triatleta debería intentar conseguir en el entrenamiento una frecuencia de 90 a 150 pedaladas por minuto. Ello se consigue más fácilmente si se realiza el entrenamiento dividido en partes.

La postura del cuerpo
La postura del cuerpo debe encontrar un compromiso entre la aerodinámica y el trabajo efectivo de los músculos. Cuando se rueda con velocidad, se trata sobre todo de mantener la resistencia del aire al mínimo. Cuando se rueda lentamente cuesta arriba, no es conveniente mantener una postura baja, ya que para ello hay que utilizar todo el peso del cuerpo. La postura del cuerpo cambiará de acuerdo con el terreno y la situación de carrera. Ello significa que el triatleta debe dominar diferentes posturas del cuerpo y técnicas de ciclismo.

El manillar de triatlón
Adaptarse al manillar de triatlón no es fácil. Las primeras veces el ciclista se tambalea mucho de un lado a otro. Por ello deben realizarse varias sesiones de entrenamiento antes de que este manillar sea utilizado en una competición.

Además de las ventajas aerodinámicas, el hecho de que el tronco quede apoyado también descarga importantes músculos de la región de la espalda y las nalgas de su función de sostén.

Ya cuando se monta un manillar de este tipo debe tenerse en cuenta que los antebrazos queden apoyados. Solamente así se asegura que el tronco esté lo más relajado posible. Las manos sujetan relajadamente la parte anterior del manillar. En esta postura se pueden utlizar con facilidad los cambios.

Aunque en las competiciones se utilice casi exclusivamente el manillar de triatlón, el atleta también debe dominar los agarres con el manillar tradicional, puesto que éstos suelen utilizarse con frecuencia en el entrenamiento.

Agarre bajo del manillar
Las manos agarran el manillar por el arco. El tronco está muy inclinado hacia adelante y con ello es más aerodinámico. Ya que las manos se encuentran cerca de los frenos, en esta postura se obtiene un buen control de la bicicleta.

Agarre elevado del manillar
Ésta es la postura para descansar y para subidas largas. El tronco está bastante erguido. Esto descarga los músculos de la espalda, pero también

tiene como consecuencia una mayor resistencia al viento. Otra desventaja es que hay una mayor distancia hasta los frenos y los cambios.

El pedaleo de "pistón"

En los pasajes cortos y empinados se utiliza la pedalada de "pistón". El ciclista se levanta del sillín y ejerciendo al mismo tiempo tracción con los brazos reparte el peso del cuerpo alternativamente sobre el pedal derecho y el izquierdo. En esta técnica, las manos agarran el manillar a la altura de los frenos. El centro de gravedad del cuerpo no debe encontrarse demasiado adelantado, ya que de lo contrario la rueda trasera pierde adherencia con el suelo (ilustración 16).

El descenso

Cuando se realiza un descenso es importante mantener una postura lo más aerodinámica posible. Es decir: ¡tronco muy inclinado hacia adelante, cabeza lo más baja posible, sentarse en la parte posterior del sillín, codos hacia adentro!

Las rodillas se presionan contra el cuadro y de esta forma estabilizan la bicicleta. Si se realiza un descenso rápido, debe tenerse en cuenta lo siguiente:

Ilustración 16:
Pedalada de "pistón"

¿Tour de Francia? - No, triatlón en Hawai

– ¡Frenar antes de la curva - no en la curva misma!
– El pedal que se encuentra en el lado de la curva debe estar levantado.
– Elegir un radio de curva lo más grande posible - ¡pero solamente si la carretera está libre de tráfico!
– Estabilizar la postura inclinada por medio de la presión de las rodillas contra el cuadro.

El cambio

El cambio le permite al deportista encontrar la frecuencia de pedaleo más adecuada y con ello optimizar el consumo de energía y la velocidad de acuerdo con las exigencias de la carrera.

> Al contrario que los ciclistas profesionales, el triatleta debería intentar conseguir el avance con una frecuencia de pedaleo relativamente alta.

Gracias a ello, el esfuerzo de la musculatura se mueve más en el ámbito de la resistencia y menos en el de la gran fuerza resistencia. Ello a su vez tiene ventajas para la prueba de carrera que a continuación se realiza. En suelo llano o cuando hay ligeras elevaciones, el triatleta debería intentar mantener una frecuencia de 90 pedaleos, lo cual también es posible cuando el viento sopla de frente o las condiciones de la carretera son variables. Cuando se efectúa un ascenso no será posible mantener esta frecuencia. Sin embargo, debe intentarse mantener el ritmo de pedaleo lo más uniforme posible. Ello siginifica: efectuar el cambio a tiempo y rodar con cambios cortos.

La táctica del ciclismo (también sin seguir a rueda)

La distancia entre las bicicletas también ofrece muchas posibilidades de aplicar variaciones tácticas. Los distintos perfiles del terreno, el viento, la distinta pavimentación de las carreteras y las curvas exigen unos conocimientos tácticos.

Primero, la regla táctica principal:

> El triatleta como corredor contrarreloj tiene que esforzarse en mantener una velocidad homogénea poniendo una marcha que permita rodar con una frecuencia cardíaca (aprox. 160 pulsaciones por minuto) soportable.

Una computadora para bicicletas, con indicador de pulso y pedaleo, es un aparato que vale la pena adquirir. Ello vale tanto para el triatleta fuerte como para el débil. Este último bajo ninguna circunstancia debería orientarse en una competición en los rendimientos de los atletas de élite, ya que aquel que tenga más kilómetros de triatlón en las piernas puede permitirse un mejor tiempo.

Y otro consejo para los que tienen menos experiencia: ¡no sirve de nada cambiar constantemente de marcha! Es mejor rodar con una marcha baja y una frecuencia de pedalada óptima que perder el ritmo a causa de los constantes cambios.

Antes de la salida

Naturalmente que el comportamiento táctico más inteligente comienza ya antes de la competición. El deportista con experiencia se informará exactamente del recorrido. A ser posible, recorrerá el camino un par de días antes para, de esta manera, en la competición poder decidir con seguridad sobre la velocidad, el desarrollo y otras medidas tácticas. Un vistazo a la lista de participantes también forma parte de la preparación mental de una competición, ya que del protocolo se puede deducir la calidad de los participantes.

No existe peligro de "chupar" a rueda

La salida

– Antes de colocar la bicicleta en el párking debe comprobarse que está en perfectas condiciones. A menudo se sueltan o corren piezas importantes durante su transporte (cambio, cadena, pastillas de freno).

– En los días de calor existe el riesgo de que las cubiertas se calienten en exceso y revienten. Por tanto deben taparse en el párking.

– Cuando se sale del área de cambio es más conveniente rodar con unos desarrollos cortos, ya que de esta forma se hace más fácil la adaptación a la nueva modalidad deportiva. Sin embargo, si se rueda demasiado tiempo con este desarrollo, se perderán valiosos segundos.

– La salida se realiza con menos problemas si antes ya se ha puesto la marcha que se necesitará.

– ¡Muy importante! Solamente hay que sentarse en el sillín cuando se haya abandonado el área de cambio (suele estar marcada por una línea).

Última transición

La táctica durante el camino
– En los tramos rápidos hay que procurar mantener una posición aerodinámica.
– Si la velocidad es excesiva, frenar siempre antes de entrar en la curva (primero el freno de la rueda trasera, después de la delantera).
– ¡Cambiar de marcha a tiempo antes de las subidas o curvas muy cerradas!
– ¡No comer antes de realizar fuertes ascensiones!
– Atención: ¡con "chupar" rueda! Muchos deportistas son bastante descuidados en cuanto a este problema específico del triatlón y quedan sorprendidos cuando se les enseña la «tarjeta roja». Por tanto:
– Adelantar con rapidez (a ser posible con una marcha baja).
– Quien sea adelantado inmediatamente deberá dejar una distancia de 10 metros.
– El abanico y otras maniobras de relevo son extremadamente antideportivas y producen la descalificación inmediata.
– También rodar en hilera supone ventajas y es penalizado.
Otra vez:
– En muchas competiciones, el recorrido no se halla cerrado al tráfico. ¡Hay que tener en cuenta el código de circulación! La seguridad es más importante que sacar unos segundos de ventaja.

*Mark Allen (EEUU),
4 veces ganador de Hawai*

Antes de la meta
– En los últimos quinientos metros se cambia a una marcha más ligera, ello relaja los músculos y hace que las condiciones sean más adecuadas para la siguiente prueba de carrera. Para relajarse también se puede pedalear hacia atrás.

Comer y beber
También forma parte de la táctica saber comer y beber en el momento adecuado. Muchos habrán sentido en sus propias carnes lo que es pasar hambre. Además del gran consumo de energía se produce una pérdida de líquido superior a lo normal en las pruebas de ciclismo y carrera. Por ello, el triatleta no debería confiar exclusivamente en el bufet oficial, sino llevarse una reserva de alimento y bebida. Si la distancia es corta, hay que llevar una botella de bebida rica en hidratos de carbono y enriquecida con vitaminas y sales minerales. Estas exigencias las cumplen mejor los zumos de frutas diluidos no carbonatados. El alimento sólido también debe contener hidratos de carbono, y para el recorrido en bicicleta puede elegirse el chocolate, las pasas y los plátanos. Si las distan-

cias son especialmente largas y, en el entrenamiento, el deportista también lleva alimentos que contengan albúmina. Por esta razón, no es extraño ver cómo los ciclistas se comen un bistec mientras ruedan.

A pesar de ello, los mejores consejeros son la experiencia personal y el apetito. Cada deportista debe decidir por sí mismo qué alimentos guarda en sus bolsas y qué es lo que mejor le sienta.

LA CARRERA

En el triatlón corto, la carrera que se realiza para terminar puede compararse con los últimos 10 km de maratón. En ambas carreras, los deportistas están debilitados a causa de los esfuerzos anteriores. La energía se consigue gracias al metabolismo de las grasas. Los movimientos ya no son explosivos, la motricidad comienza a fallar. Al deportista le cuesta mantener el deseo de obtener la mejor marca.

En el triatlón corto y medio, la situación aún es más drástica. Las comparaciones deportivas se deben hacer con las exigencias de las vueltas alpinas o los agotadores esfuerzos que tienen que hacer algunas expediciones científicas. En estas condiciones se desarrolla la prueba de carrerra en el triatlón, en la cual debe elegirse una técnica que sea económica y a pesar de ello permita un avance rápido.

La técnica de carrera

El ideal técnico en la parte final del triatlón también es la técnica de carrera del corredor de medio fondo y de fondo en atletismo (ilustr. 17). Por tanto, no existe una técnica de carrera específica del triatlón. El estilo que puede observarse en muchos buenos corredores no muestra una técnica para la carrera de triatlón, sino que delata el grado de agotamiento del deportista en cuestión.

¿Qué elementos técnicos son típicos de una técnica racional del corredor de fondo?

– El apoyo del pie en el suelo se produce cerca de la vertical con respecto al centro de gravedad del cuerpo.

– El pie se apoya primero con el borde externo del metatarso y realiza entonces el movimiento de palanca.

– Después de haber entrado en contacto con el suelo plenamente se

Ilustración 17 : *La técnica de carrera*

produce una pisada vigorosa y el adelantamiento de la pierna con la rodilla claramente levantada. La pisada fuerte y la elevación de la pierna son requisitos para que el paso tenga la longitud y la frecuencia adecuadas.
 – El tronco del corredor solamente está ligeramente inclinado hacia adelante.
 – Los brazos están flexionados y acompañan el ritmo del movimiento de correr.
 Todos los demás elementos estilísticos dependen de cada individuo y tienen poca influencia sobre la velocidad de carrera.

> La carrera constituye la lucha final. Quien aún esté en condiciones de conservar la técnica del corredor de los 10.000 metros, puede ganarle minutos de ventaja a sus competidores.

En las competiciones de triatlón se observa a menudo que la técnica de carrera del deportista es deficiente. Se confía principalmente en la buena condición física y se infravaloran las ventajas de una técnica de carrera depurada. Los malos resultados obtenidos en la prueba de carrera deberían hacer reflexionar sobre la necesidad de mejorar los movimientos de carrera. La necesidad imperiosa de correr con una técnica correcta resulta del peligro de lesión que aparece cuando la técnica de carrera es deficiente. Una pisada errónea, por ejemplo, produce cargas incorrectas en la rodilla, a lo cual se suma un número de repeticiones elevado, resultado de los kilómetros que se corren a lo largo del año. Con ello se programan de antemano daños irreparables en las articulaciones.
 Sin embargo, también debe tenerse en cuenta que la técnica de carrera es muy difícil de corregir, ya que desde la niñez se han adquirido determinados patrones de movimiento muy estables. La mejora de la motricidad requiere que el deportista siempre esté dispuesto a colaborar (tabla 12). La técnica del vídeo muestra visualmente los movimientos correctos e incorrectos de cada individuo.

Técnica y táctica de las diferentes disciplinas

Cuadro de errores	Razón	Corrección
En un corredor se pueden producir grandes oscilaciones verticales, la denominada «carrera a saltos». En la siguiente fase de apoyo, cuando se apoya el pie en el suelo se produce una «caída hacia adelante» del cuerpo que entorpece el avance. Visto desde lejos se puede observar cómo la cabeza o las caderas suben y bajan.	El empuje de los puntos de apoyo traseros es demasiado fuerte y mueve al corredor hacia arriba.	Las carreras a una velocidad moderada, de subida o cambio de velocidades, ejercicios de llegada y salida. Tener en cuenta el empuje hacia adelante-arriba.
Cuando se apoyan los pies en el suelo se producen ciertas fuerzas naturales que frenan la velocidad de carrera. Este efecto negativo para el movimiento de avance puede aumentarse enormemente si se pisa el suelo de forma incorrecta: - el pie se apoya primero sobre el talón, - el pie se apoya primero con la punta.	La relación entre la longitud del paso y su frecuencia no es óptima. El apoyo del pie en la fase de apoyo anterior no se realiza justo debajo del centro de gravedad del cuerpo, es decir, no se realiza la colocación rápida de la pelvis por encima de los pies (fase de apoyo anterior).	Correr en terrenos ligeramente empinados, carreras con cambio de velocidad, carreras a velocidad media hasta alta; carreras a velocidad moderada sobre terreno llano concentrándose en el apoyo de los pies: almohadillas del pie/ borde externo del metatarso.
Insuficiente extensión de la pierna en la pisada, el corredor cae hacia adelante; el corredor «se sienta»; la carrera adopta un carácter de «arrastre».	En la fase de apoyo anterior, el corredor toca el suelo primero con el borde externo del metatarso. Después, el pie no realiza el movimiento rodante, sino que queda plano en el suelo. En muchos corredores se observa en este instante una flexión excesiva de la rodilla y una caída de la pelvis. Como resultado aparece un error fundamental difícil de corregir: «El corredor cae hacia adelante». El avance es escaso a pesar de la energía consumida, ya que la pierna se levanta antes de tiempo del suelo y no se acierta de pleno el centro de gravedad del cuerpo. Solamente si se estiran por completo las articulaciones de pie, rodilla y cadera y se tensan las nalgas se consigue un avance óptimo.	Trabajo de tobillos, multisaltos, saltos sobre el lugar mientras se realizan las carreras de entrenamiento, multisaltos en los cuales se tiene muy en cuenta la extensión total cuando se produce la pisada. En la mayoría de los casos, solamente se obtiene el éxito si el corredor dispone de un buen sentido para realizar los movimientos y un cierto grado de capacidades coordinativas.

Tabla 12: *Los errores técnicos más importantes en la carrera y posibles correcciones*

Cuadro de errores	Razón	Corrección
Brazos en forma de hoz que no acompañan el ritmo de carrera.	Cuando se mueven los brazos, el derecho debe moverse en dirección al hombro izquierdo. Cuando se apoye el pie izquierdo en el suelo, el hombro derecho se mueve ligeramente hacia adelante. De esta forma se cumple el principio biomecánico del efecto pendular. Los corredores que exageran este movimiento y mueven todo el tronco de un lado a otro, o sea se balancean, con lo cual provocan un retorcimiento de la columna vertebral. Como consecuencia se produce un acortamiento del paso y una pérdida de fuerza lateral.	Los brazos pasan al lado de las caderas y colocados de forma claramente paralela. Se ha demostrado que la mejor manera de conseguirlo es girar hacia afuera los pulgares que se encuentran estirados hacia arriba. El movimiento de los brazos debe acompañar de forma rítmica el movimiento de carrera. Es igual si los brazos se encuentran paralelos o colocados ligeramente oblicuos delante del cuerpo.
Fuerte movimiento en contra de la cintura escapular, oscilaciones laterales del tronco más o menos marcadas (balanceo), retorcimiento del tronco.	Manera incorrecta de andar, transmisión de esta costumbre al movimiento de carrera a causa de una idea errónea de los que debe ser el movimiento. Una deficiente movilidad de la cintura escapular a menudo es la causa de que el tronco «reme».	En el entrenamiento debe entrenarse a conciencia el colocar los hombros hacia atrás. Debe practicarse el correcto movimiento hacia atrás de brazos y hombros colocándose para ello en una ligera posición de paso o con las piernas separadas, también trotando. Correr sobre líneas marcadas (calles); en la fase de impulso hacia adelante empujar la rodilla hacia adentro de forma consciente.
Inclinación hacia atrás del tronco.	El extensor del muslo y la musculatura abdominal no están lo suficientemente desarrollados en comparación al extensor de la espalda.	Fortalecimiento de los grupos musculares mencionados por medio de los ejercicios pertinentes: - Inclinación contra una pared, levantar el muslo con o sin carga adicional. - Carrera levantando las rodillas, normal y bajo condiciones más difíciles: nieve, arena de playa, cuesta arriba. - Levantar el tronco desde posición de decúbito supino con piernas flexionadas - las plantas de los pies tocan el suelo.

La táctica durante el recorrido

Mientras que en la natación y el ciclismo las medidas tácticas no suponen una clara ventaja y pueden ser igualadas por los competidores, la cosa es muy diferente en la prueba final, la carrera. Las ventajas que aquí se pueden ganar pueden mantenerse hasta llegar a la meta.

¿Qué táctica se recomienda para la prueba de carrera?

La condición previa más importante para toda táctica es el grado de capacidad de resistencia y la capacidad de valorar las propias posibilidades. Los resultados finales de toda competición dependen de estos dos factores. Entre los innumerables comportamientos tácticos destacamos los siguientes:

– Las condiciones fisiológicas son las más beneficiosas cuando se corre a una velocidad constante, pero se puede modificar la velocidad si la situación lo requiere.

– El acoplamiento a rueda se permite en la última parte de la carrera. El triatleta debe decidir si prefiere esta variante o adelantar rápidamente.

– Si el atleta prefiere jugárselo todo en un esprint final debe estar completamente seguro de cuál es la distancia que puede aguantar realmente.

– Durante el recorrido debe aprovecharse toda oportunidad para ganar tiempo o bien para conseguir una línea de carrera óptima. Ello siginifica

Nada de grupos en carrera - cada uno lucha en solitario

que hay que cortar las curvas por dentro, no pisar las elevaciones del terreno que hay que evitar (por ejemplo, las aceras) y cuando se corra cuesta abajo aprovechar el impulso.

– También forma parte de la táctica comer y beber en el momento adecuado. En un triatlón corto en condiciones climatológicas benignas práticamente no es necesario, pero se convierte en un «asunto de vida o muerte» en un triatlón medio y aún más en uno largo.

– Algunos entienden que la táctica anima a un comportamiento antideportivo. Las medidas tácticas solamente deben aplicarse en la medida en que se siga jugando limpio. En la competición, esto significa que nunca un triatleta debe molestar a un contrario, aprovechar ventajas no permitidas o incluso acortar el recorrido.

La regla principal sigue siendo: ¡Siempre hay que jugar limpio!

ENTRENAMIENTO

COMPLEJIDAD DEL ENTRENAMIENTO DE TRIATLÓN

La elaboración de un concepto de entrenamiento para triatletas se ha considerado más seriamente en los últimos años. Resulta más difícil porque no existe ningún deporte comparable, en el cual deban llevarse a cabo sin interrupción tres «formas diferentes de avanzar». Los deportes multidisciplinarios clásicos, como por ejemplo el decatlón o el moderno pentatlón difieren claramente del triatlón tanto en la estructura de sus exigencias como en el entrenamiento que requieren. En estos deportes se introducen pausas entre cada una de las diferentes disciplinas. En el decatlón, la competición se desarrolla a lo largo de dos días. Ello no es así en el biatlón, pero aquí tampoco se combinan dos displinas que se fundamentan en la resistencia. Al esquí de fondo le acompaña el tiro, un deporte que tiene exigencias coordinativas.

Lo que tiene una mayor semejanza con el triatlón es el cross. Sin embargo, en este tipo de competición, la carrera está completamente subordinada al ciclismo, con lo cual también disminuye su valor a la hora de entrenar en esta disciplina parcial.

Por tanto, el triatlón prácticamente no se beneficia de los demás deportes multidisciplinarios. Por ello no es de extrañar que la metodología del entrenamiento se haya desarrollado lentamente para el triatlón. Hasta hace poco tiempo, los rendimientos se evaluaban a partir del análisis por separado de las marcas obtenidas en los diferentes deportes. Se partía de la base de que se trataba de conseguir los mejores tiempos en cada una de las tres disciplinas, ya que la suma daría un buen resultado global. Esta concepción del entrenamiento no agota todas las posibilidades de adaptarse físicamente a las tres disciplinas. Ello de ningún modo quiere significar nada en contra del entrenamiento especial para cada disciplina. La mejora de la técnica, por ejemplo, no es posible de ninguna otra forma, también las capacidades de condición en cada una de las disciplinas deben ser trabajadas por medio del entrenamiento.

Sin embargo, el moderno entrenamiento en triatlón –sea cual sea el nivel de rendimiento– debe ser diseñado de forma que los tres deportes se integren más que se sumen. Desde que se conoce el efecto semiespecífico del entrenamiento de la resistencia se dispone de nuevos conceptos científicos para diseñar nuevos programas de entrenamiento. Por entrenamiento semiespecífico se entienden los efectos que tiene el entrenamiento de la resistencia en un deporte sobre los rendimientos de otro deporte de resistencia. Si lo aplicamos a un caso concreto quiere decir: quien entrene la resistencia utilizando la bicicleta también mejorará los rendimientos en la carrera. Este hecho, que en un principio se aplicó en la práctica con convalecientes y que luego se hizo en el deporte de élite, con la finalidad de que los atletas recuperaran más rápidamente su rendimiento inicial, tiene ahora validez en el entrenamiento de la resistencia.

¿Qué consecuencias tiene esta visión integrativa para el entrenamiento en triatlón? Aquí presentamos algunos ejemplos:

– La resistencia necesaria para un triatlón que dura dos horas o más, y especialmente la obtención de energía (metabolismo de las grasas) se puede conseguir principalmente a través del entrenamiento para la prueba de ciclismo con distancias más largas de lo normal.

– Las capacidades que determinan el rendimiento, que son la fuerza resistencia y la velocidad, no deben conseguirse exclusivamente por medios específicos del triatlón, sino que el rendimiento de los grupos musculares del tronco puede mejorar realizando esprints de natación y con la utilización de paddles, y el de la musculatura de las piernas con esprints ciclistas y escaladas.

– El aumento de la absorción máxima de oxígeno puede llevarse a cabo con facilidad gracias al medio de entrenamiento «distancia media» en natación (400-600 m)

– El ejercicio de competición original (también abreviado en ciertas circunstancias) se sigue considerando como el medio de entrenamiento más efectivo en el deporte de resistencia. Este medio de entrenamiento, que tiene efectos muy complejos, se aplica demasiado escasamente en el triatlón.

– El entrenamiento de la técnica se asocia al entrenamiento de la resistencia. Ello puede hacerse principalmente en natación y ciclismo.

> La teoría del entrenamiento para el triatlón está en fase de creación. Nuevas ideas, medios de entrenamiento modificados y concepciones revolucionarias pueden contribuir a mejorar aún más los rendimientos. El entrenador y el atleta no deberían aferrarse tanto a lo ya conocido, sino arriesgarse a aplicar nuevas cosas en el entrenamiento.

Estructura del entrenamiento

El esfuerzo físico que se exige en el triatlón no puede pedirse de un día para otro a nuestro organismo. Se requiere una preparación bastante prolongada. Ello vale tanto para los principiantes como para la preparación en vista a conseguir récords deportivos.

Por esta razón se aconseja a todo aquel que se interese por el triatlón –aunque solamente pretenda participar en un triatlón popular– que se prepare especialmente para ello. Esto también vale para los deportistas activos con experiencia en competiciones de otros deportes. Las tres disciplinas solamente se realizarán sin problemas cuando el deportista no confía exclusivamente en su condición física general, sino cuando acumula experiencias en cada una de las disciplinas parciales.

Estructura del entrenamiento para principiantes

La experiencia demuestra que muy pocos principiantes tienen a su disposición una larga fase de preparación, sino que suelen decidirse a comienzos de la temporada a participar en una o más competiciones de triatlón. En este tiempo relativamente corto deben diseñar un entrenamiento ¿Cuáles son los puntos que debe tener en cuenta este grupo de personas?

– Deben obtenerse experiencias de entrenamiento en las tres disciplinas. Al mismo tiempo deben dominarse los principales elementos de técnica deportiva de los tres deportes.

– Incluso una fase corta de preparación a la temporada de triatlón requiere una cierta preparación. Con ello la habituación al nuevo esfuerzo es más fácil y hace más sencilla la definición de la meta a conseguir.

– La estructura del entrenamiento siempre debería estar de acuerdo con la carga profesional, de estudios y familiar. Quien, por ejemplo, solamente le pueda dedicar a su preparación menos de tres horas semanales, en esa temporada no debería participar en un triatlón corto, sino mejor en un popular. Las distancias entonces pueden recorrerse sin problemas aun sin preparación.

– Para los principiantes se trata sobre todo de mejorar la resistencia

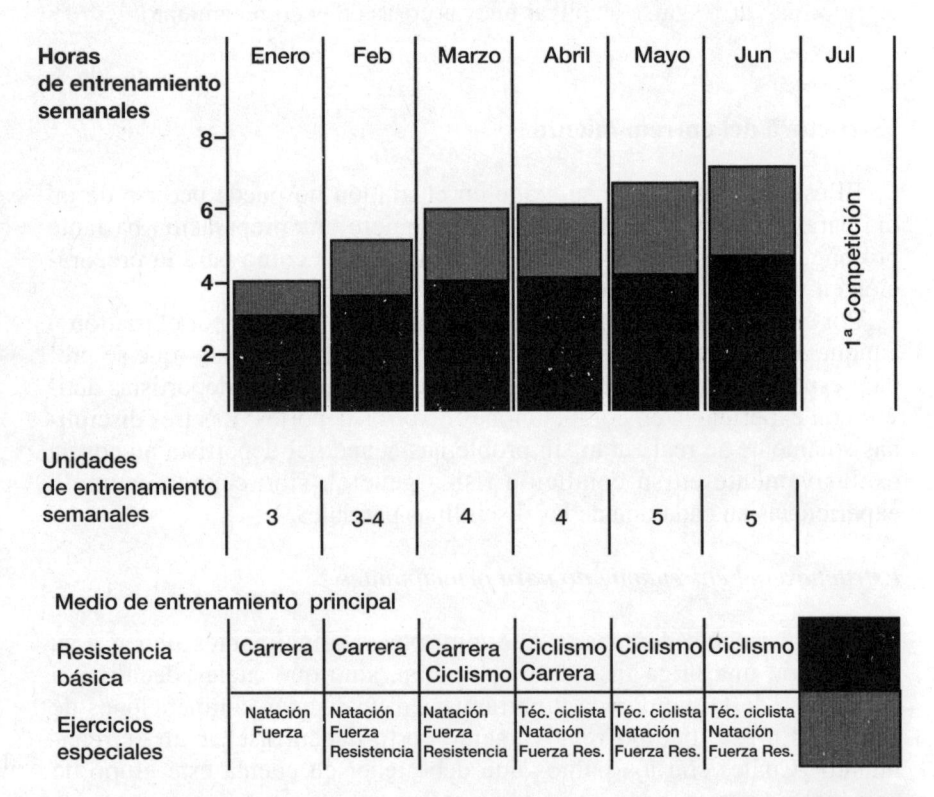

Horas de entrenamiento semanales	Enero	Feb	Marzo	Abril	Mayo	Jun	Jul
	3	5	6	6	6.5	7	1ª Competición

Unidades de entrenamiento semanales	3	3-4	4	4	5	5	

Medio de entrenamiento principal							
Resistencia básica	Carrera	Carrera	Carrera Ciclismo	Ciclismo Carrera	Ciclismo	Ciclismo	
Ejercicios especiales	Natación Fuerza	Natación Fuerza Resistencia	Natación Fuerza Resistencia	Téc. ciclista Natación Fuerza Res.	Téc. ciclista Natación Fuerza Res.	Téc. ciclista Natación Fuerza Res.	

Ilustración 18: *Estructura del entrenamiento para principiantes (triatlón corto)*

Entrenamiento

básica. Ello se consigue mejor por medio de unidades de entrenamiento que contengan 2 horas y media de ciclismo y carreras de más de 20 km.

– Para determinar la amplitud mínima del entrenamiento y el número de unidades de entrenamiento semanales vale la siguiente regla: cada deporte se entrenará una vez a la semana.

La ilustración 18 propone una preparación en corto tiempo para una triatlón corto. La meta del deportista es «llegar hasta el final», con un puesto situado en la banda media de una competición regional.

Estructura del entrenamiento a largo plazo

Mientras que en la estructura del entrenamiento que acaba de mostrarse principalmente se crean la condiciones para tomar parte en un triatlón corto, la estructura de un entrenamiento a largo plazo sirve para planificar éxitos y al mismo tiempo la participación en un triatlón medio y largo.

El entrenamiento de triatlón significa, al menos en el ámbito de los adultos, la creación de conceptos individuales. Los planes de entrenamiento en grupo son más frecuentes en grupos de niños y jóvenes.

En la definición de cada una de las tareas de un entrenamiento a largo plazo, el deportista y el entrenador deberían tener muy claros los siguientes puntos:

– ¿Cuánto tiempo puede dedicarle el atleta al entrenamiento a lo largo del año?

– ¿Qué capacidades se van a entrenar y en qué relación? Esta decisión depende de las capacidadas y habilidades existentes, los puntos débiles y los fuertes y de la finalidad total o parcial que se pretende alcanzar durante la temporada. En estas decisiones, las siguientes posiciones son determinantes:

– entrenamiento de natación
– entrenamiento de ciclismo
– entrenamiento de carrera
– fuerza resistencia
– ejercicios de relajación
– otra formación de las capacidades y formas de ejercicio.
– ¿Cómo se realizan las tareas de entrenamiento?
Para ello hay que decidir:
– elección de los ejercicios físicos

– aplicación de los métodos de entrenamiento
– desarrollo del entrenamiento a lo largo de períodos más o menos largos
– dinámica del esfuerzo

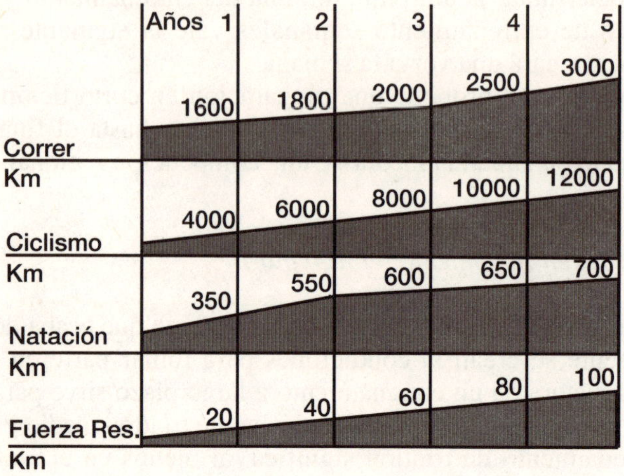

Años	1	2	3	4	5
Correr Km	1600	1800	2000	2500	3000
Ciclismo Km	4000	6000	8000	10000	12000
Natación Km	350	550	600	650	700
Fuerza Res. Km	20	40	60	80	100

Ilustración 19: *Estructura del entrenamiento de un atleta de élite (amplitud del entrenamiento a lo largo del año)*

– Cuando realmente se trabaja sobre la estructura del entrenamiento deben tenerse en cuenta también los siguientes datos:
– edad del atleta
– tiempo de entrenamiento en triatlón y en otros deportes
– puntos fuertes y débiles del atleta
– rendimientos en competición
– especialización hasta ese momento
– características de su personalidad

El gráfico (ilustr. 19) muestra por medio de un ejemplo qué amplitudes de entrenamiento debe cumplir de forma sistemática un deportista de 20 años y polivalente para conseguir las mejores marcas en triatlón.

ENTRENAMIENTO EN NATACIÓN

En el entrenamiento para la prueba de natación se trata de transmitir al deportista una técnica de crol perfecta y familiarizarle con la distancia de 1500 m y más. En el segundo caso (distancia de competición), el entrenamiento de triatlón se diferencia del entrenamiento normal que realiza cualquier nadador en que cuando este último acaba –para una distancia de 1500 metros– es cuando realmente comienza el de un nadador de triatlón. En este sentido, el entrenamiento de triatlón puede ganar adeptos entre los nadadores de largas distancias.

Entrenamiento de la técnica

Para un triatleta que tenga experiencia en natación es necesaria una formación básica en natación, la cual tiene las siguientes finalidades:
1. Aprendizaje de al menos dos estilos de natación. Preferentemente, el crol y, para principiantes de mayor edad, la braza.
2. Dominio de la forma más simple de la técnica del viraje en estos dos estilos.
3. Experiencias y conocimientos de los métodos de autosalvación.

Estos pasos de aprendizaje que aparecen en la tabla 13 hacen posible que se adopten los dos estilos de natación más importantes desde su forma más simple hasta su perfección.

En la práctica del entrenamiento no suelen ser necesarios cada uno de los diferentes pasos de aprendizaje, ya que la mayoría de los triatletas dominan en gran parte estas técnicas. Los pasos de aprendizaje pueden utilizarse para mejorar ciertos elementos técnicos que no se realizan correctamente.

En la corrección de errores se trata de distinguir sus causas. En la natación pueden aparecer los siguientes errores principales:

Errores principales en el avance
– Fuerza no adecuada a la necesidad durante el movimiento de presión
  – aplicación física errónea físicamente de las superficies de presión
  – aprovechamiento insuficiente de la longitud de la braza acuática
  – coordinación deficiente del movimiento de presión y de otros movimientos parciales.

Errores que aumentan la resistencia del agua
– Ángulo del cuerpo excesivo

- giros innecesarios del cuerpo
- cabeza demasiado elevada

Errores de respiración
- Inspiración y espiración insuficientes
- momento incorrecto para espirar o inspirar.

La detección de estos errores suele ser muy difícil y requiere mucha experiencia. En los clubes de triatlón se recomienda por ello pedir un entrenador para esta finalidad.

Los mejores resultados se han obtenido con las grabaciones de vídeo bajo el agua. Posibilidades similares las ofrecen también las grabaciones de vídeo en el canal de natación. Ambos métodos de control de la técnica son posibles en el Instituto para Ciencias Deportivas Aplicadas de Leipzig. Si se solicita con la suficiente antelación también se pueden realizar estudios para personas individuales y para clubes.

Principales aspectos técnicos	Ejercicios generales	Ejercicios especiales
Pasos de aprendizaje en crol *Movimientos de las piernas* – Posición estirada del cuerpo en posición boca abajo – Golpeo alternativo de las piernas desde las caderas (cabeza entre los brazos estirados, ojos justo por encima de la superficie del agua) – Golpeo alternado de las piernas, ininterrumpido y vigoroso – Movimiento de golpeo de las piernas a partir de las caderas, transmisión del movimiento desde la cadera hasta el pie – Movimiento ascendente activo de las pantorrillas, tobillos relajados – Coordinación del movimiento de las piernas con la respiración; espiración consciente en el agua, inspiración sin levantar en exceso la cabeza.	– Deslizamiento en posición boca abajo (cabeza entre los brazos estirados) – Movimiento de golpeo alternativo de las piernas en agua poco profunda y en posición de flexión – Movimiento de golpeo alternativo de las piernas en agua que cubra hasta las caderas o el pecho, con ayuda de un compañero – Ejercicios con desviaciones extremas del ideal (espacial-temporal, dinámico-temporal) – Ejercicios respiratorios Tener en cuenta: espiración larga y consciente en el agua	– Empuje - deslizamiento corto - movimiento de las piernas en el agua con tabla recorriendo distancias cortas; cabeza entre brazos estirados, ojos a la altura de la superficie del agua (sin tener en cuenta la respiración) Tener en cuenta: – Movimiento explosivo de las piernas a partir de las caderas – Transmisión del movimiento desde la cadera hasta el pie – Aumento de la longitud del recorrido (de acuerdo con el grado de dominio) – Empuje - deslizamiento corto - movimiento de crol con tabla Tener en cuenta: espiración larga y consciente en el agua e inspiración corta y vigorosa sin levantar en exceso la cabeza.

Tabla 13: Ejercicios para aprender y mejorar la técnica de natación

Entrenamiento

Principales aspectos técnicos	Ejercicios generales	Ejercicios especiales
Movimientos de los brazos Movimiento alternante de los brazos sin interrupción – Con los brazos estirados delante del cuerpo enseguida «coger el agua» con la mano (colocar las palmas de las manos) – La tracción con los brazos no se realiza recta, sino siguiendo una vía en forma de S, la mano se lleva hasta el muslo (primero fase de tracción, después de presión) **Coordinación movimiento de los brazos - respiración** Espiración larga y vigorosa en el agua – Momento de la inspiración – Consecución ininterrumpida de los movimientos de los brazos inclusive una respiración regular	De rodillas o en posición de paso, movimientos alternantes de los brazos – Movimiento alternante de los brazos con ayuda de un compañero en aguas poco profundas – Ejercicios de sensibilización con desviaciones extremas del ideal (espacial-temporal, dinámico-temporal) Ejercicios respiratorios – Movimiento de los brazos con respiración, en posición de paso o bien con ayuda de compañero	Empuje - breve deslizamiento - movimiento de los brazos en recorridos cortos – con tabla pequeña entre los brazos – sin tabla (hasta que las piernas se sumerjan claramente) – con ligero movimiento de crol (para estabilizar la posición del cuerpo) – rápida «cogida del agua» delante de la cabeza – empuje largo y horizontal de las manos Empuje - deslizamiento corto-movimiento de brazos de crol (sin tener en cuenta el movimiento de los brazos o con tabla) y respiración; Tener en cuenta: – espiración completa en el agua – inspiración rápida al final del movimiento de empuje de la mano derecha o izquierda; – movimiento ininterrumpido de los brazos y respiración regular; – Aumento de la longitud del recorrido hasta 25 metros.
Coordinación general Coordinación de 6 golpeos de piernas con un movimiento completo de los brazos – Movimiento ininterrumpido de brazos y piernas en el movimiento total	Crol con un brazo y tabla (la mano izquierda o bien la derecha apoyada en la tabla, sin orden alternante. – Ejercicios de sensibilización con variantes diferentes de la coordinación de los movimientos de brazos y piernas. – Ejercicios para aprender la capacidad de acoplamiento	Alternancia de los movimientos de piernas en crol y movimiento general sobre una distancia parcial; Tener en cuenta: – movimiento ininterrumpido de las piernas – movimiento general de crol sobre distancias cortas sin respiración.
Respiración Movimiento general con espiración consciente y larga en el agua – Movimiento general con inspiración a derecha e izquierda – Movimiento general con respiración cada dos brazadas – Movimiento general con respiración cada cuatro brazadas	Crol con un brazo (izquierda y derecha) con respiración consciente – Ejercicios de respiración: Tener en cuenta: – espiración larga en el agua – inspiración corta – crol con un brazo y tabla, al mismo tiempo inspiración – al final del empuje con la mano izquierda o derecha.	Movimiento general de crol Tener en cuenta : – Espiración larga en el agua antes de la inspiración corta (sin ritmo respiratorio determinado) – inspiración (sin ritmo determinado) sobre una distancia parcial siempre sobre el mismo lado (izquierdo o derecho)

Principales aspectos técnicos	Ejercicios generales	Ejercicios especiales
		– Empuje - breve deslizamiento - movimiento de las piernas con o sin tabla sobre distancias cortas Tener en cuenta: – Movimiento simétrico y simultáneo de las piernas – Flexión consciente de los pies hacia afuera para el empuje – Empuje explosivo de los pies flexionados hacia afuera – Flexión ininterrumpida de los pies con rodillas poco separadas – Aumento de las distancias, dependiendo del grado de dominio – En forma de competición sobre distancias cortas – Con indicación y modificación del número de movimientos con las piernas sobre una determinada distancia.
Movimiento de los brazos – Posición estirada del cuerpo, movimiento simétrico y simultáneo de ambas manos (y brazos) hasta una nueva extensión. – Desde la extensión de ambos brazos, rápido agarre y flexión de ambas manos, comienzo del empuje hacia afuera y abajo-atrás hasta alcanzar aprox. la distancia comparable a dos anchuras de hombros. – Movimiento de empuje en forma de semicírculo de las manos y los antebrazos, con los codos claramente adelantados.	– Movimiento de los brazos de pie en aguas poco profundas, con tronco inclinado hacia adelante para poder realizar un movimiento de los brazos más amplio (sin practicar). –Sentado o de rodillas, o bien con ayuda de un compañero: estirando los brazos, movimiento rápido y vigoroso de manos y antebrazos en semicírculo hasta llegar debajo de la barbilla.	– Empuje - breve deslizamiento - movimiento de los brazos con ligero movimiento de pies de crol para estabilizar o bien con tabla pequeña sobre distancias cortas; Tener en cuenta: – Extensión de los brazos (cabeza ligeramente baja sin sumergirla) – Rápido agarre y comienzo del empuje con las manos, primero hacia afuera y abajo-atrás hasta sobrepasar la anchura de los hombros – Posición con los codos hacia adelante mientras se realiza el movimiento de empuje en semicírculo hasta llegar debajo de la barbilla – Gran desarrollo de fuerza durante la fase principal – Paso de la fase principal a la fase de preparación – Extensión consciente del cuerpo – Momento de la inspiración – Momento de la espiración

Entrenamiento

Principales aspectos técnicos	Ejercicios generales	Ejercicios especiales
Coordinación general – Coordinación de los movimientos de brazos y piernas incluyendo respiración (mantener una cierta intensidad de movimiento)	– Movimiento general con largos deslizamientos entre cada ciclo – Inmersiones – Alternancia de movimiento de piernas y brazos – Ejercicios de sensibilización con variantes diferentes de los movimientos de brazos y piernas – Ejercicios para aprender la capacidad de acoplamiento	– Empuje - breve deslizamiento - movimiento general sobre distancias cortas; Tener en cuenta: - total extensión de agarre de las manos sin sumergir la cabeza - momento de acercar los pies a las nalgas - momento de sacar la cabeza y los hombros del agua al final del movimiento de empuje de los brazos.

Perfeccionamiento de la resistencia

Una técnica de natación perfecta, una buena resistencia y una cierta duración de la intensidad son garantía para conseguir un puesto destacado en el triatlón. El perfeccionamiento de las últimas dos capacidades mencionadas ocupa la mayor parte del entrenamiento. ¿Qué métodos y formas de ejercicio son adecuados para conseguir estas metas?

Resistencia extensiva aeróbica

La resistencia aeróbica se desarrolla tanto con formas de esfuerzo extensivo como intensivo. Mientras que en el primer caso se trabaja con esfuerzos prolongados e intensidades medias, en el segundo caso dominan las distancias cortas a velocidades mayores. Consecuentemente, en un caso se entrena la obtención aeróbica de energía y en el segundo principalmente la movilización energética anaeróbica. Los métodos más importantes para el desarrollo de la resistencia aeróbica en el triatlón son el método extensivo y el método del intervalo extensivo.

Método de resistencia aeróbica extensiva

En este método se trabaja con una indicación de tiempo y de distancias. Para prepararse para el triatlón corto se recomienda un esfuerzo continuado de 30 a 40 minutos. Si se prefieren las distancias de los recorridos, éstas deberían ser de 1200 a 2000 metros. Estos valores son mejores para controlar el entrenamiento. La velocidad deberá situarse en el 90% del mejor tiempo actual. Para tener una referencia sobre la velocidad de entrenamiento es mejor utilizar el mejor tiempo obtenido al correr los 800 metros. Esta distancia es fácil de determinar en los tests de rendimiento. La distancia de 800 m se recomienda también para establecer comparaciones con otros deportistas. En el transcurso de la temporada de entrenamiento puede variarse la longitud de esta distancia. El efecto del entrenamiento continuado también se obtiene cuando la distancia está dividida en varios tramos de 800 metros e interrumpida con pausas cortas (1 a 2 minutos). Lo decisivo es que se mantenga una velocidad de natación regular.

Método interválico extensivo

El efecto fisiológico de este método se dirige más marcadamente hacia el ámbito de la capacidad de rendimiento anaeróbico. El triatleta prefiere distancias entre los 200 y los 800 metros. Estas distancias más cortas determinan un mayor número de repeticiones, por ejemplo, 4 x 200 m / 2 x 400 m / 2 x 800 m. La velocidad con la cual se nada es de aprox. un 85 % de la mejor marca actual sobre estas distancias. Las pausas son relativamente cortas y de unos 30 segundos.

El aumento de la carga a lo largo de la temporada se produce principalmente por medio del aumento del volumen y no de la velocidad o intensidad. El esfuerzo se lleva hasta el límite aeróbico / anaeróbico. Ello significa un nivel de ácido láctico de 3 a 4 mmol / l y una frecuencia cardíaca de unas 165 pulsaciones por minuto. Los esfuerzos por debajo de este límite son poco efectivos.

La tabla 14 da ideas sobre las formas de ejercicio y las longitudes de las distancias sobre las que pueden entrenar los triatletas.

Resistencia aeróbica intensiva

Esta forma especial de resistencia también es de gran importancia para el triatleta. La necesita para poder librarse rápidamente de la aglomeración que se forma en la salida de natación, utilizándola también como medio táctico cuando adelanta. Esta resistencia aeróbica intensiva desarrolla la capacidad de dominar las largas distancias. La resistencia aeróbica extensiva debe existir ya antes de que se desarrolle de forma más acentuada la capacidad de resitencia aeróbica intensiva.

¿Qué métodos de entrenamiento pueden aplicarse para aprender estas capacidades?

Método de entrenamiento	Forma de ejercicio	Factores de esfuerzo Distancia parcial	Número de distancias parciales	Velocidad	Pausa
Método de entrenamiento	Movimiento general del crol	30-40 minutos	1-2	90% de la mejor marca actual	1-2 minutos
	Alternancia de estilos de natación (crol-espalda o bien crol-braza)	800 m	3-4	90% de la mejor marca actual	1-2 minutos
	Movimiento general (conteniendo movimientos individuales)	800 m	2-3	90% de la mejor marca actual	1-2 minutos
	Combinación de estilos de natación (crol - espalda - braza)	400 m	6-10	90% de la mejor marca actual	1 minuto
Método interválico extensivo	Movimiento general e individual	200 m 400 m	4-15 4-10	85% de la mejor marca actual	30 segundos
	Combinación de estilos de natación (crol - espalda - braza)	600 m	3-6	85 % de la mejor marca actual	30 segundos
	Natación con aletas	800 m	2-5	–	–

Tabla 14: Formas de ejercicio y factores de esfuerzo para desarrollar la resistencia a largo plazo en natación (crol)

Métodos de resistencia aeróbica parcialmente intensivos

Aquí se trata de un cambio de velocidad dentro del entrenamiento de la resistencia. Una forma que ha demostrado ser muy efectiva es la natación combinada, que exige los siguientes esfuerzos:
– 800 m de natación continuada extensiva, inmediatamente después
– 50 m intensivo (95%)
– 50 m extensivo (80%)
– 100 m intensivo (95%)
– 100 m extensivo (80%)
– 150 m intensivo (95%)
– 150 m extensivo (80%)
Después se repiten de nuevo las mismas distancias.

Método interválico parcialmente intensivo

Aquí se distingue principalmente entre dos variantes:

Natación alternante:
Se introducen distancias intensivas de 25 a 100 metros en las distancias parciales de 200 a 800 metros. De acuerdo con la longitud de la distancia parcial se efectúan entre 2 y 10 repeticiones. Los segmentos extensivos se realizan con el 85% de la mejor marca actual, los intensivos con el 90%.

Natación gradual:
La natación gradual comienza con una velocidad de natación baja (80%) en las distancias parciales. En cada repetición se aumenta la velocidad (85-90%), hasta que finalmente se consigue la velocidad máxima. Entre cada serie se observan pausas de hasta tres minutos, las cuales sirven para realizar una recuperación incompleta, es decir, el pulso no vuelve a su frecuencia normal.

Método interválico intensivo

En este caso se nada principalmente con una velocidad cambiante. Las distancias parciales tienen una longitud de 20 hasta 200 metros. La intensidad se sitúa en el 85 al 90% de la mejor marca actual, las pausas tienen una duración de 10 a 60 segundos. Este método también puede utilizarse para el entrenamiento de la técnica.

En el entrenamiento interválico intensivo se alcanzan frecuencias cardíacas de hasta 190 pulsaciones por minuto. Para el triatleta son más adecuadas las distancias de 50 a 200 metros.

Otras indicaciones sobre el entrenamiento

– Todos los esfuerzos que se llevan a cabo durante el entrenamiento que corresponden al ámbito de la duración de la intensidad deben ser preparados recorriendo distancias largas con un esfuerzo extensivo. Ello también es válido para una única unidad de entrenamiento. Al finalizar el entrenamiento también deberían realizarse formas extensivas.

– El desarrollo de la velocidad y de la fuerza resistencia es de menor importancia para el triatleta. Sin embargo, puede ser que ciertas unidades de entrenamiento del período de preparación tengan esta finalidad, para introducir variación y mejorar la velocidad fundamental del deportista. Los procedimientos más adecuados son las competiciones sobre distancias cortas (50 metros o menos), pero también el denominado entrenamiento de lucha con contrarios con las mismas capacidades.

– Para el entrenamiento de triatlón y en el ámbito de la formación de la condición física, debería dedicarse aproximadamente un 60 % a la resistencia aeróbica extensiva, 30% a la resistencia intensiva y 10% de la velocidad.

La fuerza resistencia aumenta el ritmo de nado

La fuerza resistencia tienen una gran importancia en la prueba de natación en triatlón, ya que para la primera disciplina parcial se necesita un buen nivel de fuerza durante cierto tiempo. En ninguna otra forma de trasladarse en triatlón, la fuerza resistencia determina de forma tan importante el rendimiento. En el ciclismo solamente se necesita fuerza resistencia en ciertos tramos, pero en natación de forma ininterrumpida, desde la salida hasta el primer cambio.

La fuerza resistencia se necesita principalmente para la musculatura de los brazos, es decir, los rotadores de los brazos, los flexores y extensores del codo, pero también para los extensores de las piernas y los tobillos. La fuerza resistencia de estos músculos puede desarrollarse tanto en el agua como en tierra firme.

En el agua se pueden utilizar aletas y manoplas. Las mejores distancias para el entrenamiento utilizando estos aparatos están entre los 200 y los 400 m. Se nada a una intensidad submáxima de aproximadamente el 85%. De esta forma aún es posible mantenerla y repetirla varias veces después de una pausa.

En el entrenamiento de la fuerza resistencia en tierra firme deben tenerse en cuenta los siguientes principios metodológicos:

– Los ejercicios generales de fuerza no se corresponden con la estructura del movimiento natatorio. Sin embargo, son importantes en cierta medida, ya que crean la base para los ejercicios especiales de fuerza.

– Los ejercicios especiales escogidos están de acuerdo con el movimiento y/o estructura que se desarrolla durante la competición y también con las exigencias de la natación por su relación fuerza-tiempo. Para estos ejercicios suelen ser necesarios aparatos con una resistencia isocinética, ya que son los que más se acercan a las condiciones dentro del agua. Pero la solución más sencilla es la utilización de tensores y cuerdas elásticas.

– En todos los ejercicios es importante que se consiga una resistencia mayor que la que existe en un ejercicio de competición. El aumento de la resistencia solamente debe alcanzar el punto en el que aún se conserve el movimiento correcto.

– La resistencia debe ser tal que el deportista solamente pueda realizar entre un 20 y un 30% de las repeticiones del movimiento que son necesarias en una competición. Para un triatlón corto, esto significa,

1ª. Unidad de entrenamiento

Finalidad: mejora de la resistencia aeróbica extensiva

Parte principal I	2 x 800 m	Estilo de natación principal (90%)
		Duración de la pausa: 60 segundos
Parte principal II	8 x 200 m	Movimientos generales e individuales
		(estilo de natación principal y un
		segundo estilo) 85%
		Duración de la pausa: 10 segundos
Total:	3200 m	

2ª. unidad de entrenamiento

Finalidad: mejora de la duración de la resistencia intensiva

Introducción	800 m	Estilo principal (85%)
Parte principal		Estilo principal
		50 m (e) – 50 m (i) –
		100 m (e)
Natación combinada		100 m (i) – 150 m (e) –
		150 m (i) – 200 m (e) –
		200 m (i) y vuelta
		e = extensivo, i= intensivo
Final	400 m	Estilo secundario (85%)
Total	3200 m	

3ª. unidad de entrenamiento

Finalidad: entrenamiento de la técnica en combinación con el desarrollo de la velocidad

Introducción	800 m	Prueba por estilos individuales (crol -
		espalda - braza)
		Movimiento general e individual, alternando
Parte principal	8 x 50 m	Estilo principal, movimiento de brazos y
		piernas, alternando
	6 x 50 m	Estilo principal, movimiento general
		Estilo secundario
Total	2300 m	

Tabla 15: *Ejemplo de una semana de entrenamiento con tres unidades de natación*

por ejemplo, entre 220 y 350 brazadas de crol. La mayoría de los aparatos para el entrenamiento de fuerza permiten que se gradúe la resistencia sin problemas.

Entrenamiento especial de la fuerza resistencia en tierra firme

Es importante que el triatleta mejore su rendimiento en natación aplicando ejercicios de fuerza seleccionados y realizados en tierra firme. La fuerza resistencia de la musculatura necesaria para nadar se adquiere por medio de un entrenamiento con tensores o con aparatos especialmente diseñados para ello. Estos aparatos imitan las condiciones en el agua ya que ejercen una resistencia según el principio isocinético, es decir, la resistencia del movimiento aumenta proporcionalmente a la velocidad del movimiento. Además, con estos aparatos se puede imitar perfectamente la relación de tiempo y fuerza del movimiento natatorio.

La siguiente unidad de entrenamiento presenta un método para que el atleta mejore su fuerza resistencia natatoria en tierra firme.

Unidad de entrenamiento «entrenamiento especial de fuerza resistencia en natación»

Introducción (15 min)
Gimnasia especial para un ligero calentamiento.

Parte principal (25 min)
Entrenamiento en circuito con 9 estaciones
Dosificación del esfuerzo: 90 s esfuerzo, 60 s pausa.

1- Mini - gim: brazos de crol
2- Aparato de prensa de piernas deslizante: extensión de las piernas
3- Aparato extensor de brazos: 70 % de fuerza máximo
4- Trabajo con tensores elásticos en decúbito supino
5- Extensión con las piernas en decúbito supino
6- Aparato de tensión: Brazos de delfín
7- Mini-gim: Brazos de crol
8- Mini-gim: Brazos de crol sentado
9- Mini-gim: Brazos de braza echado

Parte final (10 min)
Ejercicios de estiramiento y relajación (sobre todo estiramiento permanente y postisométrico).

> La natación es un deporte que requiere mucha fuerza resistencia. Esta capacidad puede entrenarse tanto en el agua como en tierra firme.

Autosalvación en el agua

También forman parte del entrenamiento de natación las indicaciones y las reglas de comportamiento para las situaciones de emergencia en el agua. Éstas pueden aparecer en las competiciones o en los entrenamientos en aguas abiertas. Las lesiones o los calambres pueden llevar a una situación que ponga en peligro la vida. Los salvadores no siempre se encuentran en el mismo lugar, por lo que el triatleta debe saber cómo tiene que comportarse.
¿Cuáles son las técnicas de autosalvación?

Flotar en la superficie del agua
Se trata de una técnica que ahorra energías y que puede ser utilizada hasta que llegue el salvamento. Es especialmente adecuada cuando el atleta lleva un traje de neopreno. Una mejor flotación y la protección del frío hacen más llevable la espera de ser salvados o la autosalvación. Deben tenerse en cuenta los siguientes puntos:
– El atleta se coloca en decúbito supino.
– Los brazos están alejados del cuerpo, las piernas ligeramente separadas.
– La cabeza se encuentra en el agua.
– La respiración está controlada. Para que el cuepro flote mejor, el aire inspirado es retenido durante más tiempo y la espiración es lo más corta posible.

Eliminación de calambres
Durante la prueba de natación aparecen con frecuencia calambres musculares que pueden convertirse en un verdadero peligro para el nadador. Los músculos que se ven más afectados son los de los pies, las pan-

torrillas y los muslos. Los siguientes pasos ayudan a que desaparezcan los calambres:

1- Inspirar, cabeza en el agua y flotar. A continuación controlar perfectamente el proceso respiratorio.

2- Estirar el músculo contraído pasivamente, es decir, estirarlo; p. ej. si se encuentra en la pantorrilla, sujetar la punta del pie con ambas manos y estirarla hacia arriba.

Si el calambre se sitúa en la cara anterior del muslo, acercar la pantorrilla a las nalgas y al mismo tiempo estirar la articulación de la cadera.

3- Si se ha podido eliminar el calambre, solamente someter a un ligero esfuerzo la musculatura afectada.

En todas las situaciones de emergencia en el agua, el atleta alertará a los demás nadadores y a los salvavidas levantando la mano del agua.

En todas las situaciones de peligro que se produzcan en el agua lo principal es mantener la calma. Solamente así puede reflexionarse sobre las decisiones que hay que tomar.

ENTRENAMIENTO PARA CICLISMO

Mientras que un buen rendimiento en natación asegura una buena posición de salida en las demás disciplinas, en el ciclismo se trata de mantener esta posición y aprovecharla. El ciclismo ocupa la mayor parte del tiempo en un triatlón. Quien consiga una buena condición física para esta distancia parcial tiene grandes posibilidades de obtener unos resultados respetables.

Perfeccionamiento de la técnica

Ir en bicicleta es una habilidad que casi todo el mundo domina desde la infancia. Sin embargo, existe una gran diferencia entre la forma más común de montar en bicicleta y el deporte del ciclismo sobre una bicicleta de carreras con la cual se alcanzan grandes velocidades. En triatlón esto significa tener que controlar constantemente la técnica del movimiento y mejorarla.

Los puntos esenciales en el entrenamiento de la técnica son:
- la pedalada redonda,
- las salidas rápidas y
- las diferentes técnicas para el ascenso.

El entrenamiento de la técnica en el ciclismo se puede combinar perfectamente con la mejora de las capacidades de condición física. Un entrenamiento específico de la técnica, como ocurre en otros deportes como la natación, no es necesario.

Sin embargo, el atleta debería trabajar constantemente en economizar el movimiento de su pedalada y mejorar las técnicas básicas.

Ello se consigue observándose a sí mismo, estudiando la teoría de la técnica del ciclismo, la aerodinámica y la biomecánica, además de la observación y la corrección mutua en el entrenamiento.

Mejora del rendimiento en ciclismo

Los altos rendimientos en ciclismo son el resultado de muchos kilómetros de entrenamiento a lo largo del año. El volumen del entrenamiento por año es la condición más importante para aumentar el rendimiento y conseguir buenas marcas. En el deporte de élite, esto significa en estos momentos 12000 km al año de entrenamiento de ciclismo. En qué partes se divide este entrenamiento es otra cosa. Lo importante siempre es la finalidad que pretende conseguir el atleta. Es diferente si el deportista se prepara para un triatlón corto o uno largo.

La regla sería para todo el mundo la siguiente:

> Más unidades de entrenamiento y menos distancias excesivamente largas.

Las distancias excesivamente largas tienen unas pausas de recuperación también más largas y con ello dificultan los procesos de adaptación. Estas distancias hacen que después de una unidad de entrenamiento el deportista aún tenga signos de cansancio (fuertes agujetas, pulso acelerado).

Naturalmente que también deben entrenarse las distancias largas —ya que es necesario para mejorar el metabolismo de las grasas— pero su inclusión en el entrenamiento general debe hacerse con precaución.

Entrenamiento

La segunda regla es:

> Unos desarrollos largos significan pérdida energética. Unos desarrollos cortos y un pedaleo más rápido hacen que el entrenamiento sea más provechoso.

Esta regla es especialmente válida al comienzo de la temporada, ya que entonces se trata de economizar la pedalada.

Una pedalada «pesada» tiene como finalidad el entrenamiento especial de fuerza de la musculatura de las piernas. Para ello deben realizarse unidades de entrenamiento especiales (p. ej. entrenamiento sobre la cinta continua, ascensos).

Tercera regla:

> Se consigue un gran aumento del rendimiento cuando el entrenamiento es variado.

Ello significa un alternancia entre esfuerzo y recuperación, así como entrenamiento de la resistencia, la fuerza y la velocidad.

Mejora de la capacidad aeróbica

Esta finalidad principal del entrenamiento en ciclismo se consigue sobre todo con formas del ámbito del entrenamiento de la resistencia y del entrenamiento interválico extensivo.

En la práctica se prefiere el entrenamiento en calles normales. Una velocidad regular, ininterrumpida y no demasiado intensiva facilita la adaptación necesaria. El esfuerzo del entrenamiento se sitúa en aproximdamente el 80% de la capacidad máxima de rendimiento.

Quien quiera controlar el grado de esfuerzo del entrenamiento por medio de la frecuencia cardíaca debería conocer su frecuencia máxima. El gráfico (ilustr. 20) muestra el límite en el cual el entrenamiento en ciclismo es más efectivo, es decir, entre el 70 y 85% de la frecuencia cardíaca máxima. La frecuencia cardíaca es muy fácil de medir con un medidor especial. El volumen del entrenamiento de la resistencia puede controlarse con el tiempo o las distancias, tal y como ocurre en natación. Los efectos del entrenamiento en relación al desarrollo de la resistencia aparecen cuando el entrenamiento es superior a una hora y media o al menos 50 km. Las mejoras de la capacidad aeróbica aparecen en los menos entrenados cuando superan distancias mucho menores.

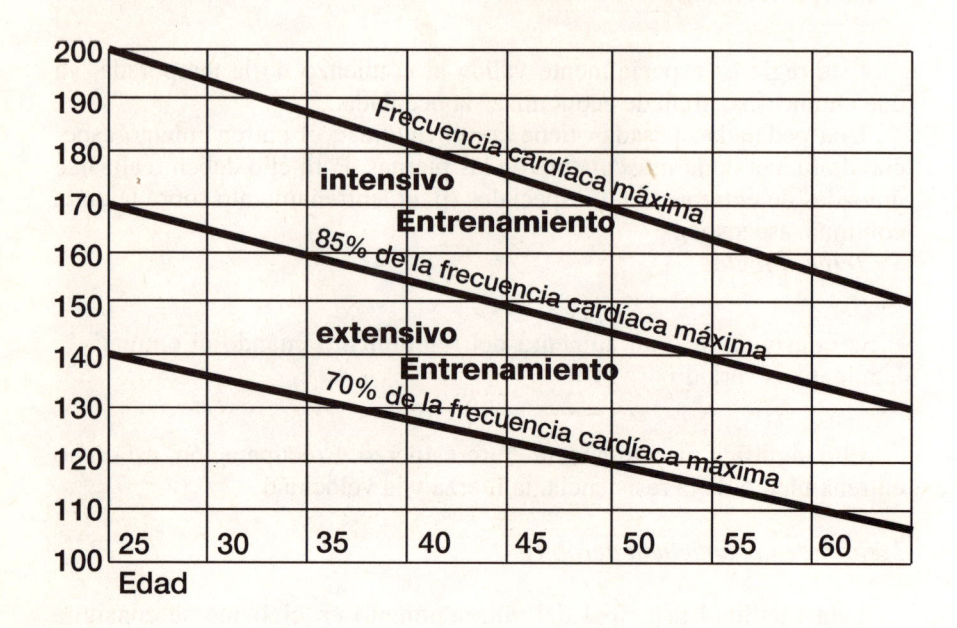

Ilustración 20: Frecuencia cardíaca dependiendo de la edad

Fuerza y velocidad sobre la bicicleta

La resistencia y la velocidad dependen una de otra, ya que el músculo solamente tiene fuerza cuando está desarrollado adecuadamente, y esta musculatura es condición previa para realizar esfuerzos durante un tiempo prolongado. No estamos hablando de los músculos hiperdesarrollados de los culturistas, sino que el ideal es un músculo entrenado que solamente esté ligeramente hipertrofiado, en el que dichos aspectos estén bien equilibrados.

Hora tras hora sobre la bicicleta

Así, los responsables del éxito en la distancia ciclista son un cierto grado de fuerza y el entrenamiento de la fuerza resistencia.

Una muestra la tenemos en el entrenamiento de los ciclistas de velocidad.

Los métodos más adecuados son el método fraccionado y el fartlek, que forman parte del grupo de los métodos de resistencia (tabla 16).

Al contrario que en el método de resistencia, el grado de esfuerzo en la fase de máximo rendimiento es sustancialmente mayor (90 a 95%). Sin embargo, el grado de esfuerzo de la pausa baja hasta ser nulo, de forma que en un período de tiempo de 1 a 2 minutos casi se alcanza el pulso inicial (recuperación incompleta).

Para el triatleta se recomiendan intervalos largos y medios, es decir:
Intervalos medios:

Método	1er. ejemplo	2º. ejemplo
Fartlek (fase de esfuerzo: 80%)	Distancia total: 50 km. La velocidad aumenta de acuerdo con el estado del deportista hasta el 95% del rendimiento máximo y disminuye a continuación. El cambio se realiza entre 15 y 20 veces.	En un lugar montañoso, los ascensos suponen un grado de esfuerzo mayor (mayor tiempo de esfuerzo, al meno 3-5 minutos por ascenso).
Método fraccionado (fase de esfuerzo: 85%)	– 20 min calentamiento, poco esfuerzo. – 10 x alternancia del esfuerzo sobre recorrido plano. 10 x 800 m (1-2 min) rápido 10 x 800 m (2 min) regeneración – 15 min rodar lentamente.	– 20 min calentamiento – 5 x ascenso rápido con marcha corta aprox. 4 min = 1,5 km seguidamente 5 x sin esfuerzo; 20 min rodar lentamente.

Tabla 16: Ejemplos para la aplicación del método fraccionado y del fartlek en el entrenamiento para ciclismo

8 x 10 min; frecuencia cardíaca 175 pulsaciones / min, recuperación: rodar 2 min relajadamente.

Intervalos largos:

4 x 15 min; frecuencia cardíaca: 170 pulsaciones / min, recuperación: rodar 3 - 4 min.

Las mejores posibilidades para estas formas de entrenamiento las ofrece el entrenamiento con una mountain bike. En los lugares en donde se circula se dan unas condiciones naturales mejores para una alternancia frecuente y planificada de ascensos y descensos, más que en la circulación por carretera. Las carreteras están pensadas para los coches y solamente en casos excepcionales satisfacen las exigencias del entrenamiento de los triatletas.

Entrenamiento durante el invierno

Un buen entrenamiento en ciclismo requiere un entrenamiento durante todo el año. En los meses de invierno solamente es posible con una bicicleta estática o sobre la cinta continua. En ambos aparatos es bastante fácil entrenar las series de fuerza, velocidad y resistencia. Aquí presentamos algunos ejemplos:

Ejemplo 1 (entrenamiento de resistencia):
10 min calentamiento (marcha baja)
5 x 3 min en marcha media
3 x 2 min en marcha alta
2 x 6 min en marcha baja
5 min rodar lentamente (marcha baja)
(Entre cada fase de esfuerzo rodar 1 min)

Ejemplo 2 (entrenamiento interválico):
10 min calentamiento
1ª serie: 8 x 1 min marcha alta, con una recuperación de 30 s.
2 serie: 4 x 2 min marcha media, pero frecuencia alta (30 s pausa)
3ª serie: 2 x 5 min marcha media, recuperación:
10 min rodar relajadamente.

Otras combinaciones pueden hacerse de acuerdo con la finalidad pretendida. Lo difícil son los esfuerzos prolongados que no son bien aceptados por los atletas a causa de su monotonía.

ENTRENAMIENTO DE LA CARRERA

La carrera en el triatlón significa la lucha final aprovechando al máximo la condición física que aún permanece. Para el triatleta, el entrenamiento de la carrera no solamente significa una adaptación a las condiciones de esfuerzo de esta última distancia, sino también la utilización de las últimas reservas de energía tanto de tipo aeróbico como anaeróbico. Con el entrenamiento se consiguen objetivos que son también de utilidad en otras disciplinas. El entrenamiento de la carrera tiene una amplia función para el triatleta.

Perfeccionamiento de la técnica de carrera

Sería erróneo que en el entrenamiento de la carrera se orientase todo a la mejora de las capacidades de condición física. Muchos triatletas tienen una técnica de carrerra muy incorrecta. En el atletismo, la carrera ABC ha demostrado ser el mejor método para adquirir una carrera técnicamente correcta. Los ejercicios de la carrera ABC se concentran en las diferentes fases de la técnica de carrera. De acuerdo con la estructura de errores en el entrenamiento de la carrera se pueden incluir determinados ejercicios básicos.

Ejercicios básicos:
   1- Trote (comprensión del movimiento general)
   Comenzar desde posición de puntillas, carrera sobre éstas y amortiguación elástica del cuerpo, talón levantado del suelo.
   2- Carrera levantando los talones (aprendizaje de la fase de impulso posterior, la pantorrilla se levanta hasta las nalgas)
   Levantamiento consciente de las pantorrillas, los talones golpean las nalgas. Después de este movimiento, la pantorrila cae relajadamente.
   3 - Carrera progresiva, primero levantando los talones y pasando después a una fase de levantamiento marcado de las rodillas (desarrollo de la carrera con impulso)
   Aumentar gradualmente el levantamiento de las rodillas, desarrollo del balanceo hacia adelante de la pantorrilla, apoyo y acción de garra del pie con fuerza.
   4 - Carrera de velocidad desde la fase de levantamiento de talones (velocidad media)
   (desarrollo de los elementos técnicos en el movimiento general)
   Los talones se levantan marcadamente y después levantamiento de las rodillas, fuerte impulso hacia adelante de la pierna fuertemente flexionada, apoyo vigoroso del pie, cuidar que los talones no toquen el suelo.
   5 - Carrera progresiva hasta alcanzar la velocidad máxima posible (desarrollo de la técnica de carrera con velocidad aumentada)
   Tener en cuenta la relajación aun cuando se desarrolle una gran fuerza. Aumentar la velocidad hasta alcanzar el máximo, después correr lentamente. Si al desarrollar tanta fuerza aparecen errores, disminuir la velocidad.
   6- Trabajo para la articulación del tobillo (aprendizaje de la capacidad de coordinación, fortalecimiento de la musculatura de pies y pantorrillas).
   En el trabajo de tobillos, el pie rueda primero desde la punta hacia el talón, y a continuación se realiza un movimiento en sentido contrario hasta conseguir el estiramiento del tobillo, el cual introduce un paso con poco avance espacial y un ligero levantamiento de rodilla. Inmediatamente después de estirar el pie, éste vuelve a apoyarse en el suelo, y el descenso del talón provoca una nueva extensión de la rodilla.

7 - Carrera levantando las rodillas

Carrera levantando vigorosamente las rodillas (pierna de impulso hasta la horinzontal), frecuencia media del movimiento y longitud normal de paso con el cuerpo ligeramente inclinado hacia adelante.

8- "Skipping" (realización especial de la carrera con levantamiento de rodilllas, que se levantan medianamente con frecuencia alta)

Rodillas marcadamente levantadas con poco avance y alta frecuencia de paso. Lo importante es la extensión total de la pierna de empuje y una ligera inclinación del cuerpo hacia delante acompañada de movimiento de brazos.

9- Carrera de multisaltos con una pierna

Serie de saltos, en los cuales el empuje y la pisada se producen con la misma pierna. La pierna de impulso se levanta hasta que el muslo está horizontal. Los brazos acompañan el movimiento.

Entrenamiento de la carrera de fondo (aeróbica y anaeróbica)

Principios del entrenamiento

– En el entrenamiento básico domina el entrenamiento variado tanto de la condición física como de la coordinación (carreras por el bosque, carreras de orientación, carreras de cross, juegos, disciplinas técnicas).

– La técnica de carrera debería tenerse en cuenta en todas las fases de la estructura del entrenamiento (trabajo con los pies, corrección de la postura del cuerpo, trabajo con los brazos).

– En los atletas primero debe existir un buen nivel de capacidad de rendimiento aeróbico antes de dar paso a los correspondientes métodos (método interválico, repetitivo) para desarrollar la capacidad de rendimiento anaeróbico.

– Además de la adquisición de la capacidad de resistencia, deben desarrollarse la movilidad y la fuerza resistencia por medio de ejercicios de relajación, estiramiento y fortalecimiento.

– Especialmente en el caso del triatlón corto, debería desarrollarse y conservarse la velocidad utilizando los ejercicios adecuados (esprints, carreras progresivas, juegos).

Medios de entrenamiento para perfeccionar la resistencia aeróbica

Carrera de fondo: Todo esfuerzo debería prolongarse al menos durante 30 minutos. La duración del entrenamiento de carrera puede llegar a las 2 horas. La intensidad se sitúa en el ámbito medio (frecuencia cardíaca: 140 a 160 pulsaciones por minuto). La velocidad es regular.

Fartlek: Lo típico de esta forma de carrera de fondo son los cambios en la velocidad de carrera. El corredor «juega» con la velocidad. Él mismo decide cuándo acelera la carrera. En períodos cortos se alcanzan fases de adquisición anaeróbica de energía.

Carrera de cross: Las variables dificultades del terreno (pavimento, subidas y bajadas, obstáculos) conllevan un cambio constante del esfuerzo.

Todas estas carreras se llevan a cabo a una intensidad media, es decir, al 80 ó 90%. La distancia se rige según la distancia de competición. Mientras que los atletas que participan en triatlones cortos a menudo tienen que correr «distancias excesivas», la preparación para la distancia larga solamente contiene en casos muy excepcionales una longitud de recorrido superior a los 30 km. Estas formas del entrenamiento de esfuerzo continuado se aplican en el período de transición, en la primera etapa del período de preparación y después de las competiciones. El entrenamiento aeróbico de la carrera de fondo, que se lleva a cabo con una gran lentitud, también constituye una forma de regeneración después de fases de entrenamiento intensivo o competiciones especialmente agotadoras.

Medios de entrenamiento para perfeccionar la capacidad de rendimiento anaeróbico

El esfuerzo se realiza según los métodos interválicos extensivos. A ellos corresponden las series de carreras de velocidad cortas y medias. Los siguientes factores de esfuerzo son válidos:

– Las carrreras son llevadas a cabo entre el 70 y el 85% del rendimiento máximo sobre el correspondiente recorrido.

– Son necesarias varias repeticiones para que se produzca una adaptación al metabolismo anaeróbico (> 4 mmol / l)

– Las pausas entre las carreras de velocidad se llevan a cabo trotando lentamente. Su longitud se rige según la capacidad de rendimiento del

Entrenamiento   141

atleta y según la longitud de la carrera de velocidad. El promedio se calcula con una pausa de 30 segundos.

Como medio de entrenamiento para los triatletas, las siguientes distancias y repeticiones han demostrado ser las más adecuadas:

Ejemplo 1:
2 minutos calentamiento lento
9 x 800 m con velocidad en aumento hasta la 5ª repetición, después descendiendo.
(80% - 85% - 90% - 95% - 100% - 95% - 90% - 85% - 80%)
Pausas: 60 a 120 segundos trotar y andar
15 minutos carrera relajada.

Ejemplo 2:
20 minutos calentamiento y carrera ABC
Serie: 200 m - 400 m - 800 m (3x)
Velocidad: 95%
Pausa: 30 segundos
20 minutos carrera lenta

Ejemplo 3:
15 minutos calentamiento
10 hasta 15 x ascenso (aprox. 400 m con 30 m de diferencia de altura), entremedio descenso lento
20 minutos carrera de fondo.

Las formas de entrenamiento para el perfeccionamiento del metabolismo anaeróbico se utilizan con menos frecuencia que los métodos de resistencia. No se utilizan en absoluto en la preparación para el triatlón largo. Su aplicación debería hacerse con precaución y solamente con la musculatura bien calentada, ya que los esfuerzos sobre distancias cortas y medias que se acercan al rendimiento máximo pueden producir lesiones (distensiones, desgarros de fibras musculares). Los programas de estiramiento especiales para corredores ayudan a disminuir estos peligros.

Ejercicios de estiramiento

La gimnasia para la carrera también es importante para el triatleta, ya que evita el acortamiento de los músculos y ayuda a mantener la total movilidad de las articulaciones. Como técnica de estiramiento se recomienda el estiramiento constante. El estiramiento con rebote que se practicaba antes es menos efectivo, ya que los movimientos de tracción relativamente fuertes provocan una contracción de la musculatura que se opone al estiramiento.

Los ejercicios de estiramiento realizados durante el entrenamiento para la carrera se realizan mejor después de un calentamiento breve y al final de una unidad de entrenamiento. Ya que el programa de estiramiento suele llevarse a cabo al aire libre, es mejor hacer ejercicios fáciles que pueden realizarse de pie y sin aparatos. Se recomiendan especialmente aquellos ejercicios que son adecuados para descartar la aparición de los típicos acortamientos musculares en los corredores.

1- Flexiones profundas del tronco

Simplemente flexionar el tronco hacia adelante. Los brazos cuelgan hacia abajo. Mantenerse durante unos segundos en la posición más baja. Repetir entre 2 y 3 veces (ilustr. 21).

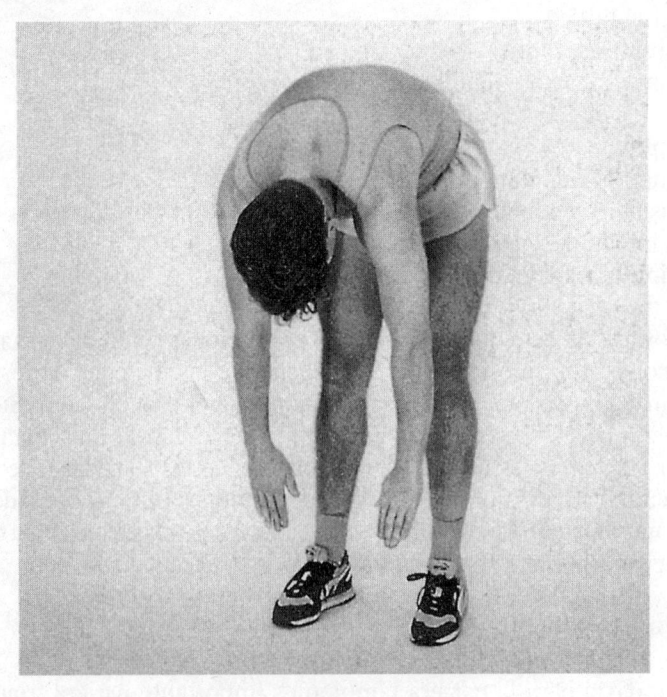

Ilustración 21

2- Rodillas hacia el pecho

Acercar al pecho la rodilla derecha y la izquierda alternativamente - de pie, sentado (ilustr. 22) o echado, redondeando la espalda (cada pierna 2 a 3 veces).

Ambos ejercicios estiran los grandes extensores de la espalda, la musculatura de la cara posterior del muslo y los músculos de las pantorrilas, que tienden a acortarse por el hecho de estar sentado frecuentemente y que tampoco se estiran nunca cuando se corre. Los atletas con lesiones en los discos intervertebrales deben renunciar a estos ejercicios.

Ilustración 22

3- Flexión lateral del tronco

El brazo del lado estirado descansa relajado sobre la cabeza. Flexionar el tronco hacia un lado hasta que se note una tensión agradable en la musculatura lateral de la cadera y la musculatura abdominal oblicua.

Ilustración 23

El cuerpo no debe girarse (ilustr. 23).
En este ejercicio se estira la musculatura lateral del tronco y la abdominal oblicua.

4- Talones hasta las nalgas

El atleta sujeta el pie y lo acerca a las nalgas. Cuando se realiza este ejercicio de pie, apoyarse con la mano libre para no perder el equilibrio (ilustr. 24). Repetir el ejercicio varias veces.

La musculatura de la cara anterior del muslo está sometida a un esfuerzo especial al correr y por tanto tiende a acortarse. Es necesario estirarla al final de la carrera.

Entrenamiento

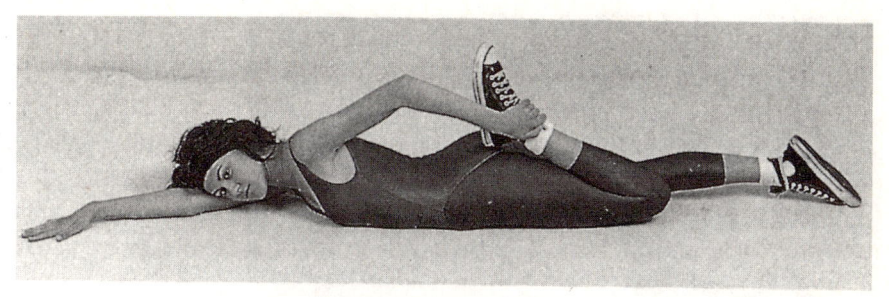

Ilustración 24

5- Paso lateral flexionado

Para este ejercicio es necesario ponerse de pie con las piernas muy separadas. La punta del pie del lado estirado está colocado hacia adelante, al otro lado el pie es girado hacia afuera. Ahora se flexiona la rodilla hasta que se coloque encima de los dedos del pie de su mismo lado. En esta posición se nota el efecto del estiramiento si se apoyan las plantas de los pies por completo en el suelo. Repetir hacia el otro lado (ilustr. 25).

Ilustración 25

Ilustración 26

6- Stretching de las pantorrillas

El deportista se coloca en postura inclinada delante de un árbol (una pared), el cuerpo forma una línea recta desde la cabeza a los pies. Ahora intenta empujar los dos talones hacia el suelo, uno tras otro o ambos al mismo tiempo. Así se genera una tensión que se nota claramente en la pantorrilla y en la cara posterior de la rodilla. Cada pantorrilla se estira muy lentamente entre 5 y 8 veces (ilustr. 26).

La musculatura de la pantorrilla a menudo se acorta a causa del tipo de calzado moderno, que puede provocar problemas en el tendón de Aquiles. Por ello es de especial importancia que se realice su estiramiento.

Este programa de ejercicios se completa en 5 minutos. El atleta debería reservarse este tiempo, ya que con ello mejora su técnica de carrera y previene las lesiones.

Entrenamiento de fuerza para triatletas

El triatlón es considerado un deporte de resistencia, aunque esta caracterización no es exacta, ya que la capacidad de resistencia no es suficiente para tener éxito en el triatlón. Tampoco la comparación que a menudo se hace con el maratón es totalmente correcta. Ambos deportes solamente se asemejan desde el punto de vista de la duración del esfuerzo, aunque en muchos aspectos la estructura del esfuerzo es diferente. Ello resulta de la combinación de las tres modalidades deportivas. El «deporte de brazos» que es la natación requiere aun en distancias grandes un desarrollo mucho mayor de los aspectos de fuerza de la musculatura que el maratón. Al corredor de maratón le basta con que la musculatura del tronco cumpla con sus funciones de sostén y apoyo. Una musculatura del tronco muy desarrollada incluso le supone ciertas desventajas, ya que debe soportar esta carga adicional a lo largo de 42 km. También el ciclismo requiere un desarrollo de la musculatura orientado hacia la fuerza para tener reservas en una competición, lo cual es muy necesario para los ascensos o las maniobras de adelantamiento.

En el triatlón se trata se desarrollar la fuerza de determinados grupos musculares. Esta capacidad de rendimiento especial de la musculatura de trabajo del triatlón necesita un entrenamiento de fuerza muy concreto. El entrenamiento de la fuerza y la resistencia deben complementarse. El arte del entrenamiento consiste en optimizar ambas capacidades de acuerdo con los requisitos de la competición.

Propuestas de ejercicios y programas

Para el triatleta, el entrenamiento de la fuerza tiene dos finalidades principales, que son:

1- Mejorar toda la faja muscular del deportista y fortalecerla y
2- desarrollar la musculatura específica del triatlón de tal forma que sea capaz de realizar rendimientos óptimos durante la competición.

De qué músculos se trata se desprende de la tabla 17.

Tabla 17: *Los músculos principales para el triatlón*

Músculo	Actividad	Movimiento deportivo
1- Músculos del tronco Pectoral mayor y menor	Ambos músculos tiran de los brazos hacia el pecho y hacia adelante	Movimiento de brazos en natación
Músculo serrato	Mueve el hombro hacia adelante, ayuda a levantar el brazo por encima de la horizontal	Movimiento hacia adelante de los brazos en natación
2- Músculos abdominales Musculo recto abdominal	Inclina el tronco hacia adelante, presión de vientre	Contrafuerte para los músculos de piernas y caderas cuando se pedalea o se golpea con los pies en natación
Músculo oblicuo externo del abdomen	Flexión del tronco, extensión del tronco, presión de vientre	Como arriba
Diafragma	Músculo respiratorio	Respiración profunda en todos los deportes
3- Músculo de la espalda Músculo trapecio	Levanta el hombro y el brazo, baja y mueve hacia atrás el hombro	Ayuda en la brazada en natación; apoyo de los brazos sobre el manillar de la bicicleta
Músculo dorsal ancho	Mueve el brazo levantado hacia abajo	Brazada de natación
Extensor de la espalda	Mantiene la columna vertebral erguida y la estabiliza	Contrafuerte para muchos músculos que se originan en el tronco. Importante en todos los deportes
4- Musculatura de hombros y brazos Músculo deltoides	Levanta el brazo	Mueve el brazo hacia adelante para la brazada
Bíceps braquial (flexor)	Flexiona el brazo en la articulación del codo	En todos los movimientos deportivos de brazos
Tríceps braquial (extensor)	Extiende el brazo en la articulación del codo	En todos los movimientos deportivos de brazos; antagonista del bíceps
5- Musculatura de caderas y piernas Músculo psoas ilíaco (une columna lumbar y hueso ilíaco)	Flexión de la articulción de la cadera	Pedalada, movimiento de piernas en braza, levantamiento de la pierna al correr
Glúteo mayor	Extensión de la articulación de la cadera (muslos)	Pedalada, movimiento de piernas en natación (antagonista del iliopsoas)
Adductores del muslo	Llevan los muslos hacia dentro (adducción)	Braza (separación de piernas); equilibrio al correr

Entrenamiento

Músculo	Actividad	Movimiento deportivo
Músculo cuadríceps crural	Extiende la rodilla	Ayuda en la pedalada, movimiento de carrera, golpeo de piernas en el crol
Flexores de la rodilla (varios músculos)	Flexionan la rodilla	Como arriba, antagonista del cuadríceps
Músculo tibial anterior	Flexiona	Movimiento de piernas en braza, ayuda en la pedalada
Músculos de las pantorrillas (varios músculos)	Extienden	Pisada al correr, pedalada, trabajo de pies en braza

Los ejercicios contenidos en la tabla 18 están elegidos de manera que solamente necesiten unos aparatos mínimos para ser llevados a cabo. Se recomienda:
– una banqueta
– una haltera y
– dos mancuernas

Estos aparatos pueden ser guardados y utilizados en un piso sin gran necesidad de espacio.

Tabla 18: Ejercicios para el entrenamiento de fuerza

Descripción de ejercicios		Programa
1. Grupo funcional musculatura del pecho En decúbito supino sobre una banqueta o plinto, mover hacia atrás los brazos estirados verticalmente hasta que queden horizontales, después volver a la posición inicial.		A
Mover los brazos hacia los lados al mismo tiempo, desde su posición vertical encima del pecho hasta la horizontal con respecto al suelo, y volver a la posición inicial.	Ilustr. 27	C
2. Grupo funcional musculatura abdominal Levantar el tronco en posición de decúbito supino.	Ilustr. 28	A

Descripción de ejercicios		Programa
Levantar las piernas estiradas y juntas sentado en el suelo; mantenerlas levantadas durante 10 segundos.	Ilustr. 29	B
Hacer girar las piernas colgado de las espalderas.	Ilustr. 30	C
3. Grupo funcional músculos extensores tronco Levantar el tronco con carga adicional. Las pesas se levantan solamente con el trabajo de los extensores de la espalda.	Ilustr. 31	A
Extensores de la espalda; decúbito prono sobre plinto o banqueta de fuerza (variante: paralelas); levantarse hasta la horizontal.	Ilustr. 32	B
Girar el tronco en decúbito prono. Los pies están fijos. La cabeza y el tronco se levantan ligeramente y realizan movimientos giratorios.	Ilustr. 33	C
4. Ejercicios para la musculatura de hombros y brazos *4.1. Grupo funciuonal músculos de los hombros* Levanta y bajar los brazos estirados.	Ilustr. 34	A

Entrenamiento

Descripción de ejercicios		Programa
De pie con tronco flexionado hacia adelante, levantar los brazos lateralmente hasta la horizontal y bajarlos de nuevo.	Ilustr. 35	B
4.2. Grupo funcional bíceps Flexión de ambos brazos (curl) delante del cuerpo (haltera en presa dorsal)	Ilustr. 36	B
Press de banca	Ilustr. 37	C
4.3. Grupo funcional tríceps Bajar las pesas levantadas por detrás de la cabeza y volverlas a levantar.	Ilustr. 38	A
En decúbito supino sobre una banqueta se lleva hacia atrás-abajo una pesa, agarrada con las manos a una distancia equivalente a la que hay entre los hombros, y se mueve de nuevo en dirección a la clavícula.	Ilustr. 39	B

152   *Triatlón*

Descripción de ejercicios		Programa
Subir escaleras con las manos. Se colocan las manos alternativamente sobre un taburete.	Ilustr. 40	C
5. Grupo funcional musculatura de las caderas y aductores Sentado en el suelo, «ir en bicicleta» - primero hacia adelante, después hacia atrás.	Ilustr. 41	A
Colgado de las manos (en espalderas) levantar alternativamente las piernas casi estiradas hasta la horizontal.	Ilustr. 42	B
Levantar lateralmente la pierna y volver a posición inicial. Después cambio de pierna (posible con cargas adicionales).	Ilustr. 43	C
6. Grupo funcional musculatura glútea En decúbito prono, levantar las piernas estiradas levantando los brazos al mismo tiempo.	Ilustr. 44	A

Entrenamiento 153

Descripción de ejercicios		Programa
Levantar ambas piernas al mismo tiempo estando en decúbito prono sobre un plinto.	Ilustr. 45	B
7- Grupo funcional musculatura de las piernas Flexionar y estirar las rodillas. Para ello las pesas son mantenidas debajo del cuerpo (agarre tan ancho como los hombros, espalda recta)	Ilustr. 46	A
«Media» flexión de rodillas con pesas en la nuca.	Ilustr. 47	B
Posición inicial: de puntillas sobre una elevación; bajar los talones al máximo. Seguidamente ponerse al máximo de puntillas (posible con carga adicional)	Ilustr. 48	C

De la recopilación de ejercicios al programa de ejercicios

Los programas de fuerza para triatletas deben organizarse según las reglas del método interválico extensivo. Ello significa:

– Cada ejercicio se repetirá tantas veces hasta que se note un ligero dolor muscular. Ello suele ocurrir cuando se alcanza el 50% del número máximo de repeticiones.
– Se elegirá un ejercicio de cada grupo funcional. Los ejercicios en cada grupo tienen diferentes grados de dificultad: los ejercicios marcados con una A son los más sencillos, los de la C son los más difíciles.
– Todos los ejercicios se llevarán a cabo sin prisas pero sin interrupción.
– Los diferentes ejercicios se realizarán uno tras otro sin pausa (una serie).
– Al principio de la temporada de entrenamiento se llevará a cabo una serie. En el transcurso del período de preparación, el número de series aumentará hasta las 3 ó 5.
– La pausa entre cada serie será de 60 a 90 segundos.
– Al cabo de unas 10 a 15 unidades de ejercicio se diseñará otra serie. Primero se elegirán ejercicios A. Después seguirán los ejercicios B y C de cada grupo funcional.
– Los programas de fuerza se realizan durante todo el año, pero de forma más acentuada en la primera etapa del período de preparación. Los estímulos de adaptación son mayores cuando el entrenamiento de fuerza tiene lugar tres o cuatro veces por semana. Se puede partir de la base que un entrenamiento que se lleva a cabo una o dos veces por semana mantiene el nivel de fuerza y que solamente con un aumento de esta frecuencia se conseguirá un incremento de la fuerza.

PLANIFICACIÓN GENERAL DEL ENTRENAMIENTO PARA DEPORTISTAS DE ALTO RENDIMIENTO (DISTANCIA OLÍMPICA)

El siguiente plan de entrenamiento general, así como el desarrollo de las diferentes etapas de entrenamiento, se realizó con la colaboración del entrenador alemán Dr. Gunter Ahlemann. Los planes constituyen la base de la preparación de los triatletas alemanes para los Campeonatos del Mundo de 1993.

El punto de partida de todos los planes es lo que se denomina el desarrollo internacional de rendimiento, que se caracteriza por los siguientes factores:

– especialización para la distancia olímpica (1,5 km natación, 40 km ciclismo, 10 km carrera).

– Aumento de la densidad del rendimiento en las competiciones y los campeonatos internacionales.

– Entrenamiento profesional, teniendo en cuenta el clima y los máximos de entrenamiento durante todo el año.

– Aumento del grado de dificultad de las distancias de competición.

– Innovación en el equipo de competición, con métodos de entrenamiento y valoración y control del rendimiento.

Este desarrollo tiene efectos sobre el entrenamiento de los principiantes, pero especialmente para los atletas de alta competición. Ello significa:

– Aumento sistemático de la carga y, por tanto, equiparación de otros deportes de resistencia, que hace tiempo que están incluidos en el programa olímpico y que incluyen conceptos con fundamentos profesionales y científicos (Tabla 19).

Deporte	Volumen anual (km)	Velocidad (km/h)	Esfuerzo temporal (h)
Natación	3.000	4	750
Ciclismo (carretera)	43.000	28	1.540
Carrera (distancia larga)	8.000	14	570
Esquí de fondo	11.000	14	790
Biatlón	9.000	14	640

Tabla 19: Nivel de la carga en los deportes de resistencia (hombres)

Para conseguir las mejores marcas en el triatlón se requiere el volumen de entrenamiento que se recoge en la tabla 20.

Deporte	Volumen anual (km)	Velocidad (km/h)	Esfuerzo temporal (h)
Natación	800	3	266
Ciclismo	43.000	28	1.540
Carrera	4.000	13,5	296
Total			1.133

Tabla 20: volumen de entrenamientos de triatlón (pronóstico)

–Aprovechamiento mayor de los medios de entrenamiento específicos para el triatlón y mayor adaptación de los métodos de entrenamiento a las particularidades del deporte.
– Periodización anual más concreta y con miras a los campeonatos internacionales.
– Control efectivo del entrenamiento sobre la base de una valoración unificada del entrenamiento.

Estructura anual de un entrenamiento de élite

El entrenamiento se divide en tres períodos de preparación, que a su vez están divididos en varias etapas. El período de competición comienza en junio y termina con el Campeonato del Mundo, que suele tener lugar a finales de agosto o primeros de septiembre. El período de transición con sus tareas regenerativas para los triatletas se sitúa en octubre y principios de noviembre.

La tabla sinóptica 2 tiene un carácter informativo y pretende dar una visión general sobre las tareas principales y la sistemática del desarrollo del rendimiento.

Los índices del entrenamiento dan una visión más exacta sobre la distribución cuantitativa del entrenamiento en las tres modalidades deportivas en los diferentes meses. En el siguiente plan se parte de la base de que el tiempo total dedicado al entrenamiento es de aproximadamente 1200 horas anuales. Este esfuerzo solamente podrá desarrollarse si el atleta entrena bajo las condiciones necesarias.

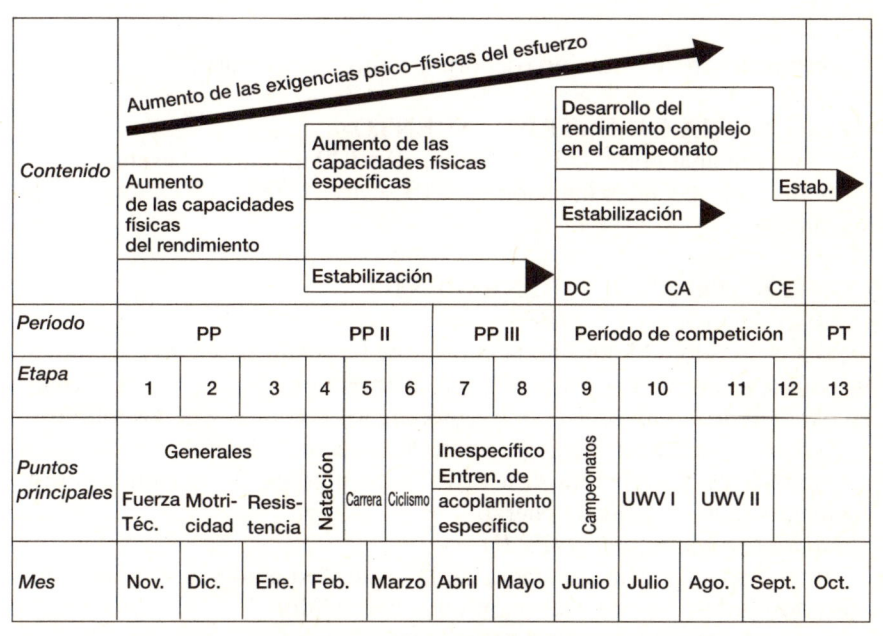

Contenido	Aumento de las exigencias psico–físicas del esfuerzo — Aumento de las capacidades físicas del rendimiento — Aumento de las capacidades físicas específicas — Estabilización — Desarrollo del rendimiento complejo en el campeonato — Estabilización — DC CA CE — Estab.
Período	PP	PP II	PP III	Período de competición	PT
Etapa	1	2	3	4	5	6	7	8	9	10	11	12	13
Puntos principales	Generales: Fuerza Téc., Motricidad, Resistencia	Natación	Carrera	Ciclismo	Inespecífico Entren. de acoplamiento específico	Campeonatos	UWV I	UWV II		
Mes	Nov.	Dic.	Ene.	Feb.	Marzo	Abril	Mayo	Junio	Julio	Ago.	Sept.	Oct.

Tabla sinóptica: Distribución anual del entrenamiento de triatlón (según Pfuetzer)

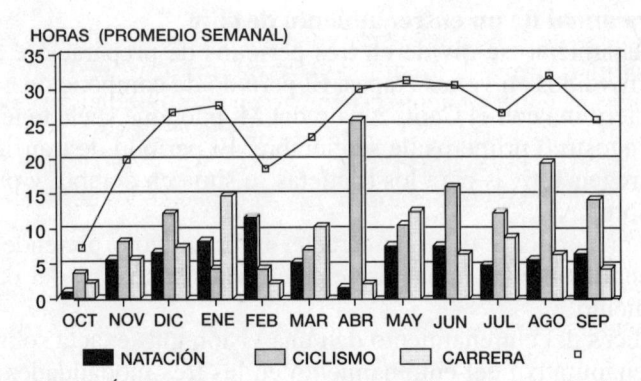

Ilustración 49: Índices del entrenamiento (triatlón corto de Kader, hombres)

Las columnas que simbolizan los diferentes deportes en la ilustración 49 no dicen nada sobre la conformación del entrenamiento. Esta información se puede obtener en los planes de entrenamiento más detallados.

Entrenamiento de natación (deporte de alto rendimiento)

FRECUENCIA DE ENTRENAMIENTO
    Ciclo semanal normal: 3 a 4 veces , 60 a 120 minutos a la semana
    Semanas especiales natación: 6 - 10 sesiones, 90 a 120 minutos a la semana.

CONTENIDOS DEL ENTRENAMIENTO
Período de preparación 1 (PP I)
    Buen nadador: Mejora de la capacidad de rendimiento con acento en la fuerza resistencia (medios de entrenamiento en agua y suelo firme). Activación de la movilidad de la región de los hombros y de los tobillos.
    Nadador mediocre: Estabilización de la técnica de crol, mejora de la capacidad de resistencia con diferentes medios de entrenamiento. Aumento de la movilidad general.
Período de preparación II (PP II)
    Buen nadador: Mayor mejora de la capacidad aeróbica aplicando los métodos intensivos de entrenamiento contenidos en el entrenamiento básico de la resistencia (GA 2 podría ser ER 2).
    Nadador medio: Conservación del entrenamiento de la técnica de crol.

Con la mejora de la técnica, prolongación de las distancias parciales y aumento del tiempo dedicado al entrenamiento de la resistencia. Acentuación del entrenamiento específico de la movilidad para nadadores.

Período de preparación III (PP III)

Buen nadador: Mayor desarrollo de las capacidades aeróbicas y anaeróbicas. Además de las distancias de entrenamiento más largas de lo habitual, habría que incluir con más frecuencia la distancia de los campeonatos en el entrenamiento extensivo del intervalo. Al mismo tiempo debe aumentarse la velocidad con ayuda del entrenamiento intensivo del intervalo y del método repetitivo. En el entrenamiento sobre tierra firme está en primer término la mejora de la movilidad. El entrenamiento de la fuerza resistencia solamente sirve para mantener la forma física.

Nadador medio: Con un mayor perfeccionamiento de la técnica de crol se puede forzar el entrenamiento de la resistencia básica (1 y 2). Las distancias parciales en el entrenamiento básico y extensivo del intervalo se acercan a la distancia de competición.

Período de competición

Buen nadador: En este período, la parte central la ocupa el entrenamiento para la competición con distancias largas o muy largas. La parte dedicada a la natación en aguas abiertas debería ser aumentada. No debe renunciarse a llevar a cabo un entrenamiento específico de natación entre cada competición. El aspecto principal se centra en la estabilización del rendimiento.

El entrenamiento de la movilidad y unas series más cortas de entrenamiento de la fuerza resistencia en tierra firme forman parte de la estabilización del rendimiento (debe prestarse especial atención a la conservación de los movimientos de tracción con fuerza explosiva).

Nadador medio: El entrenamiento de la técnica no debe olvidarse entre cada competición. Hay que esforzarse por salvar la totalidad de la distancia de natación con una técnica de crol depurada.

Para ayudar en el entrenamiento de la técnica deben realizarse ejercicios de movilidad y entrenamiento con aparatos en tierra firme.

Período de transición

Buen nadador: Exclusivamente natación de compensación con regeneración física y psíquica. De vez en cuando juegos acuáticos.

Nadador medio: Igual que el buen nadador. También pueden introducirse en el entrenamiento algunos elementos técnicos.

Semanas de entrenamiento con la natación como punto central

– En cada período de preparación (I, II y III) debería introducirse un microciclo que tuviera la natación como punto central (ilustración 50 y 51 así como tabla 21)

– En estos microciclos deben contenerse también unidades de ciclismo y carrera.

– En los ejemplos de entrenamiento presentados mediante gráficos, en los planes detallados no se incluyen los programas de calentamiento generales y específicos para cada deporte, como tampoco la fase final o de relajación. Por tanto, los planes solamente incluyen los contenidos principales de las unidades de entrenamiento. Por esta razón existen diferencias con los datos de las tablas semanales, que se corresponden con los gráficos. Estas tablas contienen exclusivamente los medios de entrenamiento con sus correspondientes disciplinas centrales.

La resistencia básica (GA 1 o RB - resistencia básica 1) se refiere al perfeccionamiento de la resistencia básica en el ámbito aeróbico, en la GA2 (o RB 2) el esfuerzo se sitúa en el ámbito anaeróbico. «Start» en las tablas denota que entre la salida para el esfuerzo A y la siguiente salida para el esfuerzo B transcurre el intervalo de tiempo indicado, o sea que informa sobre el tiempo necesario para realizar el esfuerzo (p. ej. 400 m F) y la pausa que a continuación se observa.

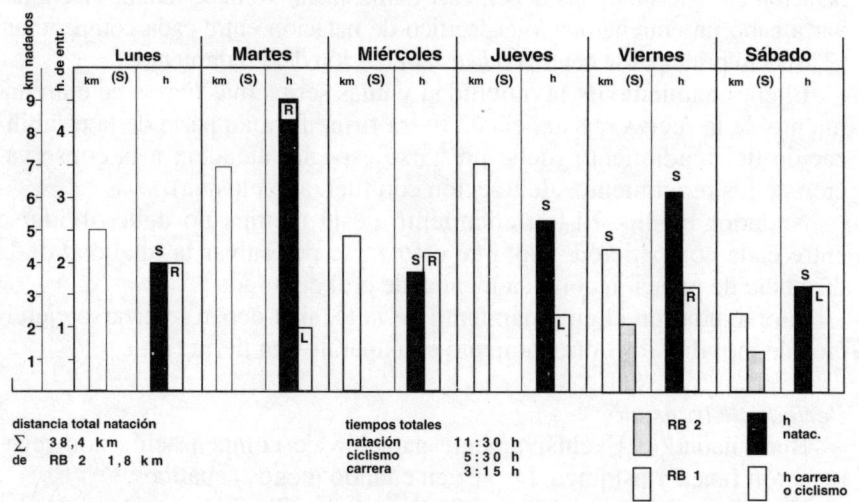

Ilustración 50: *Ejemplo de un microciclo con la natación como punto central (VP I, 2ª etapa) Planificación general*

Tabla 21: Contenidos de un microciclo para natación (1)
(comparar con ilustr. 50)

	Mañana	Tarde
Lunes	90 min/4,8 km – 1500 F (200 m piernas, 300 m brazos alternando) – 1500 F, de los cuales 100 m RB II, 400 m RB I alternando – 1500 F	90 min / 4,4 km – 4 x 400 F (p : 1 min) – 8 x 100 F (manoplas) (Start 2 : 30 o bien pausa 1 : 30 min) – 4 x 400 m F (P : 1 min)
Martes	90 min/5,0 km – 1000 F movimientos de brazos (Pausa: 1-2 min) – 1000- F (pausa 1-2 min)" – 1000 F manoplas (pausa 1-2 min) – 1000 F (p: 1-2 min)	90 min/4,5 km – 1500 m F (de los cuales, 50 m movimiento de piernas + 100 m movimiento de brazos alternando) – 10 x 100 F manoplas (Start 1: 45 = 2 min, o bien P : 30 s) – 800 m Lg o NS – 5 x 200 F (Start 3-3 : 30 o bien P 1 min)
Miércoles	90-120 min/6,0 km – 5 pasadas 800 F RB alternando con 200 m F o bien NS máx. con salto (p después de cada repetición: 1 min)	
Jueves	90 min/4,5 km – 1200 F + NS alternando, movimientos de brazos, P: 1-2 min –5 x 400 F start; 6-7 o bien pausa 2 min – 1000 NS	90 min/4,0 km - 800 F (P : 1 min) – 4 x 100 F movimiento de brazos (P 2 min) – 800 m Lg o NS (P : 1 min) – 4 x 100 F - movimiento de piernas (P : 2 min) – 800 m F (P : 1 min)
Viernes	90-120 min/4,4 hasta 7,0 km – 1000 m F, de los cuales 50 movimiento de piernas 50 m movimiento de brazos 50 m movimiento general, alternando – Test: 3000 m F o bien 5000 m F	90 min / 4,4 km – 800 m Lg (50 m cambio de estilo de natación) – 4 x 100 F movimiento de brazos (P : 1 " 30) – 2 min) – 800 m según deseo
Sábado	90 min/6,0 km Test escalonado: – 3 x 400 m F (RB I) Start – 2 x 400 m F (RB II) Start – 1 x 400 m (máx.)	

162   Triatlón

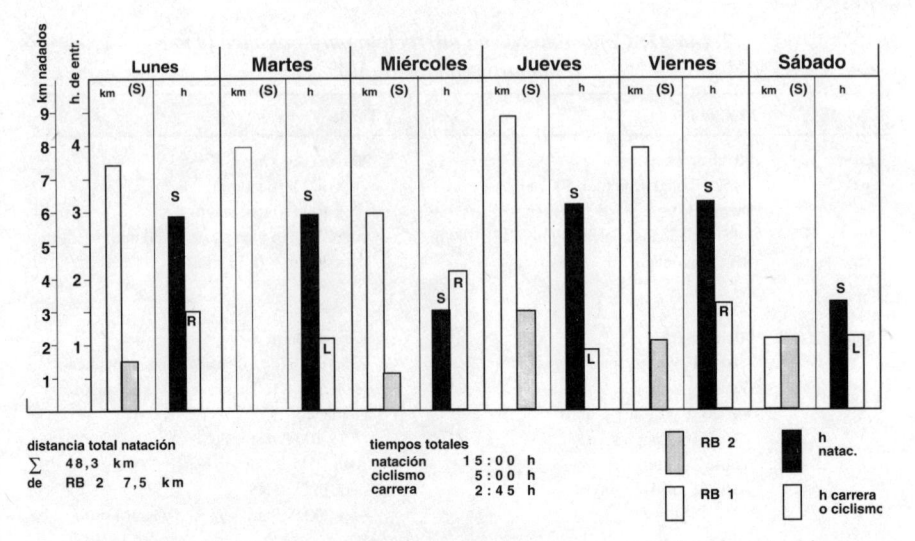

[Gráfico de barras mostrando km nadados y h. de entr. para cada día: Lunes, Martes, Miércoles, Jueves, Viernes, Sábado]

distancia total natación
∑   48,3 km
de RB 2 7,5 km

tiempos totales
natación   15:00 h
ciclismo   5:00 h
carrera   2:45 h

RB 2   h natac.
RB 1   h carrera o ciclismo

Ilustración 51: Ejemplo de un microciclo con el punto central en la natación
(PP II, 4ª etapa) - planificación global

Tabla 22: Contenidos de un microciclo para natación (1)
(comparar con ilustr. 50)

	Mañana	Tarde
Lunes	60 min / 2,6 km – 1000 m F (Pausa 2 min) – 1000 m F (P : 2 min)	60 min / 2,2 km – 5 x 400 m F (P : 1-2 min)
Martes	90 min (4,4 km 900 m F, 50 m movimiento de piernas 150 m movimiento de brazos alternando (p : 2 min) – Test : 3000 m F	90 min / 4, o km – 10 x 1200 m F movimiento de brazos (Start 2 min o bien P : 30 s) – 10 x 200 m F (Start 3 min - 3 1/ 2 min o bien P : 1 min)
Miércoles	90 min / 5, 0 km 10 x 50 m (movimiento único) F alternando con NS P : 15-30 s – 5 x 800 m F + Lg alternando (P : 1-2 min) o bien start : F 12 min / Lg 14-15 min)	

	Mañana	Tarde
Jueves	90 min 4,8 km –1500 F (100 m movimiento de piernas, 200 m movimiento general, alternando, P : 1-2 min) – 1500 m F (200 m movimiento de brazos, 300 m movimiento general, P : 1-2 min) – 1500 m F	60 min / 2,4 km - 800 m F (50 m movimiento de piernas - 150 m movimiento de brazos, alternando, P : 1-2 min) – 15 x 100 F (start 1, 45 - 2 min o bien P : 30 s)
Viernes	90 min / 4,8 km – 1600 m F + NS alternando (100 movimiento de piernas, 300 m movimiento de brazos, 400 m movimiento general, alternando, P: 2 min) – 2000 m F (de los cuales 400 m RB (resistencia básica) II, 600 m RB I, alternando)	90 min (3,0) Test por etapas : 4 x 200 F RB I (P : 30 s) 3x 200 F RB I (P : 1 min) 2 x 200 F RG II (P : 2 min) 1 x 200 F máx.
Sábado	90 min / 4,6 km 5 pasadas : 400 F RB I alternando 100 F o bien NS máx. con salto	

Reglas para un entrenamiento efectivo en natación

Duración del esfuerzo

– La unidad de entrenamiento no debería sobrepasar los 60 min.

– El volumen total de las series de resistencia no debería ser menos que el doble de la distancia de competición (3 km).

– En el entrenamiento de la resistencia básica I (RB I), la distancia única debería ser larga a ser posible.

– El esfuerzo total del entrenamiento en los ámbitos intensivos RB II y SA en una unidad de entrenamientode 90 min no debería durar más de 30 minutos.

Contenido de las unidades de entrenamiento

– En el entrenamiento de la resistencia básica con distancias más cortas, las repeticiones deben ser numerosas, las pausas muy cortas y las velocidades y frecuencias de natación superiores a la velocidad de carrera o las frecuencias de competición.

– El movimiento de los brazos tiene la mayor importancia. Los movimientos de las piernas solamente deben utilizarse para enseñar una técnica o para que los brazos puedan recuperarse.

– Según la talla y la capacidad de fuerza resistencia, deben conseguirse frecuencias de 40 hasta 48 golpeos por minuto.

– Cuando se nada con manoplas, las velocidades de natación en todos los ámbitos de intensidad deben ser superiores a la velocidad de natación normal.

– Después de una larga serie de RR I, deberán realizarse entre 2 a 4 esprints entre 25 a 50 metros para activar la frecuencia de carrera.

Ciclos a lo largo de la temporada

– Justo antes de una competición, el entrenamiento de la resistencia básica no debe reducirse en exceso. Los recorridos intensivos habrá que realizarlos con limitación.

– La forma más efectiva de la preparación a la competición es el entrenamiento alternante (distancias intensivas cortas / distancias de resistencia largas)

Control del esfuerzo

– Parámetro para controlar el entrenamiento en natación en el àmbito de RB I:

Duración del esfuerzo: 50 a 120 minutos
Intensidad: 85 a 92 % del mejor tiempo sobre la misma distancia.
Frecuencia cardíaca: 130 pulsaciones por minuto (tener en cuenta las diferencias individuales)
Lactato: 2 a 4 mmol / l

– Parámetros para controlar el entrenamiento en natación en el ámbito de RB II:

Duración del esfuerzo: 20 a 40 minutos
Intensidad: 85 a 90 % del mejor tiempo actual sobre la misma distancia.
Frecuencia cardíaca: 150 a 190 pulsaciones por minuto
Lactato: 4 a 7 mmol / l

Entrenamiento de ciclismo (deporte de alto rendimiento)

FRECUENCIA DEL ENTRENAMIENTO

Ciclo semanal normal:
– Marzo a octubre: 3 a 4 veces, 60 a 240 minutos (excepcionalmente hasta 360 minutos) semanales.
– Noviembre a marzo: 2 a 3 veces, 50 a 120 minutos semanales (parcialmente con «mountain bike» y rodillos)
Semanas con ciclismo como punto principal:
– 5 a 8 veces hasta 300 minutos semanales

CONTENIDOS DEL ENTRENAMIENTO

Período de preparación I (PP I)

Desarrollo de la capacidad de resistencia con métodos continuados. Variaciones determinadas por la climatología (rodillos, «mountain bike» o esquí de fondo). Las semanas dedicadas especialmente al ciclismo (mejor en lugares más cálidos). Mejora de la fuerza resistencia y de la fuerza explosiva por medio de ejercicios de fuerza especiales, sobre la bicicleta con distancias parciales más cortas y esfuerzo alto (gran desarrollo de fuerza con una frecuencia de pedalada baja).

*Período de preparación II (*Pp II)

Conservando los medios de entrenamiento del ámbito de la resistencia básica 1, se utilizan cada vez más formas de ejercicio que desarrollan la resistencia básica 2. El entrenamiento de la resistencia básica 2, orientado hacia la fuerza resistencia, requiere unas distancias parciales relativamente cortas (entre 5 y 10 km) y gran fuerza de pedaleo, con una frecuencia da pedalada de 60 hasta 80 revoluciones por minuto. Preferid el entrenamiento indvidual. La enseñanza de la técnica se combina con un entrenamiento de la resistencia básica. Ello significa una frecuencia de pedalada de entre 100 a 120 revoluciones por minuto con fuerzas de padaleo bajas (mejora de la pedalada redonda).

Período de preparación III (PP III)

En este período, el entrenamiento en ciclismo tiene la mayor importancia. Las formas del entrenamiento de RB 1 y 2 se alternan y se complementan. Las unidades de entrenamiento más largas se encuentran en este período para poder mejorar la resistencia prolongada para toda la competición. La resistencia específica para una competición de triatlón se consigue por medio del entrenamiento en ciclismo. Los métodos de rendimiento continuado y el método extensivo del intervalo dominan. El aumento del esfuerzo se produce con el aumento del número de las distancias parciales en las cuales debe realizarse, pero también a través de su prolongación.

Período de competición

La forma física conseguida se estabiliza con medios provenientes del entrenamiento de la resistencia básica 1. El entrenamiento en ciclismo tiene una finalidad economizadora y conservadora.

Período de transición

El entrenamiento de ciclismo sirve para la regeneración del organismo. Las excursiones en bicicleta tienen un carácter lúdico. Sin embargo, también hay que intriducir fases ocasionales de esfuerzo. Los medios de entrenamiento deben obtenerse de la RB 2 y del entrenamiento de la fuerza resistencia.

Ciclo de entrenamiento con ciclismo como punto central

– En el período de preparación III deberá introducirse un ciclo de 14 días de duración con el ciclismo como punto central. El ciclo de ciclismo también puede adelantarse al PP II sin las condiciones externas son favorables. Si éste es el caso, en el tercer período de preparación deberá introducirse otra semana de entrenamiento de ciclismo.
– En el microciclo del ciclismo también hay contenidas unidades de natación y carrera.
– Tener en cuen ta los ejercicios especiles de estiramiento y fortalecimiento.
– Los planes que se muestran en la ilustración 52 y la tabla 23 deben

Planificación general del entrenamiento...

estar adecuados a las particularidades del lugar. El ciclo de ciclismo deberá tener lugar en un lugar montañoso. Ello hace posible la utilización de medios de entrenamiento intensivos.

1ª semana

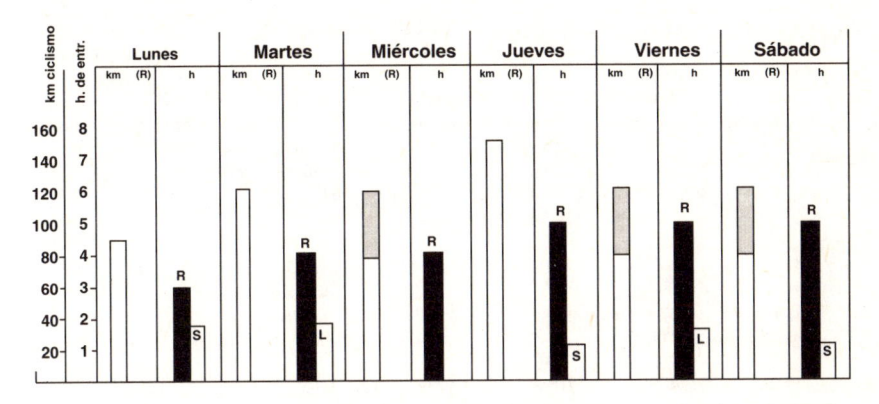

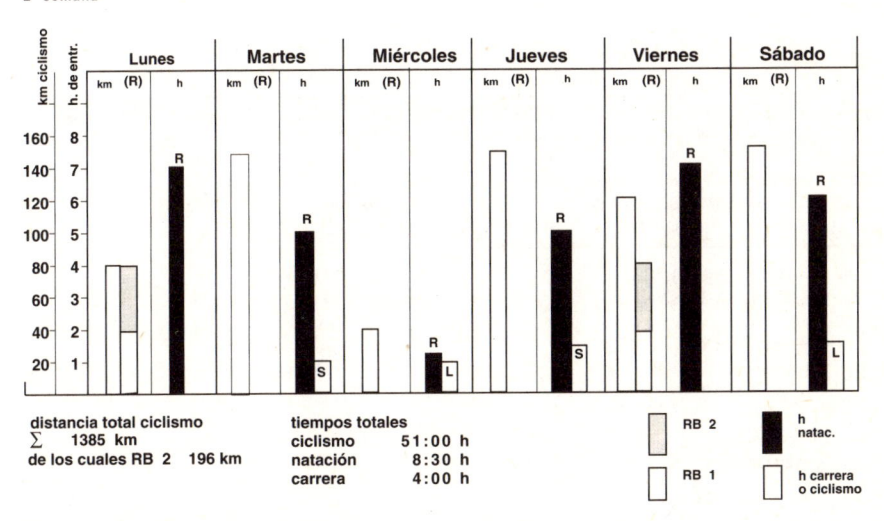

2ª semana

distancia total ciclismo
∑ 1385 km
de los cuales RB 2 196 km

tiempos totales
ciclismo   51:00 h
natación   8:30 h
carrera   4:00 h

RB 2
RB 1
h natac.
h carrera o ciclismo

Ilustración 52: Ejemplo de un microciclo (14 días) con el ciclismo como punto central (PP III, 7ª etapa) - plan general

Tabla 23: *Contenidos de un microciclo de 14 días de duración (comparar con ilustr. 52)*

1ª semana

	Lunes	Martes	Miércoles	Jueves	Viernes	Sábado	Domingo
Mañana	80 km método continuado GA 1	100 km método continuado GA 1	30 km GA 1 10 km GA 2 5 km GA 1 10 km GA 2 5 km GA 1 10 km GA 2 30 km GA 1	130 km método continuado GA 1	30 km GA 1 10 km GA 2 5 km GA 1 10 km GA 2 5 km GA 1 10 km GA 2 05 km GA 1 10 km GA 2 20 km GA 1	30 km GA 1 10 x 3 km GA2 (o bien fuerza resistencia) 30 km GA 1	15 km carrera (1:15 horas)
Tarde	1:30 h natación	15 km carrera (1:15 h)	–	1:00 h natación	10 km carrera (0:45 h)	1:30 h natación	–
1ª semana	Volumen total ciclismo: de los cuales GA 2:		605 km 100 km	Volumen total ciclismo: Tiempo total natación: Tiempo total carrera:		aprox. 23 horas 4 horas 3:15 horas	

2ª semana

	Lunes	Martes	Miércoles	Jueves	Viernes	Sábado	Domingo
Mañana	80 km método continuado GA 1	140 km método ext. del intervalo GA 1	Test 40 km ciclismo 10 km carrera 10 km GA 2	140 km método ext. del intervalo GA 1	90 km método continuado GA 1	140 km método continuado GA 1	–
Tarde	20 km GA 1 5 km GA 2 3 km GA 1 5 km GA 2 3 km GA 1 5 km GA 2 3 km GA 1 5 km GA 2 20 km GA 1	1:30 h natación	–	1:30 h natación		20 km GA 1 10 x 3 km GA 2 (Resistencia) 20 km GA 1	1:30 h natación
2ª semana	Volumen total ciclismo: de los cuales GA 2:		708 km 96 km	Volumen total ciclismo: Tiempo total natación: Tiempo total carrera:		aprox. 28 horas 4:30 horas 0:45 horas	

Reglas fundamentales para realizar un entrenamiento efectivo en ciclismo

Duración de la carga
– En el entrenamiento básico, han demostrado ser más efectivas las combinaciones de unidades de entrenamiento largas / muy largas, en dos o tres días consecutivos con una fase siguiente de descanso.

– El entrenamiento de la fuerza resistencia puede realizarse en bloque en dos días consecutivos con un esfuerzo total de 80 a 100 km en cada unidad de entrenamiento.

Contenido de las unidades de entrenamiento
– Debería conseguirse una alternancia entre la frecuencia de pedalada y la fuerza desarrollada dentro de una misma unidad de entrenamiento, para así mantener la variabilidad locomotora (para romper la denominada «pedalada monótona»). Introducción de ejercicios de salida con desarrollo de fuerza máxima (es decir, elección del máximo desarrollo, ejercicios de salida casi parados) de una duración de entre seis a diez segundos. El número de repeticiones debería situarse entre las 15 y las 20, intercalando pausas activas de al menos siete a diez minutos de duración.

– El entrenamiento orientado a la fuerza puede realizarse como entrenamiento separado (alto desarrollo de fuerza, baja frecuencia de pedalada).

– El entrenamiento específico para la competición debe estar claramente orientado hacia el desarrollo de la velocidad. En el ámbito de la distancia corta deben llevarse a cabo aumentos de la velocidad que sobrepasen la velocidad media.

– En el entrenamiento específico para el campeonato, la velocidad prima sobre la amplitud y el número de repeticiones.

Ciclos a lo largo del año
– La aplicación del entrenamiento de la resistencia básica 1 se produce durante todo el año. se distingue entre:

a) Entrenamiento RB 1 que desarrolla la resistencia especialmente en las fases de preparación y

b) entrenamiento RB 1 economizante / estabilizante, especialmente en fases intesivas de competición.

– En el orden metodológico, primero debería realizarse un entrenamiento orientado a la fuerza y después a la frecuencia.

– En el transcurso del año debe aumentarse el esfuerzo:

a) aumentando las repeticiones en cada unidad de entrenamiento.
b) aumentando la longitud de las distancias parciales en cada unidad de entrenamiento.

Control de la carga
– Parámetros de control para el entrenamiento en ciclismo en el ámbito de la RB 1:
Duración del esfuerzo: 2 a 8 horas
Intensidad: 75 hasta 85 %
Frecuencia cardíaca: 100 a 130 pulsaciones por minuto (determinar individualmente después de un diagnóstico del rendimiento actual)
Lactato: hasta 3 mmol / l
Frecuencia de pedalada: 85 hasta 110 revoluciones por minuto (entrenamiento individual 85 a 95 rev/min, entrenamiento en grupo 90 hasta 110 rev / min)
Desarrollo: Como orientación sevirán los valores alcanzados en el entrenamiento
Desarrollo medio :
Período de preparación 1 : 58 a 64
Período de preparación 2 : 64 a 68
Período de preparación 3 : 64 a 70

Siempre deben tenerse en cuenta las condiciones externas.
Longitud de las distancias: – largas = 120 hasta 160 km
                        – muy largas + 160 hasta 200 km
Velocidad: se regula manteniendo el parámetro de control de la frecuencia cardíaca.

– Parámetro de control para el entrenamiento de ciclismo en el ámbito RB 2:
Duración del esfuerzo: 7 a 10 minutos
Intensidad; 85 a 95 %
Frecuencia cardíaca: 150 a 185 pulsaciones por minuto (determinar individualmente según el diagnóstico de rendimiento individual)
Lactato : 3 a 6 mmol / l
Longitud de las distancias: 5, 10, 20 km
Repeticiones: 8 hasta 4.

– Parámetro de control para el entrenamiento de la fuerza resistencia en ciclismo

Duración del esfuerzo: 5 a 20 minutos
Lactato: 3 a 5 mmol / l
Frecuencia cardíaca: 160 a 170 pulsaciones por minuto
Frecuencia de pedalada: 45 a 60
Desarrollo: se rige según la frecuencia de pedalada y cardíaca
Longitud de las distancias: 1 a 5 km
Repeticiones: 20 a 6
Pausas: de acuerdo con las condiciones naturales, pero siempre activas.

– Parámetro de control para el entrenamiento de la fuerza explosiva en ciclismo

Duración del esfuerzo: 6 a 8 segundos, empezando casi parado
Intensidad: máxima; si existe una inclinación del 3 al 8 % puede aumentarse la efectividad
Frecuencia cardíaca: 150 a máxima.
Lactato : sin formación de lactato
Frecuencia de pedalada: máxima
Desarrollo: 96 a 90
Repeticiones: 10 a 15 por unidad de entrenamiento
Duración de las pausas: aprox. 5 a 8 minutos activos (seguir rodando en el ámbito de la RB 1)

Entrenamiento de carrera (deporte de alto rendimiento)

FRECUENCIA DEL ENTRENAMIENTO

Ciclo semanal normal: 3 a 4 veces, 45 a 120 minutos
Semana con carrera como punto central: 5 a 6 veces, 45 a 120 minutos.

CONTENIDOS DEL ENTRENAMIENTO

Período de preparación I (PP I)

En este período se trabaja principalmente sobre la resistencia básica. Dominan las largas carreras continuas. Las frecuencias de pulso se encuentran entre los 140 y 150 pulsaciones por minuto. La fuerza resistencia se consigue por medio de los esprints de montaña y el entrenamiento en escaleras. La técnica de carrera se trabaja por medio de la carrera ABC.

Período de preparación II (PP II)

Continuación del trabajo de la resistencia básica. Además de los medios de entrenamiento para el ámbito del la RB 1 se utilizan cada vez más los medios específicos de la RB 2. Velocidad y la mejora de la coordinación de movimientos son otras metas a conseguir.

Período de preparación III (PP III)

Además de seguir desarrollando la resistencia básica se le presta una mayor atención al entrenamiento acoplado. Se entrenan especialmente los pasos de la prueba de ciclismo a la de carrera. Las competiciones de cross dan indicación sobre la forma conseguida en la disciplina parcial de la carrera.

Período de competición

Se mantienen las largas carreras sobre la distancia de competición. La carrera es considerada una disciplina dura, por esta razón entre cada competición solamente se entrena en el ámbito de la RB 1. Los formas de ejercicio coordinativas (carrera ABC) y el entrenamiento del cambio de ciclismo a carrera son importantes.

Período de transición

En este período dominan las carreras de compensación y quizás alguna carrera de experiencia.

Ciclo de entrenamiento con la carrera como punto central

– En el período de preparación II se recomienda un primer curso de carrera (ilust. 53 y tabla 24). Una segunda fase con la carrrera como contenido principal se puede introducir en lel tercer período de preparación (abril).

– Al contrario de los ciclos centrados en la natación y el ciclismo, en el de la carreras, las otras disciplinas se tienen mucho más en cuenta.

– El ciclo de la carrera es muy adecuado para un entrenamiento acoplado y para el entrenamiento de la condición física general (fuerza resistencia, entrenamiento en circuito, gimnasia de fuerza).

Planificación general del entrenamiento... 173

– Debe prestarse mucha atención al entrenamiento de la movilidad y el estiramiento. Los ejercicios diarios de fuerza y estiramiento no están presentados expresamente en el programa.

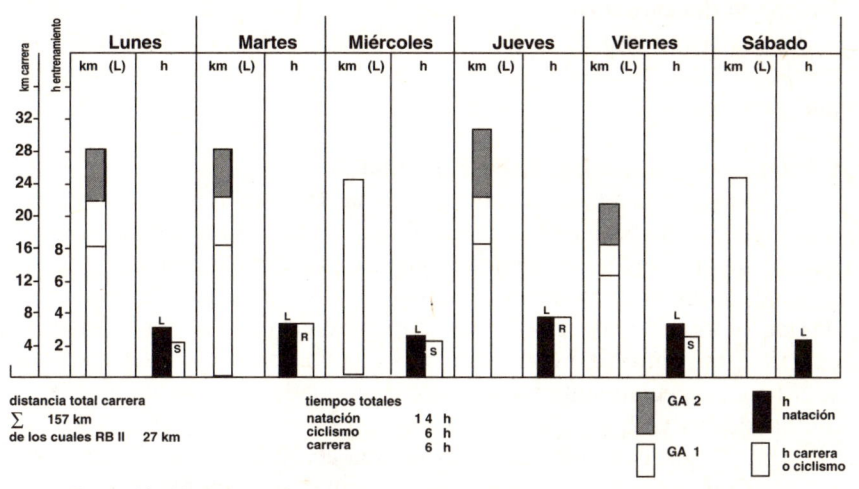

Ilustración 53: Ejemplo de un microciclo con la carrera como objetivo fundamental (PP I, 2ª etapa) - plan general.

Tabla 24: Contenido de un microciclo de carrera
(comparar con ilustr. 53)

	Lunes	Martes	Miércoles	Jueves	Viernes	Sábado	Domingo
Mañana	16 km método de resistencia RB 1	16 km fartlek RB 1	24 km método de resistencia RB 1	16 km método de resistencia RB 1	12 km método intervárico extensivo RB 1	14 km método de resistencia RB 1	
Tarde	3 km principio de la carrera 4 x 1500 m RB 2 3 km final de la carrera	3 km principio de la carrera 6 x 1000 m RB 2 3 km final de la carrera	– última hora: natación	3 km principio de la carrera 10 x 800 m RB 2 3 km final de la carrera	3 km principio de la carrera 12 x 400 m RB 2 3 km final de la carrera	–	
Semana dedicada a la carrera	Amplitud total carrera: de los cuales RB 2:		708 km 96 km	Tiempo total carrera: Tiempo total ciclismo: Tiempo total natación:		aprox. 14 horas 6 horas 6 horas	

Reglas básicas para un entrenamiento efectivo de la carrera en triatlón

Duración del esfuerzo

El entrenamiento de la RB 1 debería ser de al menos 60 minutos y puede abarcar hasta 140 minutos si se adecúa correspondientemente al plan general anual.

Contenido de la unidad de entrenamiento

– Después de cada entrenamiento de la RB 1 se debería llevar a cabo una preparación posterior a base de carreras con aumento de velocidad que no superen los 80 a 100 m de longitud (4 a 8 repeticiones).

– El entrenamiento debería realizarse sobre distancias estándar (rondas de entrenamiento conocidas y marcadas) para poder realizar con exactitud el control del entrenamiento y la comprobación del rendimiento. Ello es especialmente válido para las unidades de entrenamiento en el ámbito de la RG 2.

– En el entrenamiento de la resistencia aeróbico / anaeróbico deberán tenerse muy en cuenta en cuenta las siguientes condiciones técnicas:
– paso corto, levantamiento marcado de las rodillas,
– solamente ligera flexión de la rodilla y movimiento de tracción activo hacia adelante,
– extensión de la cadera
– uso marcado de los brazos.

– El desarrollo de las capacidades de la fuerza resistencia y de la capacidad de adaptación locomotora deberán estar siempre unidas.

– El entrenamiento de la fuerza resistencia debe estar acompañado por ejercicios para el desarrollo de la movilidad, y de la capacidad de estiramiento y relajación.

– Especialmente en la RB 2 y en el entrenamiento de la fuerza resistencia es importante comenzar y terminar correctamente la carrera.

– Debe cuidarse una correcta aplicación de la carrera ABC. La carrera ABC comprende ejercicios de entrenmaiento muy seleccionados, que contribuyen a la formación coordinativo-técnica de las capacidades de carrera del triatleta. Los ejercicios fundamentales de la carrera ABC son:

1- Trabajo de tobillos
2- Carrera levantando las rodillas
3- Multisaltos

4- Correr acercando los talones a las nalgas
5- Multisaltos con un pie
6- Saltos alternantes
7- Saltos sobre una pierna

– Parámetros de control para el entrenamiento de la carrera en el ámbito de la RB 2:
Duración del esfuerzo: 40 a 120 minutos.
Intensidad: 70 a 80 % de la velocidad a conseguir
Frecuencia cardíaca: 120 a 150 pulsaciones por minuto
Lactato = < 3 mmol / l
Longitud de la distancia: normal : 10 a 15 km, larga : 30 km, muy larga: 25 a 30 km.

– Parámetros de control para el entrenamiento de la carrera en el ámbito de la RB 2:

	Distancia corta	Distancia larga
Duración del esfuerzo	3 a 5 minutos	30 a 60 minutos
Intensidad	92 a 97 %	0 a 95 %
Frecuencia cardíaca	170 a 190	160 a 180
Lactato	4 a 6 mmol / l	2 a 4 mmol / l
Longitud de la distancia	800 a 1500 m	8 a 15 km
Amplitud total	6 a 12 km	10 a 20 km
Pausas	Pausas activas – con trote – duración: 3 a 5 minutos – frec. cardíaca al comienzo de un nuevo esfuerzo: 120 a 130.	sin pausas

Determinación del nivel de lactato y control del entrenamiento para el entrenamiento básico

En los tres deportes se determina tanto el límite aeróbico como el límite aeróbico / anaeróbico con ayuda de tests que los determinan. A ser posible, estos tests deberían realizarse específicamente para cada modalidad deportiva.
Los valores límite son la base para determinar el aumento del esfuerzo en los diferentes niveles de rendimiento básico.

El control del nivel de esfuerzo óptimo durante el entrenamiento realizado por el deportista o su entrenador debería realizarse con ayuda de medidores de la frecuencia cardíaca.

EL ENTRENAMIENTO PARA PERSONAS MAYORES

Hace tiempo que se pudo demostrar que el triatlón es también para mayores de cincuenta años, aunque no son muchas las personas de esta edad que toman la salida en este deporte. El triatleta mayor –y aún más la triatleta– debería tener muy presente que a medida que avanza la edad también aumentan las dificultades tanto en el entrenamiento como en la competición. Se produce una regresión de algunos parámetros biológicos importantes que hacen más difíciles y más largos los procesos de adaptación y recuperación. Ello se refleja en el rendimiento global. Ya a la edad de 45 años, la mejor marca es un 15 % menor que la de un atleta en edad de rendimiento máximo.

Las siguientes causas son las principales responsables de esta disminución del rendimiento:

– disminución de la capacidad de absorción máxima de oxígeno,

– la necesidad de obtener la mayor parte de la energía total por medio del metabolismo de las grasas,

– la reducción de la fuerza máxima, con lo cual existen unas condiciones menos favorables para desarrollar la fuerza resistencia,

– un tiempo de recuperación más prolongado.

En el entrenamiento, estos fenómenos producen diferentes efectos que el deportista debe tener en cuenta si quiere conseguir la máxima adaptación para su edad. Ello significa:

– Las largas unidades de entrenamiento con carácter de esfuerzo prolongado son mejor toleradas por el cuerpo que las unidades cortas con momentos de esfuerzo máximo.

– El volumen semanal de entrenamiento y la intensidad de éste están más fuertemente determinados por la capacidad de regeneración que entre los jóvenes.

– Las tres disciplinas se entrenan semanalmente y de una forma lo más variada posible.

– A la semana se recomienda solamente una sesión de gran volumen de ejercicios (p. ej. 30 km carrera o 150 km ciclismo, o bien 4 km natación).

– Como máximo un 10% de la totalidad del entrenamiento debe ser

realizado de forma intensiva. Los siguientes valores dan una orientación a este respecto :
- *carrera:* pulso a más de 160 pulsaciones por minuto,
- *ciclismo:* pulso a más de 150 pulsaciones por minuto,
- *natación:* pulso a más de 145 pulsaciones por minuto.

– El entrenamiento de la fuerza resistencia tiene más importancia a estas edades, ya que no solamente mejora el rendimiento deportivo, sino que también aumenta su importancia para la salud. Contribuye a evitar la atrofia de la masa muscular.

– La principal regla en el entrenamiento y la competición de la persona mayor consiste en saber valorar de forma realista la capacidad de rendimiento y el control del esfuerzo. Un esfuerzo inadecuado se produce cuando a través de unos estímulos del entrenamiento excesivos combinados con una deficiente recuperación se alcanza un estado de agotamiento constante, además de subordinarlo todo al deporte. Es cuando no se le dedica el suficiente tiempo a la familia, el trabajo y demás intereses.

El triatleta de edad también debe reflexionar si la finalidad de este deporte consiste en tener siempre más éxito que el contrincante. Otras cuestiones como, por ejemplo, la comparación con personas inactivas o el retraso de la disminución del rendimiento por medio del entrenamiento y la competición, pueden constituir igualmente la meta a conseguir por medio del deporte realizado después de la edad de máximo rendimiento.

> El hecho de que a medida que avanza la edad también disminuye el rendimiento deportivo debería ser aceptado por los deportistas de mayor edad, que no deben intentar disimular esta situación con exigencias de rendimiento inalcanzables. Las acciones irracionales de los hombres mayores no solamente pueden ser extremadamente ridículas, sino también constituir un peligro para la salud.

LA COMPETICIÓN

La preparación directa a la competición comienza algunos días antes de ésta. En la ciencia del entrenamiento, este ciclo se denomina «preparación inmediata a la competición» o «tapering» (tabla 25).

Este período de tiempo sirve para conseguir la necesaria concentración psíquica y al mismo tiempo se le da al cuerpo la posibilidad de acumular mayores reservas de energía en el sentido de la supercompensación. De aquí se deduce que durante estos días hay que disminuir especialmente la intensidad del entrenamiento, pero también su amplitud.

La duración de la preparación a la competición depende del estado de entrenamiento de los atletas. Cuanto mejor sea el estado de entrenamiento, más tiempo durará el tapering. Es posible que éste dure diez días si el estado de forma deportiva es estable. Un atleta mal entrenado solamente debe realizar un tapering durante una semana como máximo para no perder su forma física inestable.

El entrenamiento en los últimos tres días antes de la competición está determinado por el tiempo de regeneración de cada una de las disciplinas. El cuerpo necesita después de un agotador

- entrenamiento de natación al menos   1 día
- entrenamiento de ciclismo también   1 día
- entrenamiento de carrera aprox.   tres días

de regeneración para estar de nuevo en su rendimiento máximo. La "dura" discilpina de la carrera requiere el mayor tiempo a causa del gran desgaste energético. Naturalmente que esto solamente es válido para las unidades de entrenamiento y no para la carrera regenerativa.

Días antes de la competición	Contenidos del entrenamiento	Métodos
7 días	80 km ciclismo	Método de resistencia
	3 km natación	Método fraccionado
6 días	15 km carrera, gimnasia, ejercicios de fuerza	Fartlek
5 días	50 km ciclismo, 2,5 km natación	Método de resistencia
		Método fraccionado
4 días	15 km carrera	Método de resistencia (70%)
3 días	2-50 km ciclismo, gimnasia, estiramiento y ejercicios de fuerza	Perfeccionamiento de la técnica
2 días	2-10 km carrera	Método de resistencia (70%)
1 día	50 km ciclismo (sobre el recorrrido de competición)	Método de resistencia
	2 km natación	Método de resistencia y perfeccionamiento de la técnica
Día de la competición	Calentamiento y gimnasia (estiramiento)	

Tabla 25: *Ejemplo de una preparación inmediata a la competición antes de un importante campeonato de triatlón corto*

Los últimos días antes de una competición importante ofrecen la oportunidad de comprobar de nuevo las técnicas importantes y sobre todo las alteraciones que con más probabilidad se producirán durante la competición. Estos contenidos del entrenamiento dan seguridad sin suponer un esfuerzo físico, ya que el entrenamiento mental en esta fase da mejores resultados que un entrenamiento de la condición física realizado hasta el último momento. Mentalmente se imaginará varias veces el desarrollo de la competición.

Preparación para la salida

La preparación directa de cara a la competición, además de la optimización de las condiciones físicas, también tiene componentes psíquicos.

Entre ellos se encuentran:
- la actitud hacia los competidores, hacia sus puntos débiles y fuertes, y la táctica que es probable que apliquen.
- El control del propio estado antes de la salida ("fiebre" de salida) por medio de medidas autosugestivas. Ni una excitación excesiva ni la apatía ante la salida son beneficiosas para el desarrollo de la competición; el triatleta debe estar ligeramente excitado y debe participar totalmente concentrado y estimulado.
- El conocimiento exacto de los recorridos y familiarización con las condiciones externas del lugar de competición aportan seguridad adicional al atleta.
- Una medida adecuada de confianza en uno mismo, que contribuye a valorar con realismo las dificultades que comporta un esfuerzo prolongado y a los competidores; la falta de seguridad en uno mismo lleva rápidamente a la resignación, una confianza desmedida tiene como consecuencia la infravaloración de los contrarios y de las exigencias de la competición.

Aclimatización

No es infrecuente que el atleta participe en un lugar alejado de su domicilio. Ello conlleva problemas adicionales a la preparación de la competición.

En principio se distinguen tres variantes de la aclimatización:
- la reacción del organismo en los viajes en dirección norte-sur,
- la reacción del organismo en los cambios de altitud,
- la reacción del organismo en los viajes en dirección oeste-este.

Viajes hacia el sur para participar en competiciones y entrenarse

Las competiciones en el sur de Europa y norte de África no exigen del atleta excesivas reacciones de adaptación si no se abandona el hemisferio norte. Cuando se recupera del viaje, el atleta está en plena capacidad de rendimiento. El viaje debe programarse de tal forma que el triatleta disponga de cuatro a cinco días antes de la competición. En este tiempo se lleva a cabo la adaptación al clima cálido.

Los viajes al hemisferio sur (para llevar a cabo un entrenamiento de invierno) gozan cada vez de mayor aceptación por parte de los triatletas, ya que de esta manera se adelanta el período de preparación y se consiguen mejores condiciones para las competiciones que tienen lugar al comienzo de la temporada. No es infrecuente que la estancia en nuestras antípodas esté unida a la participación en una competición.

En estos viajes tan largos de norte a sur, el organismo debe adaptarse doblemente, ya que no solamente hay que soportar un cambio de horario, sino que además las estaciones del año tienen medio año de diferencia. El deportista suele venir de la estación fría del norte y viaja al verano o la primavera del sur. El proceso de adaptación dura entre 10 a 14 días. En este tiempo no deberían realizarse grandes esfuerzos durante el entrenamiento. También es mejor que el deportista participe en competiciones pasado este período de tiempo. Ya que la estancia en el sur suele prolongarse durante varias semanas, estos días de entrenamiento menos intensivo no suponen una gran desventaja para el triatleta.

Cambios de altitud

Este caso se le presentará al triatleta cuando hace intentos en otros deportes (por ejemplo, esquí de fondo) o realiza un entrenamiento de altitud. Sin embargo, la adaptación a la altitud solamente es necesaria a partir de los 1500 metros por encima del nivel del mar. La duración media de un proceso de adaptación a una altitud de 2000 metros es de una semana.

Competiciones en el este o el oeste (p. ej. América, Japón)

Son principalmente los deportistas de Hawai los que tienen que enfrentarse con los problemas que resultan de este cambio. El cambio de horario de varias horas influye sobre el ritmo de 24 horas de muchas funciones fisiológicas. El biorritmo que depende de la alternancia del día y la noche se adapta con mucha lentitud al cambio de horario. Las reacciones de adaptación alcanzan su punto máximo al tercer o cuarto día. A los diez días este proceso suele estar terminado.

El calentamiento antes de la salida

Justo antes de dar comienzo la competición, el deportista se encuentra ante la necesidad de adaptar sus funciones corporales al esfuerzo que debe realizar. Ello solamente lo conseguirá por medio de un calentamiento adecuado basado en ejercicios deportivos. Con ello se le ahorra al cuerpo el difícil proceso de adaptación durante los primeros minutos de la competición.

En el caso del duatlón, el calentamiento es relativamente sencillo, ya que el atleta puede prepararse corriendo ligeramente y realizando ejercicios de relajación y estiramiento. En el triatlón, las condiciones son más difíciles. A menudo, el deportista tiene que zambullirse en agua fría y, por tanto, se resiste a realizar la preparación nadando en el agua. Sin embargo, se recomienda que primero se realicen ejercicios natatorios. Con ello se ponen en funcionamiento los procesos metabólicos de la musculatura de trabajo y al mismo tiempo se consigue una mejor disposición psíquica frente a la primera disciplina parcial. Los ejercicios en el agua es mejor realizarlos recorriendo una distancia entre 200 y 300 metros a diferente velocidad. El tiempo transcurrido entre estos ejercicios y la salida no debería ser superior a los 5 minutos. Este tiempo se ocupará con ejercicios gimnásticos (relajación y estiramiento) y quizás saltos y variantes de carrera para mantener así el momento psicológico. En los últimos segundos antes de la salida deben eliminarse las actividades corporales, ya que la abarrotada línea de salida no permite muchos movimientos intensivos. Por el contrario, debería aprovecharse esta oportunidad para repasar mentalmente todas las medidas tácticas y aprehenderlas. Quien se resista a entrar en el agua debería al menos realizar una gimnasia intensiva y preparar la circulación sanguínea y los músculos al esfuerzo inminente. La gimnasia debe dirigirse principalmente a aquellos músculos que serán necesarios a continuación.

Ya en la fase de calentamiento, un medidor de la frecuencia cardíaca puede ser muy útil, ya que da información sobre el esfuerzo realizado por la circulación en esta fase. Lo más aconsejable es alcanzar entre 120 y 130 pulsaciones por minuto. Quien sufra estrés antes de la salida podrá comprobar que su frecuencia sobrepasa ampliamente los valores en descanso aun sin haber realizado ejercicios de calentamiento. En este caso, los ejercicios de calentamiento también tienen un efecto tranquilizante.

Utensilios de competición

Para descartar las sorpresas desagradables, el deportista debería comprobar antes de la competición si tiene todo lo que va a necesitar en la salida y durante los recorridos y tenerlo a punto.

Antes de la salida:
– Dorsales y documentación,
– chandal y quizás también ropa de lluvia,
– calcetines y zapatillas de baño,
– bebida y comida para antes de la salida,

– imperdibles, cinta elástica,
– vaselina,
– 2 toallas grandes (para secarse y colocarse encima cuando se efectúe el cambio de calzado),
– las herramientas principales para reparar rápidamente la bicicleta (alicates, destornillador, varias llaves inglesas),
– cinta adhesiva (para sujetar al manillar las barritas energéticas o un plátano),
– reloj sumergible.

Para la prueba de natación:
– Traje de baño, traje de triatlón (de neopreno para agua fría)
– gorro de baño,
– gafas de bucear.

Para la prueba de ciclismo:
– bicicleta de carreras (debe ser repasada concienzudamente antes de la competición),
– bomba de aire,
– 1 ó 2 cámaras o ruedas de recambio,
– 1 ó 2 botellas de agua llenas en su soporte,
– alimentos sólidos (plátano, pasas, barritas energéticas),
– casco de ciclista,
– quizás también tricot con número (espalda),
– calzado especial y calcetines,
– quizás tamnbién guantes de ciclista,
– gafas especiales / gafas de sol.

Para la prueba de carrera:
– calzado especial con cierre rápido,
– tricot con número (pecho),
– quizás gorra para protegerse del sol.

Después de la competición:
– ropa seca, tanto interior como exterior,
– zapatos, ropa limpia,
– toalla / jabón (ducha),
– bebidas y alimentos,
– quizás masajes.

La competición

Preparación mental antes de la competición

El éxito en el triatlón no solamente se consigue gracias al estado de entrenamiento y de la prepración física previa del deportista, sino también de su preparación mental.

Todo triatleta habrá experimentado alguna vez que cuando más cercano está el día de la competición, más aumenta la presión psicológica. Esto es normal y tiene efectos positivos sobre el rendimiento, pero solamente cuando la presión no es excesiva y no produce un efecto contrario al deseable. Este hecho únicamente puede evitarse o al menos controlarse con los conocimientos correspondientes y la consiguiente actitud. ¿Cuáles son los preparativos ante una competición que pueden contribuir a desarrollar plenamente todas las capacidades entrenadas y en caso necesario superarse a uno mismo?

Continuidad del entrenamiento

El programa de entrenamiento y los hábitos adquiridos en cuanto a sueño y comidas deben mantenerse. Esta forma de autodisciplina es la base para adquirir confianza en uno mismo. Y a su vez, la confianza en uno mismo es condición necesaria para conseguir buenos resultados en la competición.

Visualización del desarrollo de la competición

Los atletas con experiencia repasan la competición mentalmente una y otra vez algunos días antes de efectuar la salida. Este proceso se denomina visualización. El entrenamiento de la imaginación contribuye a convertir las imágenes presentes de la competición en rendimiento físico.

La capacidad de imaginarse cosas y de guiar este flujo de imágenes en una dirección positiva puede aprenderse.

La visualización es considerada por los psicólogos norteamericanos como una capacidad mental que mejora de forma determinante el rendimiento. Hasta el momento, este método es utilizado principalmente por los corredores de bobsleigh, esquiadores alpinos y gimnastas. Los triatletas también pueden obtener un beneficio de él.

Automotivación

La automotivación es considerada el factor de rendimiento mental más importante. El atleta se propone metas muy altas y cree que las alcanzará. Aprende a afrontar los fracasos correctamente. Disfruta con el entrenamiento y las competiciones. La actitud positiva frente a la propia capacidad de rendimiento y la satisfacción que se recibe con las propias acciones deben ser estabilizadas y practicadas constantemente.

Concentración ante la competición

El triatleta debe aprender a concentrarse en la competición y en los acontecimientos venideros. Durante el triatlón se concentra principalmente en lo más importante y se olvida de lo que no lo es. Esto debe estar claro antes de efectuar la salida.

Estar preparado para lo inesperado

Mucho tiempo antes de la competición, el triatleta debe prepararse para todo lo que podría ocurrir. No debe dejarse sorprender por sus contrincantes ni por las condiciones externas (clima, espectadores, jueces, pinchazo). Una estrategia bien preparada le ayudará a reaccionar adecuadamente y sin pérdida de tiempo aun estando bajo la presión producida por ciertos acontecimientos. El deportista no debe sucumbir al pánico cuando se enfrente ante estas situaciones.

Evitar los conflictos

Los conflictos con otros deportistas, jueces o con los espectadores antes de que dé comienzo la competición deben evitarse. También esto forma parte de la estrategia de la competición, porque una experiencia negativa justo antes o al comienzo del triatlón puede tener efectos muy negativos sobre las acciones posteriores.

En el triatlón existen unos acontecimientos muy concretos que influyen sobre la concentración y la seguridad de los atletas. Incluso los pinchazos más insignificantes producen reacciones en cadena. Éstos podrían ser algunos de los incidentes: la falta de la goma elástica que sujeta el número, la cremallera atascada en el traje de neopreno, las gafas arrancadas en la salida de natación, la marcha incorrecta cuando se comienza a rodar y el peligro de descalificación cuando se forman pelotones de ciclistas. Un repaso cuidadoso del equipo y la firme voluntad de evitar de entrada las situaciones críticas forman parte, por tanto, de la preparación a la competición y la táctica del triatleta.

Nada de experimentos

Todo lo que no se ha probado en el entrenamiento debería eliminarse. Nos referimos, por ejemplo, a una frecuencia baja o desacostumbrada de

La competición

zancada. En este tema también se incluyen los equipos nuevos, en el manejo de los cuales no se tiene ninguna experiencia, aunque solamente sea el nuevo casco que se escurre, y el nuevo traje con otras posibles condiciones aerodinámicas.

El talismán

Quien crea haber conseguido buenos resultados con sus «calcetines verdes» y piense que son la razón por la cual el éxito se ha pegado a sus talones, debería ponérselos también la próxima vez. Algo de superstición no puede perjudicar al triatlón.

> El éxito conseguido en una competición de triatlón tiene muchas razones. Además de un entrenamiento sólido también es determinante para el rendimiento la situación psíquica del atleta. Una preparación mental forma parte de toda competición.

Automotivación

Cuando un atleta se coloca en la línea de salida sin ánimos, tampoco tendrá mucho éxito en la competición. Sin embargo, existen técnicas de autoactivación y para elevar el propio nivel de energía. Antes hay que saber si realmente el nivel de energía está bajo. Los síntomas son los siguientes:
– sensación de pesadez y de falta de empuje,
– insuficiente capacidad de concentración
– poca paciencia y actitud pasiva frente a la competición,
– sensación de desamparo,
– falta de entusiasmo para participar en la competición.

Quien haya detectado este bajo nivel de energía tiene posibilidades de hacer algo para solucionar la situación. ¿Cuáles son las estrategias a seguir en estos casos?

1- Aumento consciente de la frecuencia respiratoria,
2- calentamiento más intensivo que en otras competiciones,
3- desencadenar sensaciones mentales de éxito (p. ej. pensando en rendimientos anteriores, deseando el enfrentamiento deportivo),
4- preparar mentalmente las metas principales de la competición,
5- motivarse a uno mismo con las frases adecuadas:

«¡Yo lo conseguiré!», «¡mi preparación fue perfecta!», «¡hoy lo verán mis contrincantes!» , «¡las distancias no son un problema para mí!».

6- demostrar ante los otros la propia fuerza de voluntad,
7- proponerse dar todo lo mejor de sí.

Estas estrategias se utilizan antes de las competiciones. Puesto que se trata principalmente de procesos mentales también son de ayuda durante la competición para mantener constantemente un buen nivel energético.

Comer y beber antes, durante y después de la competición

La alimentación adecuada para participar en una competición siempre ha tenido una consideración especial dentro de la ciencia deportiva. El gran número de recomendaciones y publicaciones a este respecto lo evidencian. La alimentación adecuada para una competición también es víctima de las ideas y las expectativas irracionales de muchos deportistas.

La actitud frente a la competición comienza algunos días antes de que tenga lugar el gran acontecimiento. Es muy típica la dieta de Saltin. Aproximadamente una semana antes de la competición, el deportista agota sus reservas de hidratos de carbono por medio de un entrenamiento intensivo y comienza a continuación con una dieta que contiene principalmente proteínas. A los tres días esta dieta se interrumpe. El organismo pide insistentemente hidratos de carbono. Estos deseos son satisfechos por una dieta consistente casi exclusivamente en hidratos de carbono. Los depósitos de glucógeno que se encuentran vacíos aprovechan la oferta y se llenan al máximo con glucógeno. La ventaja de esta dieta radica en el hecho de que el deportista, durante el esfuerzo continuado que a continuación va a realizar, puede obtener la energía necesaria durante más tiempo por medio del metabolismo del glucógeno. La desventaja está en que muchos deportistas no soportan este cambio tan abrupto en la alimentación. Por ello se aconseja no cambiar los hábitos de alimentación justo antes de participar en una competición, sino solamente complementarla con un mayor aporte de hidratos de carbono.

Para la competición deben tenerse en cuenta las siguientes reglas:

– El mismo día de la competición solamente se comerán alimentos fáciles de digerir. Es mejor tomar varias porciones más pequeñas que elegir un gran menú.

– La última comida principal deberá tomarse aproximadamente tres horas antes de la salida.

– No tomar la salida estando poco hidratado. Los esfuerzos prolongados solamente son posibles si el metabolismo funciona a la perfección. Para ello es imprescindible el agua.

La competición

– Los alimentos sólidos no son necesarios para un triatlón corto. Es suficiente con tomar líquido mientras se realiza la prueba de ciclismo y antes de la de carrera. Gracias a la adición de glucosa se puede ayudar a estabilizar el nivel de azúcar en sangre. En los triatlones medios y largos se necesitan aportes de hidratos de carbono, que pueden obtenerse comiendo un plátano. El plátano contiene diferentes hidratos de carbono, almidón y fructosa, elementos que, por una parte, entran con rapidez en la sangre y que, por otra parte, tienen un efecto prolongado. Finalmente, el plátano también tiene un «envoltorio» muy práctico y puede sujetarse fácilmente a la bicicleta con ayuda de cinta adhesiva.

– De la mayor importancia es el hecho de mantener un nivel equilibrado de líquido durante la competición. Cuando hace calor durante una competición, el cuerpo pierde cada hora 1,5 litros de líquido. Durante la carrera debe reponerse constantemente la pérdida de agua. Por esta razón es necesario llevarse algunas reservas para la prueba ciclista y también aprovechar los puestos de aprovisionamiento. Es mejor beber más a menudo en menor cantidad que grandes cantidades de una sola vez.

Después de la competición se trata de recuperar el déficit de líquido del cuerpo y estabilizar los depósitos de glucógeno. La experiencia ha demostrado que el apetito y la sed indican cuál debe ser el menú adecuado después del triatlón.

> La alimentación tiene un efecto indirecto sobre el rendimiento desarrollado durante una competición. Una alimentación adecuada a la situación contribuye a aprovechar en su totalidad las reservas de rendimiento obtenidas durante el entrenamiento.

PROFILAXIS Y REGENERACIÓN

Todo esfuerzo físico transforma el equilibrio fisiológico interior de la persona que practica deporte. Estos trastornos del sistema interno de regulación se manifiestan a través de la fatiga, cuyo grado puede ser muy variable. Los esfuerzos límite –tal y como se presentan en el triatlón– tienen como consecuencia un cansancio muy alto y un retraso en la regeneración, fenómenos muy típicos del triatlón largo. Todo deportista con experiencia sabe que en un mismo año solamente puede realizar dos esfuerzos de este tipo, además debe contar con un déficit de regeneración que se prolongará durante varios meses. Precisamente esto es lo que se trata de evitar por medio de una planificación concreta de la competición y un control del entrenamiento.

Las medidas regenerativas ya son necesarias cuando el esfuerzo es menos importante. La moderna ciencia deportiva ha demostrado que la regeneración ocupa un lugar destacado dentro del proceso de entrenamiento, ya que la velocidad de la recuperación después de efectuar un esfuerzo se convierte en un requisito importante para poder llevar a cabo nuevos esfuerzos en el entrenamiento. La pausa, así como la regeneración a largo y corto plazo, se han convertido en factores determinantes del aumento del rendimiento dentro de la moderna metodología del entrenamiento.

Por una parte, la regeneración se lleva a cabo por medio de diversos métodos y, por otra parte, puede concentrarse en ciertos sistemas funcionales y de regulación importantes para la resistencia. Cuando se efectúe la regeneración deben darse los siguientes pasos:
– recuperación de las reservas de energía, especialmente de los depósitos de hidratos de carbono,
– recuperación del equilibrio del organismo, p. ej. recuperando el nivel normal de ácidos y bases, resolviendo las pérdidas de líquido, aportando minerales y oligoelementos.
– recuperación del equilibrio hormonal,
– recuperación del estado nervioso normal,
– recuperación activa y pasiva del sistema orgánico que ha realizado el esfuerzo.

En la práctica del entrenamiento, las siguientes medidas han demostrado ser las más eficaces para conseguir la regeneración:
– adecuación de la alimentación a las necesidades especiales del organismo,
– normalización de la pérdida de líquido, del nivel de electrólitos y otros déficits bioquímicos,
– recuperación muscular por medio de un entrenamiento regenerativo,
– regeneración y medidas fisioterapéuticas,
– regeneración nerviosa

En el deporte de alto rendimiento se comprendió muy pronto que la rápida regeneración del deportista constituye un factor de rendimiento muy importante. Una recuperación rápida hace posible una mayor amplitud del entrenamiento y un entrenamiento más intensivo.

ALIMENTACIÓN

Sin lugar a dudas, la alimentación es un factor importante para el rendimiento deportivo, sobre todo para el esfuerzo continuado. También es indudable que las mejores marcas se consiguen sobre todo gracias al entrenamiento y, naturalmente, también gracias al talento del deportista. Sin embargo, aún se cree que solamente la alimentación ya comporta una mejora del rendimiento. ¡Esto es incorrecto! Esta concepción no es válida para el deportista de fuerza y aún menos para el deportista de resistencia. La alimentación del deportista es claramente uno de los factores secundarios del rendimiento.

¿Cuál es la alimentación orientada hacia una duración del rendimiento? Simplemente, se podría describir con los atributos de: baja en grasas, rica en hidratos de carbono, con un nivel de proteínas menor y equlibrada en cuanto a calorías. Finalmente, debería contener en cantidades suficientes tanto fibra, como vitaminas y sales minerales. Éstos son los requisitos generales para que el metabolismo energético y estructural del deportista de resistencia funcione perfectamente.

Los puntos que enumeramos a continuación lo detallan:

– Los triatletas siempre deben procurar mantener el peso ideal. Mientras que antes se daban fórmulas generales para determinar este peso, hoy en día también se tiene en cuenta la constitución individual, que siempre es muy variable, p. ej. existen los tipos atléticos y los leptosomáticos. Sin embargo, la guía más segura son las determinaciones de la grasa corporal. La cuantía de grasa corporal total que forma parte de la masa corporal contituye la medida determinante para decidir sobre cuál es el peso ideal del atleta. Las mediciones mediante los pliegues de la piel hacen muy sencilla la determinación de la cantidad de grasa corporal. Por tanto, el médico debería medir la proporción de grasa unas dos o tres veces al año.

– Hay que procurar aportarle al organismo unos alimentos equilibrados en cuanto a su valor energético y alimenticio. Es decir, también deben incluirse en la alimentación y en cantidades suficientes aquellos aminoácidos necesarios para la vida y que el cuerpo mismo no puede producir (proteínas), las grasas poliinsaturadas, así como vitaminas y sales minerales.

– Los componentes principales de la alimentación humana son los hidratos de carbono, las grasas y las proteínas. Lo más adecuado para un deportista de resistencia es que se encuentren en una proporción de 60 / 20 / 20. En el período de preparación, la proporción de proteínas debería ser del 25 al 30%. Hay que darles preferencia a las proteínas de procedencia vegetal. El contenido en grasas de los alimentos no debe ser nunca menor al 15%. Solamente así se asegura una regeneración regulada hormonalmente.

– Las necesidades caloríficas diarias también deben ser correctas. Cuando se realiza un trabajo físico bajo, es de 2600 kcal en el hombre y de 2200 kcal en la mujer. A ellas hay que sumarles las calorías que se consumen en el entrenamiento deportivo. Los deportes que forman parte del tritalón consumen las calorías que se muestran el la tabla 26.

– Hay que tener mucho cuidado con los alimentos para deportistas que dicen ser especialmente efectivos. No siempre contienen lo que prometen y suelen ser muy caros.

Actividad	kcal/min	kj/min
Carrera 12 km/h	11,4	47,9
15 km/h	13,1	54,8
Ciclismo aprox. 30 km/h	8,0	37,6
Natación (esfuerzo medio)	11,0	46,2
Ejercicios gimnásticos de fuerza	5,0	20,9

Tabla 26: Consumo de energía en el entrenamiento de triatlón

– Cuando las amplitudes y las intensidades de entrenamiento son importantes, puede ser necesario un aporte adicional de nutrientes (sustitución). Nos referimos al magnesio y al hierro. En los vegetarianos se trata de la vitamina B 12 y la carnitina.

Para el deportista de resistencia es importante que observe una alimentación rica en hidratos de carbono para poder desarrollar el máximo rendimiento. Las ventajas que ello supone se recogen a continuación.

Ventajas de una alimentación rica en hidratos de carbono en el deporte de resistencia
(Fuente: Hamm, N., Fitnessernährung, Rowohlt Taschenbuch Verlag, Reinbeck 1990)
1. Se retrasa la aparición de la fatiga y el agotamiento.
2. Se evita una bajada demasiado temprana y marcada del nivel de glucógeno muscular, del azúcar en sangre y con ello la capacidad de rendimiento mental permanece estable por más tiempo.
3. Se producen trasformaciones inequívocas del contenido de plasma de los aminoácidos.
4. Se evita una entrada temprana de los aminoácidos en el metabolismo (catabolismo proteico), observable por la falta de aumento de nivel de ácido úrico en la sangre después del esfuerzo.

5. El aumento de la proporción de amoniaco en la sangre después de un esfuerzo intensivo es menos marcado, ya que los fosfatos ricos en energía no suelen agotarse al máximo.
6. La fase de regeneración es más corta.

Consejos para observar una alimentación rica en hidratos de carbono y al mismo tiempo equilibrada

Aumento del consumo de alimentos ricos en hidratos de carbono y pobres en grasas, como productos hechos a base de cereales integrales (pasta, arroz, copos de avena, pan), patatas, verdura y fruta. El pan no debería acompañarse con productos de alto contenido en grasa. El pan tiene mucho sabor y es rico en proteínas cuando se unta con requesón acompañado de trozos de manzana, plátano o kiwi.

- Enriquecimiento de las bebidas y comidas con concentrados de hidratos de carbono, como son la maltodextrina y el almíbar.
- Variedad de tentempiés, como fruta, galletas integrales y otros productos ricos en hidratos de carbono sobre la base de los cereales, frutos secos (sin grasa) y azúcares.
- Preparación de comidas ricas en hidratos de carbono como son las ensaladas de fruta y el pudding con almíbar.

Los deportistas de resistencia necesitan una alimentación rica en hidratos de carbono. Solamente así conseguirán la necesaria energía para el entrenamiento y la competición.

Bebidas

Todo deportista de resistencia sabe que la falta de agua en el organismo produce importantes pérdidas de rendimiento e incluso lesiones en la salud. Ya una perdida de líquido del uno al cinco por ciento, de acuerdo con el peso corporal, produce sed, cansancio, debilidad y malestar. Cuando sobrepasa el diez por ciento, la situación pone en peligro la vida. La reposición a tiempo del líquido perdido es algo necesario en el entrenamiento y aún más durante la competición para poder mantener las funciones vitales del cuerpo. ¿Qué hay que tener en cuenta?

– Lo determinante a la hora de reponer el líquido perdido es menos la bebida en sí que la cantidad y lo agradable de la bebida.

– La sensación de sed no es una medida exacta sobre la cantidad de líquido necesaria que hay que beber en el entrenamiento y durante la competición. A menudo, la sensación de sed aparece demasiado tarde. El deportista debería acumular «experiencias sobre el beber» para saber cuándo debe beber y echar mano a tiempo de la botella. Ello depende de la temperatura, la humedad del aire y la altitud.

– A menudo se infravalora la sudoración durante el entrenamiento y la competición. Cuando se realiza un esfuerzo que se prolonga a lo largo de dos horas se pierde un litro o litro y medio de líquido a través del sudor. Esto también es el límite máximo del líquido que se puede beber. Quien beba demasiado tarde tendrá problemas.

– La eliminación de sodio a través del sudor (costra de sal en la cara si el esfuerzo es muy prolongado) se repone rápidamente por el cuerpo, ya que muchos alimentos contienen sal. Tomar comprimidos de sal durante y después del esfuerzo no es necesario. Perjudican más que benefician.

– En los esfuerzos de hasta una hora de duración es suficiente con tomar agua o té. Si los esfuerzos son más prolongados, se recomiendan las bebidas con hidratos de carbono (p. ej. zumos de fruta rebajados). Ello ayuda a evitar que el nivel de azúcar baje excesivamente.

Solamente en los triatlones largos y medios son aconsejables las bebidas con electrólitos. La concentración de la bebida debería ser menor que la concentración de la sangre (bebidas hipotónicas), para así hacer posible la rápida absorción del líquido desde el intestino a la sangre. Si la concentración es excesiva (bebidas hipertónicas) el proceso se desarrolla en sentido inverso. El líquido sale del intestino, con lo cual la sangre se concentra aún más.

– Después de realizado el esfuerzo prolongado se trata de llenar de nuevo los depósitos de glucógeno. Las bebidas que contengan hidratos de carbono y potasio, por ejemplo, los zumos de fruta o también uno o dos vasos de cerveza, desempeñan esta función a la perfección. La cantidad de líquido que debe ingerirse está regulada suficientemente por la sed.

> Durante largo tiempo fue costumbre mandar a los deportistas de resistencia «deshidratados» a la competición, para evitar una carga adicional y disminuir al mínimo los procesos metabólicos. Esta práctica disminuye notablemente la capacidad de rendimiento del deportista. Por tanto - ¡no tomar la salida estando sediento!

CUIDADOS MUSCULARES

El entrenamiento –especialmente el fortalecimiento de la musculatura– ha sido tema de la ciencia del deporte durante decenios. Bajo la consigna de «más rápido, más alto, más lejos» se sacó mucho del músculo por medios legales y lamentablemente también ilegales. Entonces es cuando se realizan esfuerzos, que en la vida cotidiana solamente realizan las máquinas, y se alcanzan velocidades, con las cuales también tienen problemas los mamíferos especializados. ¿Qué caballo puede, por ejemplo, recorrer una distancia de 42, 195 km en 2 horas y 7 segundos? También en el triatlón, las diferencias entre los primeros son cada vez menores. Este desarrollo del rendimiento es consecuencia del entrenamiento deportivo.

En este aumento de la fuerza, se reconoció relativamente tarde que los músculos son unos órganos muy sensibles que también necesitan recuperarse, relajarse y recibir cuidados. En caso contrario, son propensos a sufrir lesiones y pierden eficiencia. Las distensiones, los desgarros musculares, las roturas, los calambres, solamente son consecuencia del sobreesfuerzo muscular. Por tanto, el entrenamiento muscular debe contemplar las pausas, la recuperación y la profilaxis, como ocurre con el entrenamiento cardiovascular. En el entrenamiento intensivo, como es el entrenamiento de fuerza o de velocidad, el deportista enseguida se da cuenta de la necesidad de recuperación de los músculos.

Los dolores musculares son una señal inequívoca. Más difícil de reconocer es el sobresfuerzo cuando se realiza un trabajo muscular durante un tiempo prolongado y a baja intensidad, tal y como ocurre en el triatlón. Por esta razón es necesario que el triatleta lleve a cabo unos «cuidados musculares». ¿Cuáles son los métodos más indicados?

Estiramiento de los músculos

Según los conocimientos de la fisiología muscular, después de un entrenamiento de fuerza, o bien después de esfuerzos fuertes y prolongados, se produce un residuo de la contracción. Aparece un acortamiento de la musculatura y un aumento del tono muscular. A la larga, la consecuencia es una mayor carga sobre los tendones y las articulaciones, así como procesos inflamatorios y degenerativos del tejido muscular producto de la tracción constante. En consecuencia aparecen dolores musculares y articulares, desgarros de las fibras musculares y distensiones.

Estos fenómenos pueden evitarse estirando los músculos de forma sistemática y al mismo tiempo fortaleciendo los antagonistas de estos mismos músculos. De esta forma se recupera el equilibrio de estos músculos que se complementan mutuamente.

Los acortamientos musculares aparecen en el triatleta especialmente en la zona de la musculatura de trabajo que utiliza en especial, es decir :
 – la musculatura de la pantorrilla,
 – la musculatura anterior y posterior del muslo,
 – los flexores de la cadera y
 – la musculatura extensora de la espalda.

A ellos se suma la musculatura relativamente débil de abdomen y nalgas. Los acortamientos de la musculatura deben evitarse por medio del estiramiento. Sin embargo, en los ejercicios de estiramiento existe una dificultad: el músculo estirado reacciona ante una extensión importante con una contracción, en el sentido de un reflejo de protección. Por esta razón, en los ejercicios de estiramiento debe procurarse mantener esta tensión contraria al mínimo, o bien «engañar» al músculo.

Métodos de estiramiento muscular:
 – estiramiento repetitivo,
 – estiramiento permanente,
 – estiramiento postisométrico (estiramiento después de una tensión previa).

 – En un método repetitivo es importante realizar los movimientos a un ritmo medio a lento (movimientos controlados). En ningún caso debe hacerse de forma brusca, ya que de lo contrario el reflejo de protección del músculo evita que el estiramiento desarrolle toda su efectividad.

Indicaciones sobre la dosificación:
10-20 repeticiones cada ejercicio
40-60 repeticiones totales por cada grupo muscular principal en cada unidad de entrenamiento.

El estiramiento debe permanecer claramente por debajo del límite del dolor.

 – El método permanente puede llevar hasta el límite del dolor. Naturalmente que hay que conservar una cierta sensación subjetiva de bienestar mientras se realiza. La postura de estiramiento adoptada debe mantenerse durante 10 a 30 segundos y puede repetirse de 4 a 8 veces por cada grupo muscular.

- El estiramiento postisométrico goza de la mayor efectividad. Con él se «engaña el reflejo protector del músculo. Este método de estiramiento se basa en el conocimiento fisiológico que un músculo que ha realizado un esfuerzo anterior se da cuenta más tarde de la tensión de estiramiento a la que se ve sometido. El principio fundamental es el siguiente: contracción - relajar - estirar. El calor muscular generado por la contracción isométrica tiene un efecto positivo sobre el estiramiento juntamente con la eliminación del reflejo de protección. Además, gracias al esfuerzo isométrico, la musculatura se ve fortalecida. Con este método, se logra al mismo tiempo el fortalecimiento y el estiramiento del músculo. El músculo es tensado isométricamente durante 10 a 30 segundos, seguidamente se relaja durante 2 a 3 segundos y a continuación es estirado durante el mismo tiempo que ha sido tensado (10-30 segundos).

El estiramiento muscular no es adecuado para los músculos que se han visto dañados anteriormente. Más bien forma parte del entrenamiento de fuerza y de resistencia. El triatleta deberá dedicarle a cada unidad de entrenamiento entre 10 y 15 minutos. Este tiempo no está perdido, sino que forma la base de un trabajo de entrenamiento continuado y no interrumpido por las lesiones musculares.

> Un estiramiento muscular adecuado forma parte del entrenamiento tanto como el cepillarse los dientes lo es de la higiene personal. Cada unidad de entrenamiento debería contener un programa de estiramiento de al menos 10 minutos.

Relajación de los músculos

Los músculos sufren contracturas más a menudo de lo que se imagina el atleta. Las contracturas ya aparecen en la vida cotidiana. Cuántas veces se habrá sentado al volante de su coche con los músculos tensos, y no es infrecuente que las notemos cuando estamos sentados o de pie. En el deporte, las contracturas se convierten en un impedimento a la hora de rendir. Siempre se trata de adecuar la tensión muscular al trabajo que debe realizarse. Ello es muy difícil de conseguir en el deporte y requiere un buen control de los movimientos. La exactitud, la efectividad y la elegancia de un movimiento solamente se consiguen con la musculatura relajada.

Por esta razón, el atleta debe aprender primero a sentir el aumento y la disminución de la tensión muscular. Ello puede aprenderse de forma sistemática. El fisiólogo norteamericano Jacobsen ha desarrollado un método para conseguirlo. En una situación completamente relajada (en un sillón cómodo y una habitación silenciosa) se tensan al máximo y uno tras otro los músculos más importantes, que posteriormente serán totalmente relajados. Se comienza por la musculatura de los brazos, después se pasa a los músculos de la cara y se termina con la musculatura de tronco y piernas. De esta manera, el atleta desarrolla una sensibilidad para determinar el grado de tensión muscular. La duración diaria de este ejercicio es de unos diez minutos. Al cabo de unas semanas, el deportista está en condiciones de saber exactamente cuál es la tensión de sus músculos tanto en la vida diaria y en el deporte, además de poder controlarla. La técnica de la relajación muscular no conlleva una relajación de la psique y el espíritu. La conciencia permanece despierta en todos los ejercicios.

MEDIDAS FISIOTERAPÉUTICAS

Masaje

Un método que ha demostrado ser muy efectivo para alcanzar la relajación muscular y la relajación general del cuerpo después de importantes esfuerzos es el masaje. Esta fisioterapia es fácilmente dosificable según el método especial utilizado y no es necesario que lo realice siempre un especialista. Si se conocen los campos de su aplicación y se aprenden las maniobras adecuadas, indudablemente que se puede llevar a cabo un masaje razonable y que contribuye a la higiene personal - tanto en uno mismo como en los demás.

En especial queremos mencionar el masaje con cepillos o bien el masaje en seco, que es muy adecuado cuando se produce una sobreexcitación vegetativa. Si se lleva a cabo de forma regular, el masaje con cepillos consituye un entrenamiento para los vasos sanguíneos. Para hacerlo se necesita un cepillo con unas cerdas animales o vegetales lo más fuertes posible.

En este tipo de masaje, como en otros tantos, se comienza en un punto alejado del corazón. Primeramente se cepillan los pies y las plantas de éstos y se pasa a los muslos, las caderas, el vientre y las nalgas. A continuación se frotan los antebrazos y los brazos, el pecho, los hombros y la espalda. Este cepillado en seco puede ser complementado a continuación con un lavado con agua fría. Por medio del cepillado se consigue un calentamiento (es decir, una dilatación de los vasos sanguíneos), mientras que el lavarse con agua fría hace que los vasos y la piel se contraigan.

En el masaje llevado a cabo con las manos, la persona que tenga práctica puede realizar rozamientos superficiales y sacudidas de la musculatura. Se empieza, por ejemplo, por las pantorrillas utilizando las yemas de los dedos de ambas manos, pasando desde los talones hasta la cara posterior de las rodillas. Para ello se sujetan ambos lados de la pantorrilla y a continuación más concretamente la musculatura de la pantorrilla. De forma similar se actúa sobre el muslo. Si se realiza correctamente se observará un ligero enrojecimiento de la piel en las zonas tratadas.

Las sacudidas pueden producir una relajación intensiva y profunda de la musculatura y produce una agradable sensación de relajación.

Sauna

La sauna finlandesa tiene sus ventajas para el deportista, ya que sirve como medio para endurecerse y de profilaxis para los resfriados. También ayuda a estimular la circulación sanguínea y a relajar la musculatura. Los estímulos producidos por el calor y el frío son un medio ideal para entrenar los vasos sanguíneos. El triatleta utilizará la sauna principalmente en invierno. Bañarse en una sauna también se recomienda durante la temporada de competición. Sin embargo, no es conveniente acudir a una justo antes de una competición, ya que en una sauna se desequilibra el nivel de líquido corporal e influye sobre la regulación de la temperatura corporal.

Baños y duchas

Todo el mundo sabe que la ducha tiene un efecto relajante y tonificante después de una agotadora competición. Otras formas de la aplicación de de agua pueden llevarse a cabo casi en todas partes sin ningún problema. Son tratamientos de estimulación frente a los cuales el organismo responde de una forma más o menos acentuada. Los aplicaciones de agua caliente dilatan los vasos sanguíneos. Se produce entonces un aumento de la cantidad de sangre en circulación. El deportista tiene entonces la posibilidad de eliminar con mayor rapidez los productos resultantes del metabolismo.

La contracción de los vasos bajo la piel se produce, por el contrario, por medio de agua fría. Sin embargo, ésta solamente es la primera reacción. Al cabo de poco rato se tiene una sensación de calor, lo cual viene acompañado de una dilatación de los vasos. Las duchas que alternan el agua caliente y el agua fría aumentan la irrigación sanguínea con la mayor rapidez. Además, este procedimiento endurece. En los baños, este efecto puede acentuarse con la utilización de productos especiales para el baño.

Cuando se ha terminado un tratamiento a base de agua, el cuerpo será frotado vigorosamente. Ello supone un masaje para los vasos sanguíneos y evita enfriamientos, y, por tanto, también resfriados. Las duchas frías es mejor llevarlas a cabo con una manguera. Se recomiendan para tratar determinadas zonas. La ducha provoca una reacción muy fuerte que al principio produce una ligera sensación de dolor, que pronto desaparece y da paso a una agradable sensación. Las duchas frías tienen unos efectos especialmente fuertes sobre la circulación sanguínea y el metabolismo. Se recomiendan principalmente después de una aplicación de agua caliente. Las duchas no solamente aceleran la recuperación física, sino que actúan como vivificante de «la mente y el espíritu».

RECUPERACIÓN ACTIVA

Se ha demostrado que después de realizar un esfuerzo deportivo, la recuperación activa juega un papel muy importante. En este punto debe entenderse aquella recuperación que se lleva a cabo por medio de un trabajo muscular ligero y diferente al que se requiere en la disciplina deportiva practicada previamente. Las formas de la recuperación activa en el deporte son muy variadas. Existen muchas actividades deportivas que son adecuadas. La práctica de la recuperación, sin embargo, se concentra principalmente en ciertas formas muy escogidas. Entre los medios deportivos se suele tratar de juegos, deportes acuáticos y recorridos turísticos. En primer lugar se trata de elegir aquellas formas que requieran otras capacidades y habilidades que en el triatlón y que se lleven a cabo a una intensidad a poder ser baja (p. ej. carreras de oxígeno, paseos en bicicleta; juegos que exigen una técnica para el manejo del balón).

REGENERACIÓN PSÍQUICA

La relajación muscular forma parte sobre todo de la regeneración física, aunque tenga también efectos relajantes sobre la psique. Para la relajación psíquica existen una serie de métodos especiales. El triatleta debería familiarizarse con estas técnicas y aprenderlas de forma que en todo momento esté en condiciones de relajarse y de concentrarse en una tarea determinada.

Entrenamiento autógeno

La finalidad del entrenamiento autógeno consiste en aprender a adoptar conscientemente un estado de tranquilidad en una situación de estrés y por medio del entrenamiento aumentar este proceso de regulación de tal forma que el organismo se encuentre mejor preparado para enfrentarse a los esfuerzos más variados. Por tanto, se trata de influir a voluntad sobre los procesos involuntarios de nuestro organismo (p. ej. frecuencia cardíaca, respiración, estados nerviosos).

Desde el punto de vista metodológico, el entrenamiento autógeno se basa en unos niveles de habilidad que aumentan gradualmente. Pero ya que el entrenamiento de relajación solamente se domina dedicándole un cierto tiempo, este aprendizaje debería llevarse a cabo bajo el control de un especialista, por lo menos hasta que se haya superado el nivel más bajo. Aquí se aprende a dominar la serie de palabras ¨tranquilidad - pesadez - calor - corazón y respiración tranquilos - vientre caliente - frente fría» para poder conseguir una relajación suficiente. Quien domine esta habilidad podrá beneficiarse ampliamente de las ventajas del entrenamiento autógeno y está en condiciones de aprender otras técnicas posteriormente.

Hipnosis

En Estados Unidos, hace tiempo que la hipnosis es considerada uno de los métodos de relajación más serios. Incluso existen cursos para una hipnosis "do-it-yourself". Primero se aprende a relajarse y seguidamente cómo se cae en un estado hipnótico sin ayuda externa.

Escuchar música como técnica de relajación

Seguramente todo el mundo ha comprobado el efecto relajante de la música. Los psicólogos han conseguido determinar qué música es la más adecuada para conseguir ciertos tipos de relajación.

Relajación por medio del control de la respiración

La excitación trastorna la profundidad y la frecuencia respiratoria. Por el contrario, también es posible influir sobre estados de excitación gracias a una respiración controlada. Se trata de un hecho ya conocido y que ya aplicamos insconscientemente, por ejemplo, cuando inspiramos tres veces profundamente antes de dar comienzo a una acción o antes de hablar.

La meditación

La meditación aumenta la capacidad de relajarse y al mismo tiempo de concentrarse. Por ello, los defensores de la meditación dicen que alcanzan un estado espiritual-mental que les despierta por completo, hace que vivan el mundo de forma totalmente consciente, pero también les permite actuar de forma espontánea. Todo ello son fenómenos que también vive el atleta cuando está en plena forma. Además, las técnicas de meditación también surten efectos sin que uno se sienta unido a una doctrina filosófica o religiosa.

Sin embargo, la meditación es una técnica que solamente lleva a un determinado estado de conciencia con mucha paciencia, trabajo y autodisciplina; solamente entonces tiene alguna efectividad para el atleta.

El yoga

Muchos atletas se preguntarán, qué significación tiene el yoga oriental para un deporte moderno. El yoga apareció cuando aún no se podía ni imaginar que algún día existiría el deporte occidental y el concepto de deporte de resistencia no tenía absolutamente ningún significado. Si se dejan de lado las interpretaciones histótrico-culturales del yoga y nos concentramos en su ejercicios, se podrá comprobar que el yoga también puede enriquecer el proceso de entrenamiento del triatleta. Se trata de experiencias y conocimientos dirigidos a la regulación consciente de las funciones locomotoras, sensoriales, vegetativas y psíquicas, es decir, de sistemas muy amplios de autocontrol. El yoga y la meditación forman una unidad en muchos aspectos y persiguen fines similares.

Para el triatleta puede ser muy ventajoso el dominio de ciertas técnicas del yoga, ya que de esta forma puede tener acceso directo con su interior y puede influir de forma consciente sobre algunos procesos fisiológicos. Determinados procesos de regeneración pueden ser controlados de manera especialmente intensiva.

> El triatleta debería dominar alguna técnica de relajación mental. No es en absoluto importante cuál de las técnicas elige.

HERIDAS Y LESIONES

Aunque el triatlón no ocupa los primeros puestos en cuanto a deportes que producen gran número de lesiones, el triatleta no está exento de sufrir heridas y lesiones por sobreesfuerzo. Al fin y al cabo, nos encontramos ante un deporte en el cual deben dominarse velocidades relativamente altas y, además, la estancia prolongada en aguas abiertas y la gran duración de la competición conllevan un mayor número de posibilidades de riesgo.

Hasta el momento se dispone de pocas estadísticas sobre las lesiones producidas durante las competiciones de triatlón y el entrenamiento. Sin embargo, se sabe que las lesiones de la musculatura, los derrames articulares y las heridas en la piel son las afecciones que con mayor frecuencia deben tratarse. En las lesiones por sobresfuerzo suele tratarse de desequilibrios musculares, lo cual afecta al atleta. Las infecciones ocupan el primer lugar de las enfermedades padecidas. Aquí los triatletas están expuestos a los mismos riesgos que los demás deportistas de resistencia.

Lesiones por sobrecarga

Un mayor volumen del entrenamiento, una mayor intensidad y una regeneración insuficiente son por regla general las causas de las lesiones por sobreesfuerzo. En su mayor parte afecta al tejido conectivo y de sostén. El deportista siente dolor en el aparato locomotor, pero no puede hacer responsable de ello a ninguna lesión aguda. En la mayor parte de los casos es suficiente con interrumpir el entrenamiento durante un tiempo breve. Para el triatleta es muy fácil ya que puede cambiar a otro deporte que no le produzca molestias en la zona del cuerpo que tiene lesionada. Cuando disminuye el esfuerzo suelen desaparecer los síntomas con rapidez.

Si los dolores y las molestias perduran es imprescindible consultar a un médico. Puede tratarse entonces de desequilibrios musculares, posturas incorrectas de la columna vertebral o de las articulaciones, deformaciones del pie, así como inflamaciones de los tendones y las bolsas sinovias. El intento de curar estas dolencias con medios propios suele tener como consecuencia una prolongación del tiempo de tratamiento.

Las lesiones por sobrecarga pueden disminuirse en gran parte si el triatleta tiene en cuenta los siguientes puntos:

– Las posturas incorrectas del aparato locomotor deben ser tratadas por un ortopedista.

– Debe llevarse a cabo el tratamiento a tiempo o bien deben evitarse los desequilibrios musculares desarrollando un entrenamiento metódico.

– El ajuste de la bicicleta deben realizarlo los expertos. Las medidas de la bicicleta deben estar de acuerdo con las proporciones anatómicas del atleta.

– La elección del calzado para correr y quizás de las plantillas debe hacerse siguiendo el consejo del ortopedista. El análisis de las técnicas de carrera debe realizarse por medio de las técnicas de vídeo y las mediciones del esfuerzo.

– Deben llevarse a cabo ejercicios de estiramiento y relajación en cada unidad de entrenamiento.

– Hay que aprovechar los «medios de recuperación» después de realizar un entrenamiento intensivo y participar en una competición (masaje, baños, recuperación activa).

Si las molestias no remiten, debería aprovecharse el largo descanso de competiciones que hay en invierno para resolver estos problemas. Como todos los deportistas de resistencia, los triatletas deben consultar a un médico que tenga experiencia personal al menos en una de las modalidades deportivas. Solamente él podrá ponerse en la situación psíquica del atleta que en determinadas circunstancias debe interrumpir durante un cierto tiempo la práctica de un deporte.

Lesiones agudas y enfermedades

Natación

Las lesiones agudas son infrecuentes en la natación. Sin embargo pueden aparecer:

– Microlesiones en la región de hombros y brazo, especialmente cuando se nada crol. Por ello, el atleta debe cambiar de técnica en el entrenamiento y, por ejemplo, preferir la braza o la espalda.

– Hongos en los pies. Los nadadores que se ven forzados a entrenar en piscinas cubiertas –naturalmente, sobre todo en invierno– sufren a menudo de hongos en los pies. Deberían consultar con un dermatólogo y no prolongar el proceso de curación tratándose ellos mismos.

– Conjuntivitis. Por el tratamiento del agua con ozono y cloro se producen a menudo irritaciones de la conjuntiva. El uso de unas gafas que no dejen penetrar el agua disminuye el contacto con el agua, con lo cual se puede limitar el daño producido en los ojos.

Ciclismo

En el ciclismo se adoptan unas posturas y unos movimientos específicos y desacostumbrados que frecuentemente producen molestias. Se trata de dolores de espalda al sentarse, así como de lesiones en las articulaciones de las rodillas.

– Dolores de espalda. La postura sobre la bicicleta produce frecuentemente dolores de espalda. La razón suele estar en unos músculos dorsales y lumbares no fortalecidos suficientemente. El entrenamiento de fuerza en el período de preparación tiene, entre otras, la finalidad de hacer que esta musculatura sea flexible y fuerte. Los ejercicios de fuerza, con o sin aparatos, y especialmente los ejercicios de estiramiento pueden servir de prevención.

Si estos dolores aparecen en el entrenamiento de ciclismo se deberá subir el manillar aproximadamente unos 2 cm, lo cual descargará la espalda. Las molestias en la espalda también aparecen cuando se cambia del manillar clásico al de triatlón. Al principio de la fase de cambio el atleta solamente podrá adoptar la nueva postura durante pocos minutos. Los cambios frecuentes de la postura baja a la alta también sirven para evitar sobrecargas.

– Molestias al sentarse. Son principalmente los principiantes los que sufren de este tipo de molestias. El masaje con pomadas, un cuero suave en el pantalón de ciclismo y una dureza adecuada del sillín de la bicicleta disminuyen las molestias. A menudo estos dolores se producen porque la presión que se ejerce sobre la musculatura más profunda es desacostumbrada. La mejor profilaxis es un entrenamiento sistemático y comenzar recorriendo distancias cortas.

– Dolores de rodillas. Las molestias en las rodillas son una de las más frecuentes entre los ciclistas. La razón suele estar en que se pedalea con una fuerza excesiva, es decir, el desarrollo es demasiado alto. Otra razón debe buscarse en el hecho de que tanto las rodillas como las piernas no se mantienen lo suficientemente calientes. Cuando la temperatura es baja, el atleta siempre debería llevar pantalones largos. Si se detectan inflamaciones de las bolsas sinovias, es necesario observar un reposo total y seguir un tratamiento médico.

– Dolores en la región del tendón de Aquiles. Por razones similares como en el caso de las rodillas, también en la zona del tendón de Aquiles aparecen inflamaciones. También aquí el calor es la mejor medida preventiva. Unos calcetines calientes y unos zapatos de ciclismo altos y forrados, así como los desarrollos cortos son la mejor prevención para las inflamaciones de este tendón.

– Sinusitis. El peligro de sufrir de sinusitis es especialmente importante cuando se está resfriado. Cuando sufre de resfriado y cuando el frío es húmedo, el atleta debería renunciar a la prueba de ciclismo.

Carrera

Las lesiones del corredor se localizan por lo general en la zona de la rodilla y el tendón de Aquiles.

– Dolores de rodillas al correr. Los problemas más comunes en las rodillas se producen por la enfermedad de Hoffa, en la cual se trata de una inflamación del cuerpo graso que se encuentra entre la rótula y la cabeza de la tibia que a menudo se confunde con una lesión del menisco o con artrosis. El diagnóstico no debería hacerlo el deportista mismo, sino permitir que lo haga un deportista con experiencia.

– Inflamación del tendón de Aquiles. De forma similar al caso del ciclista, cuando se somete a un sobresfuerzo, el tendón de Aquiles se inflama. Este tendón produce fuertes dolores y es sensible a la presión. Las molestias pueden ser tan fuertes que impiden correr durante semanas si no se aplica un tratamiento. Las razones de esta inflamación suelen ser posturas incorrectas del pie, propiciadas por un calzado inadecuado o un peso corporal excesivo.

Los atletas que a menudo tengan problemas con el tendón de Aquiles deberían hacer algo a este respecto a tiempo.

Estas dolencias pueden ser evitadas cambiando de calzado con frecuencia, corriendo por lugares variados y una ligera elevación de los talones (p. ej. por medio de plantillas).

TRASTORNOS ORGÁNICOS A CAUSA DEL CALOR

En los últimos años se ha producido un aumento de las noticias acerca de las fatales consecuencias de la participación de los deportistas en competiciones bajo un gran calor. El triatlón no se ha librado de estos acontecimientos. Entre las «enfermedades del calor», que son de importancia para el triatlón, destacan los calambres y el agotamiento por calor y la insolación.

Calambres por calor

Los calambres producidos por el calor afectan principalmente a los músculos de trabajo del deporte en cuestión y se caracterizan por las contracciones dolorosas e involuntarias de los músculos. En el triatleta suelen ser los músculos de las pantorrillas, pero también se ven afectados los músculos de los muslos. Las causas exactas que producen estos calambres no se han establecido todavía. Parece tratarse de un cúmulo de razones, entre las cuales destacan la deshidratación intercelular, la deficiencia de ciertas sales minerales y el recalentamiento local. El calambre también es provocado por movimientos repentinos y espontáneos, p. ej. un resbalón, un tropiezo, una torcedura. Los calambres por calor suelen aparecer despúes de un esfuerzo prolongado. El triatleta corre el mayor peligro de sufrirlos al final de la prueba de ciclismo y durante la de carrera.

El tratamiento del calambre se hace a base del estiramiento de la musculatura afectada. El aporte de líquidos enriquecidos con sales minerales puede ayudar al tratamiento.

Agotamiento causado por el calor

En el deporte, el agotamiento causado por el calor en la mayoría de los casos es consecuencia de la pérdida de líquido, a menudo en combinación con una deficiencia de cloruro sódico. En las competiciones de triatlón es bastante común. El agotamiento aparece cuando se ha perdido líquido en una cantidad equivalente al 2% de la masa corporal. Ello conlleva una disminución del rendimiento y en casos extremos graves trastornos de salud.

Los calambres, la disminución de la frecuencia cardíaca y de la presión sanguínea o el colapso son signos de un agotamiento por calor. Existe el peligro de sufrir una insolación.

Este proceso puede evitarse si se toma la cantidad de agua suficiente durante toda la competición.

Cuando se finaliza una competición deportiva de larga duración en condiciones de calor extermo, la recuperación de la homoestasis es un requisito general en interés de una recuperación rápida y de la capacidad de seguir realizando un esfuerzo.

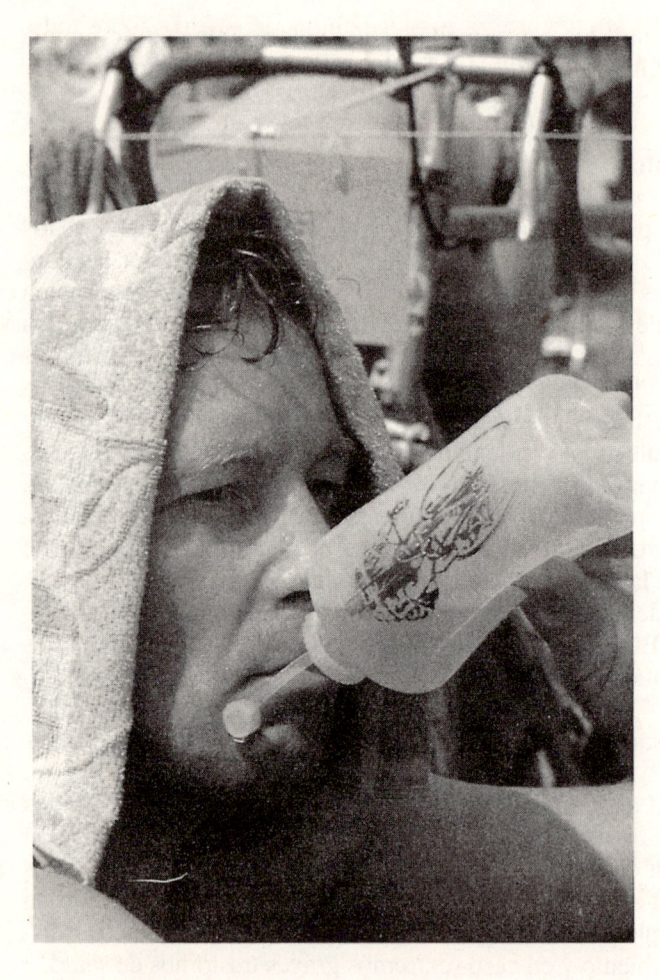

*Beber mucho también
después de la
competición - hasta que
desaparezca la sed*

Un aumento gradual y prolongado de la temperatura corporal y un déficit de líquido en el organismo mantenido durante cierto tiempo retrasan los procesos de recuperación.

Insolación

Si el esfuerzo se mantiene durante largo tiempo bajo temperaturas extremadamente altas, se han conseguido las condiciones para sufrir una insolación relacionada con el esfuerzo y que podría decirse que es algo típico del triatlón. El atleta corre el mayor peligro de sufrirla sobre todo en la prueba última de la carrera. En los ciclistas, este peligro es menor gracias a la brisa que se produce cuando se rueda.

Los factores causantes de la insolación son: altas temperaturas ambientales, alto grado de humedad del aire, fuerte insolación y poco movimiento de aire. También la ropa del deportista juega un cierto papel ya que no permite una pérdida de calor.

Otras circunstancias aumentan el riesgo de sufrir una insolación: falta de aclimatización cuando se produce un cambio de tiempo repentino de frío a calor, mal estado de entrenamiento, cansancio, falta de sueño, enfermedades con fiebre, convalescencia después de infecciones, reacciones a las vacunas, quemaduras producidas por el sol que cubren una amplia zona, enfermedades crónicas, medicamentos, alcohol, comida abundante ingerida poco tiempo antes.

Los síntomas de una insolación incipiente son la inestabilidad emocional, la irritabilidad y la agresividad, o también la apatía total. Además se produce confusión mental. El deportista se siente inseguro de pie y se tambalea. Puede estar confuso, ausente y desorientado. Puede ocurrir que tome una dirección equivocada. También aparecen fatiga, dolores de cabeza, mareos, a veces náuseas y vómitos. El pulso es imperceptible y rápido, y la presión sanguínea más baja de lo normal.

El tratamiento de la insolación depende de su diagnóstico rápido y requiere una inmediata disminución de la temperatura. La medidas activas de enfriamiento son de especial importancia. El tratamiento básico de la insolación se puede definir con los conceptos de «mojado, plano, fresco».

El deportista debe ser colocado a la sombra, mejor en una habitación fresca y si es necesario, liberado de la ropa que le oprima. Se recomienda mantener un cierto aislamiento para que no se irrite. El paciente debe ser refrescado con agua y ser tapado con paños fríos y mojados. Debería friccionarse la piel. Un movimiento de aire, por ejemplo, con un abanico, también produce un refrescamiento.

Debe cuidarse de que el verdadero tratamiento sea realizado por un médico lo antes posible.

NADAR EN AGUAS ABIERTAS FRÍAS

En los principios de la edad del triatlón, la natación suponía un problema adicional para los deportistas. A menudo se entraba sin el traje de neopreno en aguas a temperaturas inferiores a los 16 grados. No es de extrañar que pocos disfrutasen con ello. «Los triatletas son los más duros» se solía decir en los círculos deportivos. Cuando se introdujo el traje de neopreno y se mejoró el reglamento se mejoraron también las condiciones para el tipo atlético que no está recubierto por una capa de grasa.

Sin embargo, hoy en día siguen persistiendo los problemas con el agua fría. ¿Por qué?

La capacidad de transmitir calor del agua es 25 veces mayor que la del aire. Por ello el nadador pierde mucho calor. Incluso cuando se encuentra a 20 grados el cuerpo no puede equilibrar la pérdida de calor, lo cual tiene como consecuencia una pérdida de calor continua, que comienza en la periferia y que en casos extremos también puede afectar la temperatura interior del cuerpo. Este proceso es muy rápido en temperaturas inferiores a los 15 grados y se acelera cuando se nada (agua que pasa a los lados del cuerpo).

Sin embargo, las personas que se bañan en agua fría demuestran que es posible acostumbrarse al frío. A pesar del traje del neopreno, el triatleta debería aprovechar esta posibilidad de adaptabilidad biológica. Ya que una mayor adaptación al frío conlleva un aumento del tejido adiposo subcutáneo, este entrenamiento tiene sus límites para los atletas.

Para evitar daños para la salud, el triatleta no debe nadar en aguas a una temperatura inferior a los 15 grados. En temperaturas inferiores a los 17 grados no debe nadarse más de 1000 metros, si son superiores a los 20 grados se pueden recorrer distancias mayores. Estos límites también deben considerarse una recomendación para el entrenamiento y para los nadadores que llevan un traje de neopreno.

En caso de hipotermia, el nadador debe salir del agua inmediatamente y taparse con mantas calientes. El tratamiento posterior debe llevarlo a cabo un médico.

Los síntomas de una hipotermia son: palidez, frecuencia natatoria diferente (menor), desorientación, inseguridad general, temblores. Cuando el nadador reconozca por sí mismo estos signos, llamará la atención sobre sus problemas levantando la mano y avisando con la voz.

EL EQUIPO - UN FACTOR DE RENDIMIENTO Y ACCESORIOS DE MODA

En los círculos deportivos, los triatletas son considerados aves raras del paraíso, pero menos a causa de su escasez que de su equipo, que puede parecer a veces futurista. Especialmente la industria ha cuidado en los últimos tiempos que el equipo de los triatletas siga más los dictámenes de la moda y las necesidades funcionales de este deporte en cuestión. Al mismo tiempo se ha conseguido una imagen especial a base de forma y color, un fenómeno que ha beneficiado a este deporte, ya que todo deportista quiere identificarse exteriormente con un deporte y aún más si éste está en sus prósperos comienzos.

EQUIPO PARA NATACIÓN Y MEDIOS DE AYUDA EN EL ENTRENAMIENTO

Las temperaturas relativamente bajas del agua en comparación con las del aire hacen que muchos triatletas tengan problemas en este sentido, sobre todo aquellos que no tienen mucho tejido adiposo. Esto no es raro en los deportistas de resistencia, ya que las necesidades energéticas a menudo fuerzan al organismo a echar mano de sus depósitos de grasa, y en general el entrenamiento de resistencia actúa contra el «efecto de engorde». Por tanto, es bastante común que la proporción de grasa del triatleta se sitúe claramente por debajo del 10 %. Ello fuerza a los triatletas a tomar otras medidas contra la pérdida de calor en el agua. En los primeros años del triatlón se aplicaban gruesas capas de aceites y grasas sobre la piel. El efecto era bastante limitado y sobre todo psicológico. Algunos deportistas se ponían jerseys muy ajustados para así reducir la pérdida de calor en el agua que rozaba el cuerpo. Todos estos intentos eran insuficientes y también muy cuestionables desde el punto de vista ecológico. Únicamente la introducción del traje de neopreno –tradicionalmente solamente llevado por buceadores y windsurfistas– aportó una solución satisfactoria a la natación en aguas abiertas.

Trajes de protección contra el frío

Los trajes de neopreno aparecieron a mediados de los ochenta para cubrir las necesidades especiales del triatlón. Garantizaban al deportista:
– un mayor protección del agua fría,
– buena movilidad de brazos y piernas,
– superficie exterior lisa y con ello menor resistencia al agua.
Además de ello, este traje mejoraba la flotabilidad, lo cual hace posible la consecución de mejores marcas deportivas.

El secreto del tejido sintético de caucho llamado neopreno radica en el hecho de que este material de ajusta totalmente al cuerpo, la película de agua que penetra en él es rápidamente calentada por el cuerpo, con lo cual se crea una envoltura de agua caliente sobre la superficie de la piel.

El material de neopreno está hecho de un sinfín de pequeñas células llenas de aire. Esta estructura hace que el aislamiento térmico de este material sea excelente, ya que solamente unas mínimas cantidades de calor se escapan por esta segunda piel.

Sin embargo, el triatleta debe decidir qué tipo de traje de protección es el más adecuado. Existen modelos con manga larga y corta. En estos momentos se observa una clara inclinación por la manga larga, ya que procura la mayor protección contra el frío. Hoy en día también se utiliza un nuevo material para los brazos –el hipalan– que tiene una elasticidad mayor y que le da a los brazos una total libertad de movimientos.

El grosor de los trajes de natación está entre los 2 a los 5 mm. Cuanto más fuerte es el material, mayor es la protección del frío, aunque también aumenta de precio. En los trajes buenos se trabaja con materiales de diferente grosor. Mientras que las partes que tocan el tronco son de un grosor de 4 a 5 mm, para los brazos y las piernas es suficiente con un material más fino, lo cual es positivo para los movimientos de las extremidades. Quien aún quiera aumentar la protección utilizará un gorro especial que constituye un accesorio imprescindible en los días de frío, ya que la cabeza desprende una gran cantidad de calor.

El corte del traje, el grosor del tejido y cómo deben ser los de dos piezas ya se detalla en el reglamento de competición. También existen reglas que determinan cuáles son las circunstancias en las que se puede llevar un traje protector en una competición.

Traje de triatlón

Debajo del traje de neopreno suele llevarse un bañador o un traje completo de triatlón. Este traje está hecho de tal forma que se puede realizar la prueba de ciclismo y de carrera sin problemas. El material absorbe solamente una cantidad muy reducida de agua, que se seca con mucha rapidez y el deportista puede recorrer la mayor parte de la distancia de ciclismo con el traje seco. El traje de triatlón de una sola pieza, que fue considerado un gran invento hace unos años, ya está «out», ya que limita en exceso la libertad de movimientos. La parte superior se ha convertido simplemente en un top que facilita la transpiración y no molesta. Las diferencias en los trajes para hombre y mujer prácticamente ya no existen.

El pantalón y la parte superior se llevan debajo del traje de neopreno durante la prueba de natación, lo cual supone un ahorro de tiempo al cambiarse.

Aparatos de entrenamiento y medios de ayuda en el entrenamiento del nadador

En los últimos años se han desarrollado varios aparatos que ayudan en el entrenamiento tanto de la técnica como de la fuerza. Entre ellos se encuentran sobre todo las tablas de natación de diferente forma y tamaño que ayudan en la flotación. Son diferentes los frenos de natación y los cinturones de resistencia, que contribuyen a aumentar el esfuerzo físico a igual la velocidad de movimientos (ilustr. 54). Otra categoría de aparatos de entrenamiento la configuran aquellos medios que aumentan la superficie impulsora y, por tanto, también la velocidad de natación. Nos referimos a las tablas para manos y pies y las aletas (ilustr. 55). Sin embargo, hay que tener cuidado con la utilización de estos medios en el entrenamiento, ya que no solamente tienen ventajas, sino que pueden influir negativamente sobre la sensación de nadar. Todos ellos solamente pueden utilzarse en el entrenamiento, ya que están prohibidos en las competiciones.

Los relojes de pulsera sumergibles con medición de tiempo intermedia o los medidores de pulso sirven para controlar el rendimiento y el entrenamiento, y prácticamente son imprescindibles para los atletas de alto rendimiento.

Las gafas de bucear se utilizan sobre todo en las aguas cloradas, es decir, en las piscinas. Sin embargo, hoy en día también está de moda nadar con gafas en aguas abiertas. Con ello se obtiene una protección para los ojos frente a la suciedad del agua y además una mejor visión bajo el agua. Pero estas gafas a menudo no son completamente estancas y dejan que penetre el agua. El deportista debería probar varios modelos. Se recomiendan las gafas antiniebla, que evitan que se empañe la superficie de visión.

Ilustración 54: *Freno de natación y cinturón de resistencia*

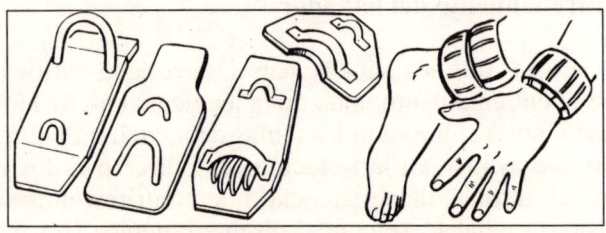

Ilustración 55: *Varias tablas manos y pies, así como ayudas en el impulso*

MATERIAL Y EQUIPO PARA EL CICLISMO

En el ámbito del ciclismo se ha producido en los últimos años una diferenciación de los productos, por lo que el triatleta puede influir sobre las condiciones de su rendimiento gracias a la ayuda de los materiales. Por el desarrollo de varios tipos de manillar, de sillines ajustables, de pedales de seguridad, de nuevas palancas de cambio, así como también de cuadros especiales de bicicleta, ahora el triatleta solamente tiene el problema de elegir cuando se trata de una nueva adquisición y la mejora de su bicicleta de carreras. Además de diferentes estructuras también se ofrecen nuevos materiales, sobre todo para el cuadro. Con ello, la bicicleta se hace más ligera y estable, pero también más cara.

El cuadro correcto

El triatlón ha contribuido a imponer las innovaciones en el campo del ciclismo con una mayor rapidez. El cuadro de carbono es uno de esos descubrimientos. Hace unos años fue una gran sensación, pero hoy en día este tipo de cuadro puede encontrarse en muchas competiciones. La ventaja de estos cuadros está en su menor peso a igualdad de rigidez y su mayor aerodinamismo. Sin embargo, es imprescindible mencionar en este punto que el mejor cuadro no es garantía de éxito, aun siendo la parte más importante de la bicicleta. Lo determinante es siempre el motor para el sistema bicicleta / deportista. El aumento del rendimiento se consigue primero con un mejor entrenamiento y no por medio de adquisiciones de material cada vez más caro.

El cuadro es el esqueleto de la bicicleta de carreras (ilust. 56). La posición correcta sentada depende en primer término del cuadro. Las diferentes tallas corporales determinan también los diferentes tamaños de cuadros. Lo que determina el tamaño del cuadro es la longitud del tubo que sujeta el sillín. Se mide desde el centro del eje del tambor del pedal hasta el extremo del tubo de sujeción del sillín. A veces se indica como punto de referencia también el centro de la base del sillín. En este método de medición, el valor resultante para el tamaño del cuadro es menor en un centímetro.

La longitud del cuadro depende esencialmente de la altura del cuadro y solamente puede cambiarse en cuadros hechos a medida. Para determinar la altura correcta del cuadro se utiliza el método de la «longitud del paso», que más exactamente es la longitud de las piernas, pero que en ninguna persona

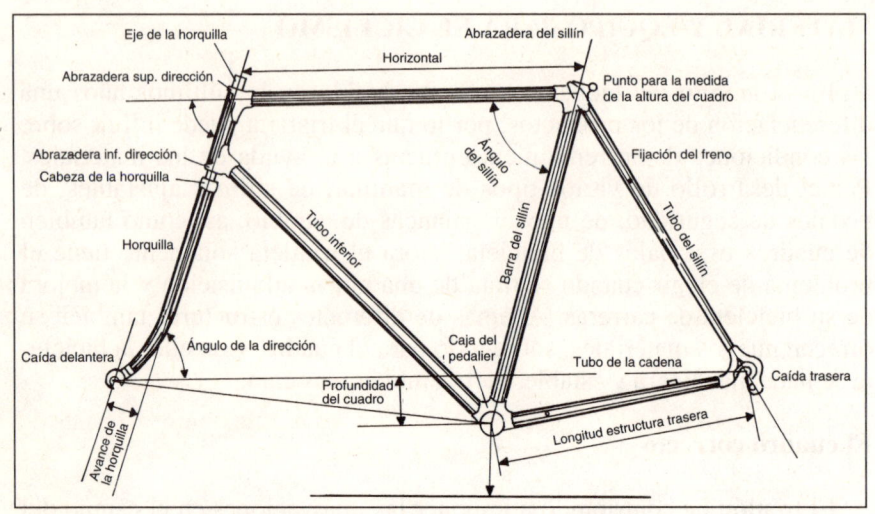

Ilustración 56 : El cuadro de la bicicleta y sus partes

es exactamente proporcional a la talla corporal. Para medir la «longitud de paso», el deportista se coloca descalzo sobre una base firme y de espaldas a una pared y coloca un libro entre sus piernas de forma que se encuentre en águlo recto con respecto a la pared. El borde superior del libro queda marcado en la pared. Desde allí se mide la distancia hasta el suelo (ilustr. 57). Si se multiplica la medida resultante por el factor 0,65 se obtiene la altura del cuadro.

Ejemplo:
Longitud de paso: 84
84 x 0,65 = 54, 60 -> altura del cuadro: 55 cm.

Los valores aproximados también se pueden deducir a partir de la talla corporal. Sin embargo, las medidas obtenidas solamente pueden considerarse como valores orientativos por las razones antes expuestas. De acuerdo con la talla corporal se recomiendan las alturas del cuadro recogidas en la tabla 27.

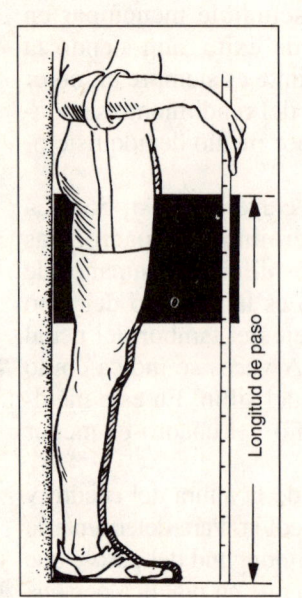

Ilustración 57 : Determinación de la «longitud de paso»

Altura de cuadro (centro del tambor del pedal centro base del sillín) (cm)	Talla corporal (cm)
Menor de 50	Menor de 160
50 a 52	160-165
53 a 54	166-170
55 a 56	171-175
57 a 58	176-180
59 a 60	181-185
61 a 62	186-190
Mayor de 62	Mayor de 190

Tabla 27: Alturas del cuadro de acuerdo con la talla corporal

La altura correcta del cuadro es condición previa para adquirir una buena postura sentada y con ello también unas relaciones de palanca óptimas. Para «encontrar» la posición correcta sentada deben seguirse otros criterios.

Técnica de pedalada

La fuerza muscular del deportista se convierte en avance por medio de un sistema mecánico muy efectivo. Este sistema, consistente en pedales, cadena, desarrollo y bicicleta de carreras, es mucho más racional desde el punto del consumo energético que cualquier otra máquina o la locomoción de otros sistemas biológicos. (ilustr. 58)

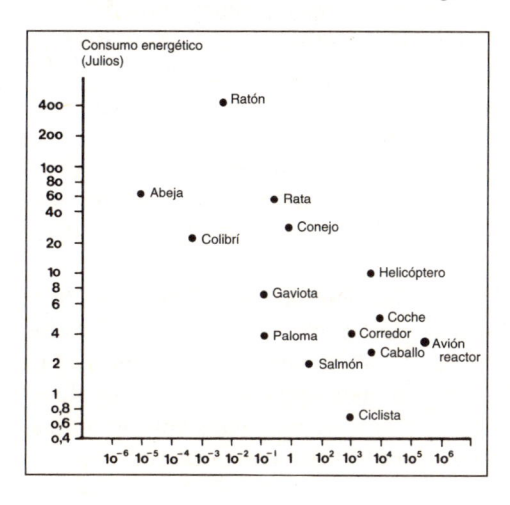

Ilustración 58: Consumo energético (en julios), de acuerdo con kg / km en los diferentes modos de locomoción

Ilustración 59: Centro de los pedales con recorrido oval de la cadena

Los pedales

El centro de los pedales es el punto en el que la fuerza muscular incide sobre el sistema de avance mecánico. El deportista puede decidir sobre la longitud de la manivela de pedal y el tamaño de los piñones. La manivela de pedal suele tener 170 mm de longitud, solamente en cuadros más grandes este valor estándar puede aumentar en algunos centímetros. Al triatleta le bastan dos platos. Lo común son los platos con 52 y 42 dientes. Con ello se tienen unas condiciones previas ventajosas para un espectro de desarrollos bastante amplio. Debe tenerse en cuenta otra particularidad. Algunas empresas han desarrollado unos platos ovales. Esta solución mejora la aplicación de la fuerza máxima cuando el pedal está vertical y mínima cuando está horizontal. Las experiencias con estos piñones ovales son muy diversas de individuo a individuo. Algunos triatletas son grandes defensores de esta solución, otros no logran realizar una pedalada redonda (ilustr. 59).

Siguiendo esta tendencia a aumentar la seguridad en el ciclismo, hace años que se ofrecen pedales automáticos. De forma similar que en el esquí, en estos modelos el zapato se suelta del pedal cuando se ve sometido a una fuerza lateral. Quien tenga que adquirir un nuevo equipo de ciclismo debería conseguir este tipo de pedales. Incluso es probable que se hagan obligatorios para el equipo del triatleta igual como ocurrió con el casco.

Cuando se utilicen pedales con calapiés debe tenerse en cuenta conseguir la longitud de gancho correcta. La punta del pie debe encontrarse sobre el eje del pedal y por tanto realizar un trabajo de fuerza. En el mercado existen diversos tamaños dependiendo del número de zapato.

Platos, piñones y cambios

En el cambio de marchas es donde se notan claramente las ventajas de una bicicleta de carreras. El deportista puede utilizar su fuerza de forma mucho más racional y adecuarse a las condiciones personales y exteriores. El cambio de marchas consiste en un desviador anterior y otro posterior y dos palancas de cambio. Con seis piñones (Ritzel) atrás y dos platos adelante, el deportista dispone de doce marchas (el número de marchas puede aumentarse con más platos y piñones).

Para describir más detalladamente las diversas marchas de la bicicleta de carreras se indica el desarrollo. El desarrollo se calcula según el número de dientes del plato y piñón posterior, por ejemplo, piñón 53 dientes y plato posterior 17 dientes = desarrollo 53/17.

La elección del desarrollo depende del estado de entrenamiento del triatleta y de las características del recorrido. Las combinaciones más comunes son 52/42 y 53/42. Los buenos traitletas ruedan con los piñones 13-15-16-17-19-21. A los triatletas que tienen poca experiencia en ciclismo se les recomienda el desarrollo 42/25 para los ascensos. Como plato más pequeño es suficiente el de 14 dientes. Si se quiere rodar con una marcha dura, se habla de «bajar la marcha». Cuando se cambia a una marcha más ligera, «se sube la marcha». Los mejores cambios de marcha son los sistemas sincronizados, que hacen que al deportista le sea más fácil de encontrar la marcha adecuada. De forma similar que en el coche, ya no es necesario acertar la posición exacta de la palanca de cambio. Este cambio de «clic» hace más fáciles las maniobras tácticas y aumenta la seguridad. Ya no es tan frecuente confundirse de cambio. Cuando se elige un cambio se puede confiar en los productos de las marcas de renombre. Por un precio algo más alto se suele obtener una calidad superior.

Lo importante al cambiar de marcha es que el cambio pueda recorrer sin problemas doce dientes de diferencia en el plato y hasta 26 dientes en el piñón.

Mientras que antiguamente el cambio solamente estaba sujeto a la barra inferior, en la bicicleta de cross está sujeto al manillar. Ello hace más fácil el cambio y hace posible rodar tranquilamente. La solución más nueva y más segura para el proceso de cambio son los cambios giratorios (*gripshift*). La «mano de cambio» permanece en la posición de agarre. Es fácil cambiar de marcha, de forma similar que en la motocicleta.

Platos	Piñones													
	12	13	14	15	16	17	18	19	20	21	22	23	24	25	26
40	7,12	6,57	6,10	5,69	5,34	5,02	4,74	4,50	4,27	4,07	3,88	3,71	3,56	3,42	3,28
41	7,30	6,73	6,25	5,84	5,47	5,15	4,86	4,60	4,37	4,17	3,98	3,80	3,64	3,50	3.36
42	7,47	6,90	6,40	5,98	5,60	5,27	4,98	4,72	4,48	4,27	4,07	3,90	3,73	3,58	3,45
43	7,65	7,06	6,56	6,12	5,74	5,40	5,10	4,83	4,59	4,37	4,17	3,99	3,82	3,67	3,53
44	7,83	7,23	6,71	6,26	5,87	5,52	5,22	4,94	4,70	4,47	4,27	4,08	3,91	3,76	3,61
45	8,01	7,39	6,86	6,40	6,00	5,65	5,34	5,05	4,80	4,57	4,37	4,18	4,00	3,84	3,69
46	8,18	7,55	7,01	6,55	6,14	5,78	5,45	5,17	4,91	4,67	4,46	4,27	4,09	3,93	3,78
47	8,36	7,72	7,17	6,69	6,27	5,90	5,57	5,28	5,02	4,78	4,56	4,36	4,18	4,01	3,86
48	8,54	7,88	7,32	6,83	6,40	6,03	5,69	5,39	5,12	4,88	4,66	4,45	4,27	4,10	3,94
49	8,72	8,05	7,47	6,97	6,54	6,15	5,81	5,50	5,23	4,98	4,75	4,55	4,36	4,18	4,02
50	8,90	8,21	7,63	7.12	6,67	6,28	5,93	5,62	5,34	5,08	4,85	4,64	4,45	4,27	4,10
51	9,07	8,38	7,78	7,26	6,81	6,40	6,05	5,73	5,44	5,18	4,95	4,73	4,54	4,35	4,19
52	9,25	8,54	7,93	7,40	6,94	6,53	6,17	5,84	5,55	5,29	5,04	4,83	4,62	4,44	4,27
53	9,43	8,70	8,08	7,54	7,07	6,66	6,29	5,95	5,66	5,39	5,14	4,92	4,71	4,52	4,35
54	9,61	8,87	8,23	7,69	7,20	6,78	6,40	6,07	5,76	5,49	5,24	5,01	4,80	4,61	4,43
55	9,79	9,03	8,36	7,81	7,31	6,87	6,49	6,16	5,87	5,59	5,33	5,10	4,89	4,69	4,51
56	9,97	9,20	8,54	7,97	7,47	7,03	6,64	6,29	5,98	5,69	5,43	5,20	4,98	4,78	4,60

Tabla 28: Camino recorrido por cada pedalada (en metros) en bicicleta de 27 pulgadas

Además de la relación de desarrollos –definido por el número de dientes de los platos y piñones– también existe una determinación del desarrollo en metros, que indica cuántos metros recorre la bicicleta en una pedalada (tabla 280).

Las ruedas

Mientras que en el pasado casi exclusivamente se corría con llantas de aluminio y ruedas de radios de 27 pulgadas de diámetro, hoy en día existen muchas posibilidades de adecuar la bicicleta en su funcionalidad a ciertas condiciones especiales. ¿Qué ventajas tienen las diferentes variantes en las bicicletas de carreras?

Los radios

La resistencia del aire en las ruedas que giran rápidamente disminuye cuando el número de radios es menor. Quien ruede con 32 radios (la bicicleta clásica tiene 36 radios) o incluso con 24 tiene más ventajas desde el punto de vista aerodinámico. Pero naturalmente asume el riesgo de que su bicicleta sea mucho más sensible a los golpes y las irregularidades del terreno. Las mayores ventajas aerodinámicas las tiene una rueda con los radios perfectamente radiales (sin cruces de radios). Pero aquí hay que tener en cuenta que la elasticidad de la bicicleta disminuye. Las mayores ventajas a este respecto las tienen los denominados radios de sable, aunque su precio es relativamente alto.

Las cámaras

El reglamento de triatlón no permite cambiar ruedas completas durante la competición. Por tanto, el deportista debe elegir unas ruedas que sean relativamente resistentes a los golpes y los pinchazos. Se ha demostrado que las ruedas galvanizadas son menos propensas a tener defectos que las tubulares. Ésta es la razón por la cual los triatletas cada vez se deciden más por las galvanizadas. Ya que estas ruedas son muy delgadas, la resistencia al aire también es menor. Sin embargo, las ruedas tubulares pueden cambiarse con más rapidez que las galvanizadas. El cambio de la cámara tubular clásica se realiza de la siguiente forma:

– La nueva cámara se estira colocando el pie sobre ella y estirando de la cámara hacia arriba. Para que pueda ser estirada en todos los puntos debe repetirse la extensión, haciendo que la rueda se «pasee» por las manos.

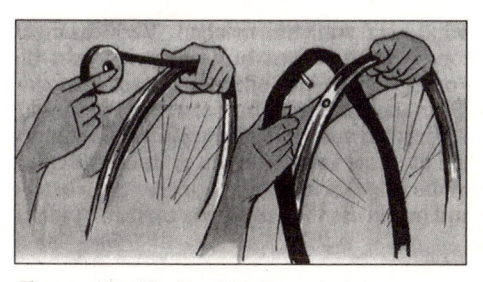

Ilustración 60: Cambio de una cámara

Alta tecnología sobre ruedas

– Sobre la hendidura de la llanta limpia se pega con fuerza la cinta adhesiva.

– Seguidamente se humedece la cinta adhesiva para que la cámara tubular no se pegue de inmediato. A partir de la válvula, la cámara se presiona sobre la llanta estirando de ella (la llanta está en el suelo). Solamente al final se levanta la llanta, colocando la cámara definitivamente con ayuda de los pulgares.

–Finalmente se hincha la cámara con la bomba de aire y se comprueba si la rueda está en línea recta. Si se utiliza cinta adhesiva para llantas, la rueda puede utilizarse de inmediato. Si por el contrario se utiliza un kit para rueda, habrá que esperar entre 4 y 5 horas. La presión de la rueda deberá ser de 6 a 7 atm o bar.

Las ruedas de disco

En las ruedas lenticulares, la formación de remolinos en la bicicleta rodante es menor. Sin embargo, el deportista paga estas ventajas aerodinámicas con mucho dinero. Las ruedas lenticulares se convierten en un problema si durante el recorrido hay que contar con un viento lateral importante. En estas condiciones, la fuerza del viento lateral puede destruir la ventaja de la menor formación de remolinos. Los recubrimientos de las ruedas de radios no tienen todos los aspectos positivos de las ruedas de aluminio o carbono, pero son bastante más baratas. Las bicicletas de carreras con recubrimientos circulares de unos 8 cm de ancho (justo pegados a la llanta) suponen ciertas ventajas aerodinámicas y mantienen la elasticidad de las ruedas de radios.

El equipo - un factor de rendimiento...

Nuevas estructuras de alta tecnología

Quien quiera estar a la última puede adquirir ruedas de 3 radios o de 4 radios. Se trata de estructuras muy modernas que también tienen aplicaciones en la construcción de aviones. Como material se utiliza la fibra de carbono. La llanta y los radios en cierto sentido están unidos. Los radios son considerablemente más delgados que la llanta, con lo cual prácticamente no ofrecen resistencia al viento. Éstas son las bicicletas de carrera más ligeras.

Las llantas

La elección de la llanta se rige en primer lugar por la cámara. Se distingue entre cámaras tubulares y galvanizadas. Las llantas que son más planas en el lado de los radios son también más aerodinámicas.

El tapacubos

Todas las ventajas aerodinámicas se pierden cuando el tapacubos no es ligero. Los tapacubos baratos no suelen cumplir esta condición. Los tapacubos muy altos solamente se utilizan en el triatlón cuando se utilizan llantas con menos de 32 agujeros. Con el tapacubos la bicicleta pierde mucha elasticidad.

Diámetro de la rueda

El diámetro clásico de una rueda de bicicleta de carreras es de 27 pulgadas. En los útimos tiempos se está imponiendo la rueda de 26 pulgadas. ¿Qué ventajas tiene? Antes solamente se utilizaban las 26 pulgadas para la rueda anterior. Como consecuencia de ello, el triatleta estaba más bajo hacia adelante y conseguía condiciones aerodinámicas mejores. En las bicicletas de contrarreloj hace tiempo que se aplica esta solución. Otra razón está en el hecho de que la rueda con 26 pulgadas es más estable, no es tan fácil de doblar y es más ligera. Más importante es la posibilidad de adaptar la rueda de 26 pulgadas a la geometría del cuadro cuando se utiliza un manillar aéreo. Cuando se rueda con un manillar aéreo, el centro de gravedad del ciclista se traslada hacia adelante de forma importante. Ello supone un peligro al frenar, en descensos rápidos y cuando hay curvas. Si, por el contrario, se utilizan bicicletas de carrera más pequeñas y se trasforma la geometría del cuadro, se pueden evitar estas desventajas. Con ello se consiguen unas mejores condiciones ergonómicas y aerodinámicas. De esta forma se crearon las condiciones para una bicicleta que tiene una posición del sillín completamente diferente.

El sistema de dirección

El sistema de dirección se compone de manillar, potencia, dirección y horquilla. Si el atleta prefiere los manillares clásicos, debe decidir principalmente entre dos factores:
– longitud e inclinación de la potencia,
– anchura y forma del manillar.

Para determinar la longitud de la potencia existen reglas muy simples (ver apartado «ajuste»). La anchura del manillar se determina a partir de la anchura de los hombros. La cosa se hace más difícil cuando el deportista se decide por un manillar aéreo. Sin embargo, es conveniente que lo haga, ya que solamente así podrá aprovechar todas sus capacidades físicas sobre la bicicleta. Por esta razón, el manillar aéreo se ha convertido en un elemento indispensable en el triatlón. Este manillar hace posible que el ciclista adopte una posición sentada más relajada, lo cual solamente se consigue si el ciclista ha recorrido muchos kilómetros y se ha adaptado a la nueva postura. Si no se produce esta posibilidad de acostumbrarse habrá que contar con la aparición de dolores de espalda. Además de ello, el manillar aéreo ayuda a disminuir la resistencia al aire. Sólo en el triatlón corto se puede calcular un reducción del tiempo en unos dos minutos si se utiliza este tipo de manillar.

La dirección une la horquilla con el cuadro y hace posible la maniobra de la rueda por medio de la unión con la potencia y el manillar. Los tubos de dirección pueden estar hechos de acero, aluminio o también titanio. Cuando se ajusta un tubo de dirección debe cuidarse de que entre el manillar y la horquilla no haya juego. Con la horquilla puede influirse el rodamiento de la rueda anterior y la elasticidad. El arqueamiento de la horquilla también determina el comportamiento en carretera de la bicicleta.

Los frenos

Unos frenos que funcionen son de vital importancia para el ciclista. Por esta razón, el triatleta no debería ahorrar en este aspecto, sino comprar productos de calidad. Todos los fabricantes de renombre ofrecen frenos de este tipo. Los frenos en las ruedas trasera y delantera se accionan mediante la tracción de las palancas de freno del manillar. El freno debe funcionar con facilidad y debe poder ser puesto en funcionamiento de forma dosificada. No debe bloquearse. La distancia entre las pastillas de freno debe controlarse con regularidad y no debe sobrepasar los tres milímetros. Si la distancia es menor, frenará con demasiada brusquedad, y si es mayor, la efectividad de la frenada se verá limitada. Las pastillas de freno deben cambiarse al menos una vez al año.

Las palancas de freno deben colocarse de forma que se pueda frenar sin dificultad. En el manillar aéreo todavía puede suponer alguna dificultad, ya que el ciclista debe apartar la mano del manillar, lo cual produce sensación de inseguridad y entraña un riesgo. Muchos fabricantes han reconocido este problema y ofrecen soluciones.

Todo freno debe tener un muelle para que se recupere y vuelva siempre a la posición incial.

El sillín

La moda del sillín de material sintético no puede pararse ya. Es más ligero y requiere menos cuidados que el sillín de cuero. El material sintético que recubre el sillín está algo acolchado y provisto de una capa protectora, que puede ser también del mismo material o de cuero. El atleta debería darle mucha importancia a la elección del sillín adecuado. Después de varias horas de recorrido aún debe ser posible mantenerse sentado sin problemas.

Los puntos de roce y presión pueden convertir el recorrido más bonito en un suplicio. Ésta es una de las razones por la cual muchos ciclistas montan su viejo sillín en una bicicleta nueva.

La barra que sujeta el sillín debe penetrar en el tubo de la bicicleta al menos seis centímetros para que tanto el sillín como el atleta permanezcan estables. La posición "americana" sobre el sillín fuerza, sin embargo, a utilizar sillines que puedan correrse hacia adelante. Se trata entonces de modelos especiales (soportes de plátano) o de estructuras que permiten que se corra el sillín durante el trayecto.

COMPLEMENTOS VARIOS

Bomba de aire

Toda bicicleta debe llevar una bomba de aire. Para la competición es mejor utilizar una carga de dióxido de carbono. Es más ligera y se puede utilizar sin problemas. Para obtener la presión correcta en las ruedas antes de la salida es necesario utilizar una bomba de aire con manómetro.

Botella de agua

Por razones aerodinámicas hoy en día suele sujetarse la botella de agua detrás del sillín. Llevar un «depósito de bebida» es razonable porque el deportista puede disponer de ella en cualquier momento y puede tener la bebida que mejor le vaya. En los últimos tiempos se utilizan también bolsas de bebida conectadas mediante un tubo. Sin quitar las manos del manillar, el deportista puede beber con la pieza que tiene en la boca. La bolsa con la bebida se monta detrás del sillín o la espalda del ciclista («camel back») y puede contener hasta 1,5 litros.

Computadora de bicicleta

Hoy en día ya no se concibe una bicicleta de carreras sin computadora, la cual proporciona una ayuda estimable al realizar la valoración del entrenamiento y el desarrollo de la competición. Suele indicar los siguientes datos:
– velocidad momentánea,
– velocidad promedia,
– velocidad máxima,
– kilómetros diarios,
– kilómetros anuales,
– tiempo de recorrido.

Con aplicaciones complementarias también son posibles las mediciones de la frecuencia de pedalada y la cardíaca. Algunos modelos permiten las mediciones de altitud.

Ajuste de la bicicleta

Tener un buen equipo es una cosa, pero también es importante ajustar correctamente la altura del sillín, del manillar y de otras funciones de acuerdo con la talla corporal, así como de las particularidades personales y la capacidad de rendimiento. El triatleta con experiencia conoce las reglas y las recomendaciones para ajustar la bicicleta. A causa de la nueva forma de manillar y el cambio en la posición de asiento también hay cierto desconcierto en estos temas. Por tanto se pretende dar aquí los conocimientos más importantes sobre la estructura de la postura.

La posición clásica

Colocación de los pies en los pedales
La correcta transmisión de la fuerza sobre los pedales depende en gran parte de la posición de los pies en ellos. Las almohadillas del pie

deben estar exactamente sobre el eje del pedal. Ello se consigue cuando se elijen los ganchos de pedal adecuados (cortos, medios, largos). En los pedales de seguridad, esta colocación la realizan los ganchos situados debajo del zapato. El eje longitudinal del pie debe encontrarse paralelo al brazo del pedal. Los dolores de rodilla al rodar a menudo tienen su causa en un ajuste del pedal incorrecto.

Altura del sillín

El método más fácil para ajustar la altura del sillín es el siguiente: El atleta se sienta en la bicicleta y coloca el tacón de su zapato sobre el pedal en la posición más baja. El sillín se coloca a aquella altura que evite que la rodilla se flexione. En la medición también debe tenerse en cuenta la posición de la pelvis. El atleta no debe inclinarse hacia el pedal, o sea, caer hacia adelante en el sillín. El fabricante suizo de cuadros para bicicletas llamado Hügi determinó la altura del sillín de forma matemática. Partiendo de la longitud de paso (ver determinación de la altura del cuadro) multiplicó este valor por el factor 0,885. La medida obtenida es la distancia entre el centro de la caja del pedalier hasta el borde superior del centro del sillín. El deportista siempre debería cuidar que el sillín esté horizontal.

El avance (ilustr. 61)

La altura del sillín y la distancia horizontal del sillín a la caja del pedalier son las medidas más importantes para conseguir una pedalada redonda y efectiva. La distancia horizontal del sillín de sillín con respecto al cojinete se denomina avance. La medida del avance se obtiene trazando una línea perpendicular desde la punta del sillín y midiendo la distancia hasta el centro del cojinete. El avance está correctamente medido si, cuando los pedales estén en posición horizontal, una línea perpendicular une la punta de la rodilla y el eje del pedal. Corriendo el sillín hacia adelante o atrás se

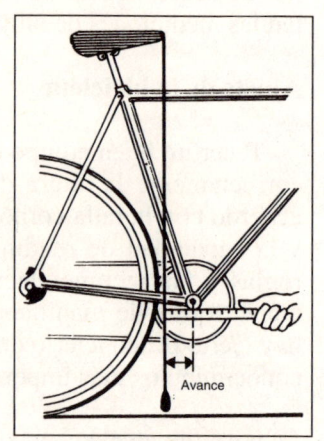

Ilustración 61:
Determinación del avance

puede conseguir un correcto avance del sillín. No debe olvidarse la medida del avance para que al cambiar de bicicleta pueda encontrarse de nuevo la posición correcta.

La posición del manillar tradicional

La distancia entre el manillar clásico y el sillín viene determinada por la longitud de la potencia. Será correcto cuando el pedal esté en una posición paralela al tubo oblicuo del cuadro, el codo y la rodilla casi se toquen. Condición previa es que el manillar sea sujetado en una posición baja. El borde superior del manillar debería estar uno o dos centímetros más bajo que la superficie de asiento del sillín. Como regla general para la anchura del manillar vale lo siguiente: la anchura de los hombros y del manillar deberían ser idénticas. Ello significa:

anchura de manillar 37/38 para hombros estrechos
anchura de manillar 39/40 para hombros normales
anchura de manillar 41/42 para hombros anchos

El manillar de triatlón

El manillar de triatlón, es decir el sostén del manillar, tiene además de ventajas aerodinámicas otros aspectos positivos, como la descarga de algunos músculos de la zona de espalda y glúteos. Hay múltiples variantes para ajustar el manillar de triatlón. La postura del tronco debe corresponderse aproximadamente a la postura inclinada en el manillar tradicional. Los antebrazos indican ligeramente hacia arriba. El brazo y el antebrazo están en un ángulo de 90 a 100 grados, lo cual tiene influencia sobre la potencia, que debe elegirse de tal forma que aún en posición normal el deportista no se escurra hacia adelante.

La posición americana

El manillar de triatlón ha hecho tambalearse muchas concepciones sobre la geometría de la bicicleta. La reglas y las posiciones, que antes se consideraban inamovibles, han desaparecido. El manillar puso en marcha una revolución en el mundo de la bicicleta, que no solamente afectó a los triatletas, sino que llegó hasta los gigantes del Tour de Francia.

¿Qué significa la posición americana? Aquí se trata principalmente de mejorar la aerodinámica y conseguir una posición sentada que sea cómoda y no canse. Esta posición se puede describir de la siguiente manera: el ciclista se inclina hacia adelante con el centro de los cojinetes del pedal como eje. Ello significa que el sillín se corre hacia adelante unos 3 a 6 centímetros y que la potencia se hace más baja y más larga. La punta del sillín está ligeramente inclinada hacia atrás y el avance se convierte en un «asiento adelantado».

Con ello se disminuye la superficie que ejerce resistencia al viento y la espalda permanece recta al rodar. Sin embargo, el principiante suele tener problemas con dicha posición cuando la prueba por primera vez. Los brazos, los hombros y la espalda están agarrotados y se resisten a aceptar el cambio. Pero también la seguridad al circular se pierde al principio. El triatleta se tambalea de un lado a otro, corrige el rumbo recto de forma muy consciente y por ello aún comete más errores. La posición avanzada requiere muchas horas de práctica y muchos kilómetros para acostumbrarse a ella. Cuando se han hecho, el ciclista notará que esta posición no solamente hace posibles mejores tiempos, sino que además hace posible una cierta relajación al rodar. También desaparecen los dolores de espalda, ya que la espalda recta evita las contracturas que aparecen en la clásica postura de espalda redonda.

Las condiciones materiales de la PA mejoran constantemente. Sillines ajustables, *grip-shift*, mejores acolchamientos para los brazos y cuadros nuevos hacen más fácil la adaptación. Lo que es seguro es que la PA no es un fenómeno pasajero, sino que tiene una base fuerte en el triatlón y sigue contribuyendo a aumentar el rendimiento en triatlón.

> El deportista debería anotarse todas las medidas que le son cómodas sobre la bicicleta. Cuando se adquiere una nueva bicicleta, constituyen una información importante. Pero también hay que tener en cuenta la vieja regla: «quien cambie demasiado su postura no conseguirá un buen rendimiento».

Cuidados y conservación de la bicicleta

Una lista que vale la pena repasar
   Toda bicicleta de carreras es una máquina complicada, que debe ser cuidada y repasada. ¿Qué trabajos deben realizarse?
   – Limpiar la cadena y todas las demás piezas móviles con gasolina y aplicarles aceite de bicicleta.
   – Limpiar la bicicleta con una esponja y agua de jabón cada vez que se ensucie.
   – Comprobar a menudo si el manillar tiene juego (para ello se acciona el freno delantero y se mueve la bicicleta hacia adelante y atrás. Si hay juego debe ajustarse).

– Las cadenas muy viejas o demasiado largas suelen dañar los dientes de los piñones. Tanto la cadena como los piñones deben cambiarse.
– Depués de cada recorrido debe disminuirse la presión especialmente en las cámaras tubulares, ya que de esta forma se prolonga la vida de las ruedas.

Quien lubrique bien podrá correr mejor
Esta vieja regla todavía es válida y especialmente para el ciclsita, que debe mover su medio de locomoción con su propia fuerza.

La principal regla en el cuidado de la bicicleta:

> Los lubricantes tradicionales no son suficientes. Los aceites para bicicleta deben ser resistentes al agua y las bases, y además deben repeler la humedad. Por ello se recomiendan los productos especiales para bicicletas.

Otro consejo:

> – Utilizar grasa exclusivamente para los diferentes cojinetes.
> – El aceite se aplica a la cadena, los platos, el cambio y los frenos.

Finalmente existen varios productos que protegen de la oxidación. Tienen la ventaja de que solamente atacan el óxido y no el aluminio o el cromo.
Para limpiar las partes mecánicas y en especial la cadena, se encuentran en el mercado productos de limpieza especiales. Quien quiera conservar su cadena durante el mayor tiempo posible debería elegir estos productos.

Guardar las bicicletas

Para guardar las bicicletas es mejor utilizar soportes en los cuales éstas se puedan colgar. Las ruedas no tienen que soportar ninguna carga y duran más tiempo. Su mayor ventaja radica en que ocupan poco espacio tanto en el garaje, el trastero o en la buhardilla.
Para transportar las bicicletas en coche se puede elegir entre muchas estructuras diferentes. Casi todas cumplen con su cometido. Pero tienen

Ilustración 62:
Maletas de viaje
para bicicletas

la desventaja de exponer a la valiosa bicicleta al aire y la lluvia y de ser fácilmente accesibles para los ladrones. La mejor solución siempre es transportarla dentro del coche.

Para los viajes en avión y tren se han ideado maletas y bolsas especiales para guardar las bicicletas (ilustr. 62). De esta manera se puede estar seguro de que después del viaje no será necesaria ninguna reparación. Pero lo engorroso es el tener que desmontar y montar la bicicleta de nuevo, lo cual es en cualquier caso un mal menor.

Consejos para ayudarse uno mismo

El triatlón no solamente constituye un entrenamiento físico intensivo, sino que también conlleva una dedicación a la mecánica de la bicicleta. Esto es importante, ya que muchos cuidados y pequeñas reparaciones debe realizarlos el atleta mismo. Por tanto, el triatleta se ve forzado a convertirse en un técnico aficionado, lo cual puede suponer un buen complemento a su actividad deportivo-física. Y además ayuda a ahorrar. A quien le guste trabajar en su bicicleta disfrutará aún más si tiene la herramienta adecuada.

¿Qué herramientas para bicicleta habría que adquirir para dominar los cojinetes, el cambio, la dirección, los frenos y las ruedas?

Herramientas universales
- Llave de boca   6 a 17 mm   6 piezas
- Llave anular   10 a 15 mm   3 piezas
- Destornillador   4 mm y 7 mm mango 2 piezas
- Alicates universales
- Alicates de corte oblicuo
- Llave de caimán o tubular
  2,5 / 3,5 / 5,0 / 6,0 / 7,0 mm   5 piezas
- Tenaza de puntas (ilust. 63)

Ilustración 63: Tenaza de puntas

Herramientas especiales para bicicletas de carrera
- Tensor de boquilla roscada (ilustr. 64)
- Palanca para ruedas / palanca de montaje (ilustr. 65)
- Llave para coronas dentadas (ilustr. 66)
- Llave para cadenas (ilustr. 67)
  (también con tensor)

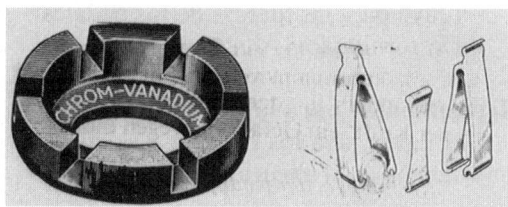

Ilustración 64: Tensor de boquilla roscada

Ilustración 65: Palanca para ruedas / palanca de montaje

Ilustración 66: Llave para soltar coronas dentadas

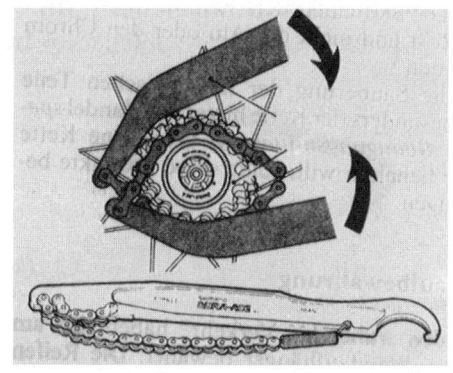

Ilustración 67: Llave para cadenas

Herramienta para la cadena
– Martillete de remachar (ilustr. 68)

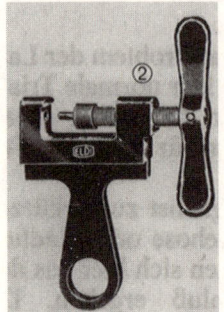

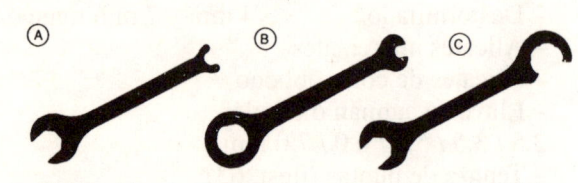

Ilustración 69: Herramientas para cojinetes y pedales

Ilustración 68:
Martillete de remachar

Herramientas para los cojinetes y los pedales (ilustr. 69)
– Llave para pedales (una para la tapa derecha e izquierda de los cojinetes)
– Llave para las tuercas de los cojinetes
– Llave para las tuercas de los pedales
– Destornillador

Herramientas para la dirección (ilustr. 69)
Las llaves para los cojinetes suelen tener un extermo para la dirección. Para trabajar en la dirección se necesitan siempre dos llaves.

Herramientas para el freno
– Alicates de Bowden (ilustr. 70)
– Llave para ajustar y montar los frenos (ilustr. 71)

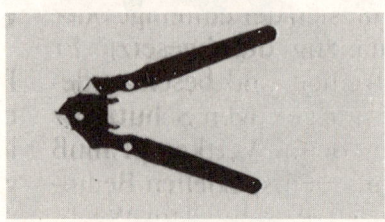

Ilustración 70: Alicates de Bowden

Ilustración 71:
Llave para ajustar y montar los frenos

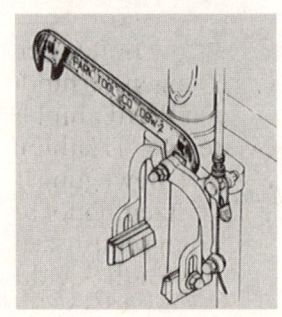

Ropa de ciclismo

Los triatletas que no tienen experiencia en ciclismo tienden a vestirse igual que para la carrera. Ello es incorrecto, ya que en la carrera las condiciones son diferentes. Prácticamente ningún otro deporte tiene tantas exigencias en cuanto a una ropa deportiva que sea óptima desde el punto de vista fisiológico. Especialmente en el ciclismo, el cuerpo está expuesto a condiciones climatológicas extremas además de a situaciones de esfuerzo muy variables. Los tramos de gran esfuerzo se alternan con gran rapidez con los de relativa calma, y el fuerte frío a menudo se ve relevado por un gran calor.

Una ropa de ciclismo buena cuida del equilibrio del cuerpo, elimina el sudor hacia afuera, protege del viento y de un enfriamiento excesivamente rápido y no se pega al cuerpo. Los tejidos modernos, como por ejemplo el Gore-tex, cumplen estas exigencias. Lo más adecuado es llevar un traje de ciclismo de dos piezas. Unos colores claros, a poder ser con rayas reflectantes, aumentan la seguridad. También forman parte del equipo las zapatillas de ciclista, que evitan rascaduras en caso de una caída.

En las competiciones se ha impuesto el traje de triatlón de una o dos piezas. Ofrece libertad de movimiento y hace posible el estar sentado sin molestias, pero solamente protege de forma limitada ante las inclemencias del tiempo. En la competición, la ropa de ciclismo debe subordinarse a las condiciones especiales y a la necesidad de cambiarse lo más deprisa posible. Por tanto, esta ropa no es adecuada para ser utilizada en el entrenamiento. En las competiciones que se desarrollan en unas condiciones climatológicas desagradables debería acompañarse el traje de triatlón con otras prendas que protejan (p. ej. una chaqueta que proteja del viento).

Calzado

El calzado de ciclismo debe adecuarse al modelo de los pedales de seguridad. Deberían ajustarse bien, para que el deportista pueda transmitir eficientemente su fuerza sobre los pedales. Un cierre con velcro o gomas hace más rápido el cambio de calzado en el vestuario y es una condición para que las zapatillas puedan permanecer en el pedal al cambiarse.

Casco

El casco forma parte del equipo obligatorio en toda competición y del equipo estándar para el entrenamiento. Debe ser lo más ligero posible y ajustarse bien. Cuando lo compre, es mejor que el deportista elija un modelo que siga la normas ANSI.

EL EQUIPO DE CARRERA

Ropa

En la competición, el problema del vestuario está rápidamente resuelto. El traje normal de triatlón, especialmente el de dos piezas, crea las mejores condiciones para la última disciplina parcial.

Para acortar al máximo el tiempo necesario para cambiarse se suele correr con bañador o pantalón de ciclismo. Los problemas pueden surgir por el hecho de que se ajustan mucho a las piernas. Las llagas pueden evitarse utilizando vaselina. Para la parte superior se ha impuesto la utilización de un top para el ciclismo y la carrera. Tejidos a base de mezclas de fibras sintéticas, como el coolmax, el drylete o el tractel, absorben el sudor y lo alejan de la piel. Estos tejidos también se pueden utilizar tranquilamente en el agua, ya que absorben muy poca agua y por tanto se secan con mucha rapidez.

Más difícil se hace la cosa cuando se entrena bajo el viento y la lluvia, en invierno o en días especialmente calurosos. Entonces no es tan sencillo encontrar la ropa adecuada. Por esta razón, el deportista debería probar el vestuario en los entrenamientos y, sobre todo, tener en cuenta que el peligro de enfriamiento durante la carrera es mucho menor de lo que se cree.

El efecto termofisiológico de la ropa de carrera requiere unos comentarios. Mientras que la vestimenta del corredor debe procurar un buen aislamiento de bajas temperaturas, en los días de temperaturas altas debe procurar lo contrario, un buena eliminación de calor. Estas contradicciones son difíciles de compatibilizar. Sin embargo, los tejidos modernos están especialmente ideados para eso. Estos tejidos unen dos capas separadas de fibras, unidas entre sí por hilos que se cruzan. En el lado de la piel se encuentra siempre una fibra sintética, por fuera una fibra natural, que suele ser algodón. El sudor se conduce a través de la fibra sintética y se acumula en el tejido natural, donde se evapora. Con ello se aleja de la piel la humedad que produce el sudor.

Al mismo tiempo, con la humedad también sale el calor excesivo por los poros de la fibra sintética. Esta ropa de dos capas también respira activamente y deja que el aire exterior penetre en su interior. Estos tejidos cumplen tres funciones diferentes y, por tanto, resultan especialmente adecuadas para el entrenamiento de la carrera: son muy confortables, mantienen la piel seca y evitan una acumulación de calor que reduce el rendimiento y constituye un peligro.

Evidentemnte, en verano hay que llevar unas prendas muy ligeras. Suelen bastar unos pantalones para correr y una camiseta.

Cubriéndose la cabeza, el deportista dispone de otro medio de regular su temperatura, ya que por la cabeza se pierde un 40% del total del calor que se genera en la superficie del cuerpo.

En verano se puede llevar una gorra ligera, que sirva para protgerse del sol y que en casos de mucho calor acelere el proceso de enfriamiento cuando se moje.

Debe llamarse la atención sobre estos puntos: después del entrenamiento y la competición disminuye la resistencia del organismo. Los enfriamientos no son infrecuentes aun en la estación de más calor. Por esta razón, el deportista debería ponerse inmediatamente ropa que caliente, ducharse con agua caliente o evitar una pérdida de calor cubriéndose con mantas.

Lucha en parejas en Hawai

Calzado

Elegir el calzado adecuado requiere que se tenga alguna experiencia y también conocimientos especiales. Casi un 80% de las personas tienen deformaciones en los pies, aunque muchos las desconocen. Por ello se recomienda permitir que un ortopedista, mejor si tiene experiencias propias como corredor, haga un estudio de los pies, cuyo resultado puede ser muy útil a la hora de elegir el calzado adecuado. El ortopedista puede indicar qué plantillas hay que utilizar que estén de acuerdo con las funciones a realizar. Con ello se limita la inmensa oferta de la que se dispone a unos pocos modelos. Las zapatillas de carrera son un tipo de calzado sometido durante años a una investigación muy intensiva y que ha alcanzado un nivel muy alto y que no hace prever grandes mejoras generales en este campo. Prácticamente no existe ningún fabricante de prestigio que ofrezca zapatillas de baja calidad.

Sobre el diseño de las zapatillas de carrera (ilustr. 72)

A diferencia de otro calzado, estos zapatos deben cumplir las siguientes funciones:
– amortiguar el rebote,
– sujetar el pie y
– control de la zancada.

Ello se consigue gracias a diferentes estructuras y materiales. En este punto hay que mencionar que las soluciones especulativas de estas fina-

Ilustración 72: Estructura de una zapatilla de carrera

lidades no siempre son las más acertadas. A menudo solamente van encaminadas a aumentar el deseo de adquirir las zapatillas en cuestión.

Algo similar es aplicable con respecto al precio. Un precio elevado no siempre es garantía de un zapato adecuado al individuo y que cumpla sus funciones.

En la elección de las zapatillas de carrera, el deportista debe preguntarse sobre las siguientes cuestiones:
- ¿La zapatilla está pensada para el entrenamiento o la competición?
- ¿Dónde se entrenará principalmente?
- ¿Qué peso tiene el deportista?
- ¿Cuál es el volumen de entrenamiento semanal?
- ¿Existen deformaciones en los pies (pronación excesiva, pies planos)?

Cada uno de estos aspectos tiene consecuencias en la elección del calzado.

¿Calzado de entrenamiento o competición?

El calzado de competición es más ligero que el de entrenamiento. Ello influye también sobre su función de soporte y dirección. Los triatletas orientados hacia la participación en competiciones distinguen entre ambas modalidades, con lo cual adquieren al menos dos pares.

Zona de entrenamiento

Las zapatillas para ser utilizadas por caminos en bosques y campos tienen una suela con mayor perfil para evitar resbalones. También son capaces de sujetar mejor el pie. Sin embargo, no es necesario que amortigüen tanto los golpes como en una zapatilla puramente pensada para correr por la ciudad. En la práctica se ha demostrado, sin embargo, que una buena zapatilla para correr en el campo también es adecuada para hacerlo por las calles si solamente se trata de un entrenamiento. Se distingue entre zapatillas de verano y de invierno. Las de invierno protegen mejor del frío y su suela también se adecúa a suelos con hielo, nieve y barro.

Peso del deportista

Existen zapatillas que están pensadas principalmente para deportistas de bajo peso, así como otras especiales para los de alto peso. En el primer caso, se calcula con corredores de hasta 65 kilos de peso corporal. Los que pesen más de 85 kg ya están considerados como pesos pesados y la zapatilla deberá ser adecuada para amortiguar fuerzas mayores.

También la función de sujeción debe estar adecuada al peso. Los corredores de bajo peso tiene muchos menos problemas con la estructura del calzado.

Amplitud del entrenamiento
Cuanto más se corre semanalmente, más estables deben ser las zapatillas. Una mayor amplitud de entrenamiento significa también un aumento más frecuente de la velocidad, lo cual requiere un calzado más «duro». La amortiguación debe ser más estable.

Deformaciones de los pies
Las anomalías de los pies deberían ser diagnosticadas por un especialista, gracias a lo cual se podrá entonces elegir el calzado adecuado y las plantillas que es necesario colocar. Las deformaciones de los pies más importantes son:
– Pie plano - el arco del pie está «aplanado».
– Pronación excesiva - el pie se dobla hacia adentro y la carga recae sobre el borde interno del pie.
– Supinación - el pie se dobla hacia afuera; la carga principal descansa sobre el borde externo del pie.
– Pie cóncavo - el movimiento rodante del pie es más difícil.

Sobre la elección de las zapatillas de carrera

Se recomienda al corredor que acuda a una tienda especializada, que le pueda aconsejar correctamente y al mismo tiempo también un análisis de su técnica de carrera con cinta continua y cámara de vídeo.

¿Qué hay que tener en cuenta en una zapatilla de carrera?
Al contrario de lo que ocurre con el calzado para otros deportes, las zapatillas de carrera se distinguen por su capacidad de amortiguar el rebote que sufre el pie. Con ello se protegen las articulaciones en la zona de los pies y las piernas y se hace posible que el deportista pueda correr por tramos asfaltados sin que por ello su salud se vea perjudicada. Esta particularidad se consigue gracias a una estructura formada por varias capas. Además de ello disponen de una suela con relieve que establece el contacto real con el suelo. Una o dos suelas intermedias constituyen los verdaderos elementos de amortiguación. Están hechos de material elásti-

co y a menudo van acompañados de cámaras de aire y rellenos de gel. Finalmente se le añade una cuña para el talón que hace que el pie adopte una postura anatómicamente correcta.

En la zona del talón, el pie debe tener una sujeción suficiente. Ello se suele conseguir utilizando una capa de material sintético.

Las zapatillas de carrera deben ofrecer mucha libertad de movimiento a los dedos del pie, los cuales deben tener suficiente espacio delante y a los lados. Cuando se pruebe el calzado, éste nunca debe tocar en la punta. Entre la punta del zapato y los dedos del pie debe quedar un centímetro de espacio. La libertad lateral de los dedos se consigue por la anchura del calzado. Quien tenga los pies relativamente anchos debería cuidar de elegir modelos que ofrecen diferentes anchos. La anchura normal –como la de los zapatos de calle– impediría el movimiento de carrera y produciría además rozaduras y ampollas. El pie debe estar bien sujeto en la zona central. Los cordones procuran también una fijación adecuada.

El material exterior debe ser ligero y secarse con rapidez. En los últimos años se utilizaban textiles, que hoy en día solamente se encuentran en casos excepcionales.

Las plantillas sirven para adaptar mejor el calzado al perfil del pie. Además desempeñan una función higiénica.

El cambio ocasional de las zapatillas es beneficioso para la musculatura y las articulaciones del pie. Los triatletas y los corredores deben utilizar al menos dos pares de zapatillas de entrenamiento.

LAS REGLAS DE LAS COMPETICIONES DE TRIATLÓN

El desconocimiento no exime de la culpa. Esta regla también es válida en el deporte, de forma que es importante que el deportista se familiarice con su deberes y derechos, lo cual le ahorrará más de una sorpresa desagradable. Todo el mundo conoce el abatimiento, las explosiones de ira e incluso las lágrimas cuando en una competición se hace pública la lista de descalificados y más de una esperanza se desvanece a causa de haber contravenido el párrafo "chupar" rueda o circular por la zona de cambio o también haber ignorado el código de circulación, p. ej., en cuanto a la prohibición de circular por la derecha. La mayoría de las causas de estas descalificaciones son debidas a un conocimiento insuficiente del reglamento, una valoración subjetiva de las reglas y la ignorancia sobre las consecuencias de una acción insensata durante una competición. A pesar de la tragedia personal que conllevan las decisiones del jurado en este sentido, el deportista debería tener muy claro que las reglas de competición sirven para garantizar que todos los deportistas tengan las mismas oportunidades. Nadie desea participar en una competición donde los puntos de partida sean diferentes. Al fin y al cabo, el deportista se presta voluntariamente a la comparación deportiva. Esta voluntariedad conlleva el mantenimiento del juego limpio y con ello el cumplimiento del reglamento del deporte que ha escogido uno mismo.

¿Qué reglas son las que le traen al deportista los mayores problemas?

Autorización para la salida, participación en competiciones sin permiso, identificación

– El deportista solamente puede tomar la salida si tiene un pase válido o ha sacado una licencia por un día. Se dan excepciones en el triatlón popular e infantil.
– A lo largo de una temporada, el atleta solamente puede tomar la salida por un club. Si a lo largo del año se da de alta en otro club, puede quedar excluido de la competición, lo cual no ocurrirá si su club y la federación acceden al cambio.
– Aún siguen celebrándose competiciones de triatlón que no han sido permitidas por la federación local. Los organizadores de estas competiciones intentan romper la solidadaridad entre los atletas y sacar beneficios. Quien participe en competiciones de este tipo deberá contar con una sanción de hasta nueve meses. Las competiciones no permitidas pueden reconocerse en el hecho de que no están incluidas en el calendario de competición o en la federación.
– El deportista debe participar en la competición con un número de orden bien visible.

En la prueba de natación, el número debe llevarse en el brazo o en el dorso de la mano. Algunos organizadores reparten gorros de baño con número, los cuales es obligatorio usar. Otro número sujeto al cuadro de la bicicleta facilita la identificación. El corredor lleva el número delante (sobre el pecho o el vientre).

Reglas de natación

– Las gafas están permitidas, pero se prohíben las aletas, los guantes, los paddles, los calcetines o los esnórquels.
– En aguas abiertas se puede utilizar un traje protector, pero en la piscina solamente en el caso de que el agua esté a menos de 25 grados. Los refuerzos de los trajes (mejor flotabilidad) no están permitidos. El material de los trajes no debe ser más grueso de 5 mm.

– En el agua se permite cualquier estilo de natación. El nadador puede sujetarse a boyas o cuerdas para descansar.

Reglas de ciclismo

– El jurado de la competición puede controlar el estado técnico de las bicicletas y retirarlas si presentan deficiencias.
– Durante todo el recorrido debe llevarse un casco reglamentario, el cual debe ponerse ya en el vestuario y convenientemente abrochado, una regla que rige hasta que se abandona la bicicleta. Esta regla es importante y se convierte en una trampa para los atletas que preparan la llegada al vestuario antes de tiempo y lo desabrochan demasiado temprano.
– Durante el recorrido no se puede cambiar de rueda, también está prohibido cambiar bicicletas completas. En caso de un pinchazo, el deportista debe arreglarlo él mismo. No está permitido recibir ayuda.
– ¡"Chupar" rueda! Aquí está la regla más problemática del triatlón. Obligar a su cumplimiento es algo difícil y trabajoso. Para solucionar este problema deben colaborar tanto los organizadores y jueces, como los atletas. Forma parte del código de honor el renunciar a cualquier forma de «chupar». «Jugar limpio es lo primero» es la frase que rige en el deporte del triatlón sobre todo en lo que se refiere a la observancia de dicha prohibición. Cada uno debería controlar su propio comportamiento y después el de los demás.
¿Qué debe tenerse en cuenta? La distancia entre dos participantes debe ser de al menos 10 metros en la dirección en la cual se rueda. Las excepciones aparecen en los adelantamientos, en las curvas cerradas, en los ascensos, como en tramos especialmente señalados. Después del proceso de adelantamiento, el corredor adelantado debe cuidar de que se mantengan los 10 metros de distancia. Rodar en paralelo continuamente tampoco está permitido. Si el deportista no cumple esta regla, será castigado con una tarjeta roja, es decir, con la descalificación.
– Todos los atletas deben observar el código de circulación y no dejar que otros vehículos les acompañen.

Reglas para la carrera

– Como en las otras dos disciplinas está prohibido acortar el recorrido.
– Tampoco está permitido el acompañamiento o ayuda adicional. Los

amigos y entrenadores no pueden correr al lado del participante ni «tirar» del deportista.

Comportamiento en las zonas de cambio

– Dentro de las zonas de cambio está prohibido montar en bicicleta.
– Si se ha fijado un lugar para cambiarse de ropa, el triatleta deberá hacerlo en él y no en el párking de bicicletas.

Sanciones

Las infracciones contra el reglamento deportivo, así como contra la obligación de juego limpio o demás reglas, llevarán a tomar medidas disciplinarias. Éstas son:
   a) Amonestación (tarjeta amarilla y recomendación de interrumpir la infracción)
   b) Descalificación (tarjeta roja)
   c) Exclusión inmediata (tarjeta roja y requerimiento de abandonar inmediatamente la competición)
Las amonestaciones se hacen cuando
   a) se infringen reglas sencillas, sin la intención de obtener un beneficio en la competición (p. ej. número de salida torcido o casco mal cerrado)
   b) se infringen reglas con la intención de obtener un beneficio en la competición, pero que aún no se ha conseguido o puede ser solucionado mediante una corrección (p. ej. sentarse en la bicicleta antes de salir del párking - el atleta debe retroceder)
Se decide la descalificación cuando :
   a) existen infracciones graves de las reglas (ejemplo: "chupar" rueda a propósito)
   b) cuando se ha recibido una segunda tarjeta amarilla durante la misma competición.
Debe abandonarse inmediatamente la competición cuando
   a) se acorta el recorrido
   b) se "chupa" rueda (durante varios segundos)
   c) se observa un comportamiento antideportivo en forma de acciones y ofensas.

Grupos de edad

Para participar en competiciones de triatlón vale la siguiente división por grupos de edad :
(«TF» = triatlón femenino, «TM» = triatlón masculino)
TF 11 / TM 11 = escolares B: comienza el año en que cumplen los 11 años.
TF 13 / TM 13 = escolares A: comienza el año en que cumplen los 13 años.
TF 15 / TM 15 = juveniles B: comienza el año en que cumplen los 15 años.
TF 17 / TM 17 = juveniles A: comienza el año en que cumplen los 17 años.
TF 19 / TM 19 = júniors: comienza el año en que cumplen los 19 años.
TF 21 / Tm 21 = clase principal: comienza el año en que cumplen los 21 años.
TF 30 / TM 30 = séniors: comienza el año en que cumplen los 30 años.
TF 35 / TM 35 = séniors: comienza el año en que cumplen los 35 años.
Las demás clases siguen a un ritmo de cinco años, es decir TF / TM 40, TF / TM 45, etc.

¡LAS DROGAS NI TOCARLAS!

También en el triatlón existe el peligro de querer mejorar la capacidad de rendimiento por medios ilícitos.

Las extremas exigencias de rendimiento en la competición y el esfuerzo que requiere el entrenamiento pueden inducir a tomar sustancias prohibidas. Aquí no se hará una enumeración de los productos y los métodos. Lo que es indudable es que el doping pone en peligro al deportista y al deporte en conjunto y les suma en el descrédito. Porque el doping no solamente anula la igualdad de posibilidades de los participantes, sino que también constituye un peligro para la salud del deportista. Destruye un trabajo con la juventud muy valioso y lesiona la dignidad y la ética del deporte en general.

Por esta razón es correcto que las federaciones de triatlón luchen en contra del doping y que por medio de controles velen para que el deporte del triatlón permanezca limpio. Los castigos draconianos contribuyen a mostrar la mala fe del consumo de productos dopantes y evitar desde el principio los intentos de utilizarlos.

LA ORGANIZACIÓN DE COMPETICIONES DE TRIATLÓN

Quien haya organizado alguna vez una competición de triatlón sabe que ello supone un inmenso volumen de trabajo. Hay que dedicarle mucho tiempo y mucho esfuerzo, sobre todo para garantizar la seguridad en las tres disciplinas que contiene, siendo el ciclismo y la natación las que más preparativos requieren. Por el contrario, la carrera es relativamente fácil de organizar, ya que suele tener lugar en carreteras secundarias y caminos, por los cuales no pasa tanto tráfico y no tienen tantos puntos de peligro.

Un problema importante es la financiación de la competición. El dinero de que se dispone no suele ser suficiente para pagar todos los gastos necesarios. Los mayores costes los supone el cronometraje, los cortes de carreteras, la vigilancia en el agua, la impresión de documentos, programas y listas de resultados, los honorarios de los jueces y ayudantes, así como los gastos de transporte. Muchos de estos gastos deben ser cubiertos por patrocinadores de empresas o ayudas de las comunidades. Sin embargo, el organizador necesita muy pronto estas aportaciones. Aunque cada vez es más difícil conseguir patrocinadores, para el deporte del triatlón aún es posible, ya que se trata de un deporte moderno y en auge, que se ajusta a los nuevos tiempos y que por tanto es fácil de comercializar.

> Los contratos con los patrocinadores suelen firmarse a finales de un año con vistas a la siguiente temporada. Si el organizador del campeonato se retrasa, solamente recibirá disculpas.

El organizador debe hacer todo lo posible para darle al triatlón una buena imagen. La oferta de competiciones es grande y los deportistas solamente participan en aquellas competiciones que se destacan por su buena organización. El grado de conocimiento de la competición atrae a muchos espectadores, lo cual también es condición para que los patrocinadores de las firmas comerciales tengan interés en financiarlo. Una organización de acuerdo con el tipo de competición y que no provoca problemas es completamente necesaria para dar esa buena imagen del triatlón. Los medios de comunicación contribuyen a que el público lo conozca. Todo organizador debería procurar que los diarios, la radio y la televisión proporcionaran a tiempo las informaciones y los resultados de la competición, disponiendo de la ayuda de periodistas especializados para ello.

La creación de las condiciones deportivas necesarias es algo imprescindible en cualquier competición; sin embargo, todo organizador sabe que hasta el evitar la infracción del acoplamiento a rueda requiere de grandes esfuerzos. Otras tareas, como el aprovisionamiento y la disponibilidad de agua a lo largo de los recorridos, hacen necesaria también una organización eficaz.

> El triatlón es más sencillo de organizar y de dominar cuando las zonas de transición, y a poder ser también la salida y la llegada, se encuentran en un área que pueda vigilarse bien.

Las «excursiones» de los espectadores desde la salida hasta el lugar de cambio y quizás también hasta la llegada hacen que muchos se retraigan. Esta descentralización hace necesarios unos transportes adicionales y aumenta los costes, además de la dificultad para ver lo que ocurre tanto para los espectadores como para los periodistas.

Indicaciones especiales para la organización

Sobre el nivel de la competición

Incluso un triatlón corto o un duatlón necesita muchos jueces. Frecuentemente, el personal del propio club no es suficiente, de forma que hay que recabar la ayuda de los clubes con los cuales esté en relación. Los organizadores también deben pensar que una competición con 50 participantes casi necesita el mismo número de personal que una con 250 deportistas. Por tanto no es razonable organizar minicompeticiones, ya que deben obtenerse los mismos permisos (utilización de las carreteras, ayuda en el agua, aprovechamiento de espacios, seguros obligatorios, etc.) y las tareas deportivas (cronometraje, aprovisionamiento, seguridad) son las mismas, mientras que los ingresos son menores.

Permisos

Los permisos necesarios para una competición pueden variar mucho de un lugar a otro. La condición necesaria para obtener un permiso oficial debe ser siempre el consentimiento de la federación regional.
Para los permisos de la federación regional es necesario
1- La especificación de la fecha y el lugar de la competición,
2- recorridos y tiempos previstos,
3- determinaciones especiales y ordenanzas de la federación deportiva.
Los permisos oficiales deben obtenerse de
– la administración de carreteras y la policía local,
– los propietarios y usuarios de las aguas para natación,
– de la administración forestal para las carreras a través de los bosques,
– de las administraciones del medio ambiente y
– de las instituciones responsables del medio ambiente y de las condiciones higiénicas cuando se utilicen determinadas aguas.

Inscripción

La inscripción para la competición debe indicar los siguientes datos:
– lugar
– fecha
– hora de salida
– límite de tiempo
– condiciones de participación

- posible cuota de participantes
- presupuesto
- fecha límite de inscripción
- grupos de edad
- dirección para correspondencia
- descripciones de los recorridos o planos de éstos.

Aceptación de las condiciones de la competición

En una aceptación oficial, los deportistas deben conocer las condiciones especiales de la competición. Hay que mencionar:
- procedimiento de salida y llegada a la meta,
- vestuarios,
- puntos de retorno y reglas especiales.

En este documento, los deportistas deben ser recordados expresamente sobre la prohibición del acoplamiento a rueda. Las informaciones por escrito, las tablas informativas y los vídeos deberán complementar las indicaciones hechas oralmente.

Sucesos imprevistos

La dirección de la competición puede ser sorprendida por ciertos hechos que ocurren justo antes de la salida que puede tener como consecuencia un cambio en el desarrollo de la competición. Para garantizar la seguridad y la salud de los participantes deben tomarse las siguientes medidas:

Aplazamiento de la competición. Si las condiciones climatológicas son muy adversas (p. ej. tormenta o niebla), hay que cambiar un recorrido parcial muy peligrosos y apararecen otros problemas de organización, la competición puede aplazarse temporalmente. En los casos extremos, los jueces pueden anular la competición por completo.

Cambio en los recorridos. Si se hace necesario un cambio en el recorrido, los deportistas tendrán que ser informados.

Acortamiento del recorrido. Los atletas se han mentalizado con las relaciones del recorrido que conocen desde su inscripción. Si hay que acortar un recorrido parcial en más de un 50%, también debería hacerse lo mismo en otras distancias, sobre todo en los triatlones largos. En los triatlones cortos no es necesario tomar esta medida.

Anulación de la competición. Si la salud y la seguridad de los deportistas está en peligro, el organizador está obligado a anular una distancia

La organización de competiciones de triatlón

parcial (p. ej. la prueba de natación cuando la temperatura del agua se encuentra por debajo de los 15°) o incluso toda la competición.

Cronometraje y anuncio de resultados

Es conveniente organizar el cronometraje de tal forma que se disponga de dos sistemas independientes de medición para asegurar la obtención de resultados en cualquier circunstancia. El cronometraje también debe dar los tiempos parciales para la natación, el ciclismo y la carrera. Al final de la competición, como muy tarde, debe darse a conocer por escrito al deportista el tiempo realizado. También deben anunciarse las descalificaciones.

Natación

Con la salida en natación se pone en marcha el desarrollo de la competición, sobre el que después se puede influir muy poco. Una salida bien pensada puede hacer mucho por que la competición se desarrolle sin problemas. El organizador del triatlón debe decidir cómo forma los grupos para las diferentes salidas y que orden de salida elige. Los procesos de adelantamiento para la prueba de ciclismo disputada a continuación pueden ser reducidos de esta forma también, incluso la formación de grupos en la prueba de ciclismo puede ser decidida en la salida de natación o minimizada.

Depende del organizador si permite que los nadadores tomen la salida desde el agua o desde la orilla. De todas formas debe vallarse el área de salida y debe controlarse a los participantes. La colocación de los nadadores se lleva a cabo detrás de la línea de salida. En los triatlones en piscina cubierta es obligatorio tomar la salida en el agua.

Debe acortarse la natación cuando el agua está a ciertas temperaturas de acuerdo con la tabla que sigue y deben determinarse los siguientes límites de tiempo:

Temperatura del agua en C°	Distancia máxima	Tiempo de natación máximo
15 - 16,9	1000 metros	35 min
17 - 17,9	2000 metros	1 h 10 min
18 - 18,9	3000 metros	1 h 40 min
19 - 19,9	4000 metros	2 h 15 min

*Agua bien - por lo
demás un poco de calor*

El reglamento de la federación alemana de triatlón prevé que los grupos no deben exceder del número de participantes siguiente:
Triatlón corto: 100 participantes
Triatlón medio: 200 participantes
Triatlón largo: 400 participantes

En la práctica se ha demostrado que el grupo de los corredores de élite debe ser aún menor y que debe formarse un grupo propio para las mujeres. Por lo general salen primero las mujeres, después el grupo de élite de hombres, después sigue la división por grupos según la edad. Si se observa un intervalo de 15 minutos entre las salidas de cada bloque prácticamente no se producen mezclas y por tanto unas condiciones objetivas para determinar la infracción de colocarse a rueda.

El organizador puede hacer obligatorio el uso de trajes protectores del frío; en este caso valen las siguientes distancias de recorrido y tiempos límite:

Temperatura del agua en C°	Distancia máxima	Tiempo de natación máximo
15 - 15,9	1000 metros	35 min
16 - 16,9	2000 metros	1 h 10 min
17 - 17,9	3000 metros	1 h 40 min
18 - 18,9	4000 metros	2 h 15 min

El recorrido en natación debe marcarse con ayuda de boyas – a poder ser cada 100 metros. Los botes de remos velan por la seguridad necesaria a lo largo de todo el recorrido. Por lo menos debería tenerse un fueraborda para el transporte de los deportistas agotados. Para la comunicación de los botes entre ellos se utilizan radios o señales acústicas. Todos los botes deben poder ofrecer los primeros auxilios. No está permitido llevar a los jueces de competición que realizan las comprobaciones en natación en los botes de salvamento. Los organizadores deben cuidar que los atletas no sean molestados o puestos en peligro por otras embarcaciones o por el público. Como medio de guiar al primer nadador de un grupo se utilizan tablas de surf redondeadas.

¿Qué más hay que tener en cuenta en la prueba de natación?
– Obligatoriedad de ponerse el gorro de baño (con número de orden)
– Brazo con número de orden o en la mano para los que lleven un traje de protección (tinta indeleble)
– Puede cambiarse la técnica de natación
– Prohibición del uso de paddles y aletas
– El tiempo obtenido se mide justo después de abandonar el agua (montar calles de llegada en forma de cuña).

Condiciones materiales para la prueba de natación
– Gorros de baño numerados
– Varios rotuladores para marcar el brazo. Se necesitan ayudantes para marcar
– Cinta, pistola o bandera de salida
– Boyas para marcar
– Botes salvavidas, a remos y motor

- Botes para los jueces de competición e indicador para dar la vuelta.
- Tablas de surf como medio para dirigir.
- Material para ayudar en el cronometraje del tiempo.
- Sistema de altavoces en la línea de salida.

Ciclismo

La elección del recorrido para la prueba de ciclismo le comporta al organizador la mayor parte de los problemas. No siempre las autoridades y la policía están dispuestas a dar permiso para el recorrido deseado. Las carreteras principales y las autopistas suelen descartarse. A menudo la limitación de horarios en el uso de las carreteras dificultan la organización de la competición. Por ello, el organizador debe pedir la autorización muy pronto para tener aún tiempo de cambiar de recorrido.

El recorrido para ciclismo debe idearse de tal manera que no le prepare al ciclista ninguna sorpresa imprevista. Pero también debe ser selectivo, darle al buen ciclista el mayor número de ocasiones para ganar tiempo y no darle ninguna oportunidad a los «chupadores». Los recorridos con numerosos ascensos y descensos y con muchas curvas se consideran selectivos. Esta exigencia choca a menudo con la necesidad de velar por la seguridad de los deportistas, pero en tierras llanas no es posible encontrar recorridos como éstos. Como consecuencia deben aumentarse los controles para evitar la tentación de "chupar" rueda.

El recorrido para la prueba de bicicleta está marcado bien con marcas en el suelo o con señales visibles al borde de la carretera que indican la dirección a seguir. Los descensos peligrosos y las curvas deben estar marcados por medio de indicadores previos y señales de peligro. La seguridad durante el recorrido suele requerir un gran número de personal, ya que los cruces y los desvíos hacia la izquierda deben ser vigilados por los ayudantes o la policía. Ello puede significar 40 ayudantes sobre una distancia de 40 km. Muchos organizadores intentan reducir estos gastos haciendo dar varias vueltas a un mismo recorrido. Esta solución produce una mayor aglomeración de participantes y aumenta el peligro de "chupar" rueda.

Similares son las condiciones en los puntos de vuelta y aún más cuando solamente en casos excepcionales la carretera está completamente libre para la competición. A menudo solamente se consigue una dismi-

La organización de competiciones de triatlón

Con los pies todavía en el agua y el pensamiento sobre la bicicleta

nución del tráfico o de la velocidad de los demás vehículos. El tráfico vecinal tampoco se puede eliminar por completo.

El recorrido debe contar con personal de la Cruz Roja apostado en diferentes puntos. Además también es conveniente que haya por lo menos una ambulancia. El aprovisionamiento con bebidas y otros cuidados se produce cada 20 km. También en los triatlones cortos son necesarios estos puestos, ya que los ciclistas más débiles suelen pedirlo. En ellos deberían repartirse botellas de agua y trozos de plátano. Los vasos no son adecuados, ya que cuando se pasan a los ciclistas, la mayor parte del contenido se derrama.

Los puestos de aprovisionamiento deberán colocarse en aquellos puntos donde el ciclista está obligado a circular despacio. Varias indicaciones previas deberán informar sobre su situación.

Incluso la competición de triatlón mejor organizada da que hablar si se detecta un acoplamiento a rueda. El organizador solamente lo puede evitar si mantiene el grupo de salida lo más reducido posible y planifica las salidas con grandes espacios intremedios. Sin embargo, el método más eficaz es un buen control, que solamente se puede realizar siguiendo la competición, o sea, desde motocicletas. Con ello también aumentan los gastos materiales y económicos de la organización. Los numerosos desastres a causa del acoplamiento a rueda han demostrado que solamente se puede solucionar este problema por medio de una vigilancia muy estricta.

Existen diferentes estructuras de soporte para guardar las bicicletas en los vestuarios. Lo importante es que estos lugares estén bien indicados para que el deportista encuentre su bicicleta lo más rápidamente posible.

Condiciones materiales para la prueba de ciclismo

– Marcaje del recorrido (visible y resistente a la lluvia)
– Números para las bicicletas de control
– Números de salida sobre las espaldas de los participantes
– Señales para indicar los puntos peligrosos
– Motocicletas para el control y el transporte de periodistas
– Ambulancia y sanitarios
– Puestos de aprovisionamiento (mesas, botellas para bicicletas)
– Cronometraje intermedio a la llegada

Carrera

La última prueba de carrera es la más fácil de organizar. Cuando se corre por caminos a través del bosque y el campo no consituye ningún problema cerrarlos al público. Cuando se elija el recorrido, deben preferirse los caminos a las calles asfaltadas. Los caminos forestales tienen la ventaja de permitir que la última parte de la competición no se desarrolle a pleno sol. Las marcas se hacen con una máquina de tiza. Puede utilizarse también una tiza más volátil o serrín, pero tienen el

La organización de competiciones de triatlón

Paaula Newby-Fraser...

inconveniente de que las marcas desaparecen con la lluvia. Con la máquina de tiza se dibujan en el suelo grandes flechas que indican la dirección en la que hay que correr. También se puede hacer con una línea gruesa. En el triatlón corto con dos vueltas al circuito de 5 km de longitud estas marcas no suponen ningún problema.

Para el atleta es un alivio que el recorrido esté provisto de señales que indican los kilómetros. De esta forma puede determinar mejor cómo repartir sus fuerzas.

Deberían ofrecerse bebidas y fruta cada 5 km. Lo mismo vale para los puestos de agua. En los días de mucho calor (25 grados y más) se recomienda que las distancias entre estos puestos sean menores.

Los sanitarios deberían situarse en los puntos críticos del recorrido. La experiencia ha demostrado que los problemas por el calor y con la circulación sanguínea aparecen especialmente en los últimos dos kilómetros de la prueba.

Condiciones materiales para la prueba de carrera

– Máquina de tiza y marcadores de polvo
– Señales para indicar distancias en cada kilómetro, señales para indicaciones varias
– Material para vallar el recorrido en cruces, bifurcaciones y posibilidades de acortamiento
– Puestos de aprovisionamiento y de agua con esponjas
– Vasos suficientes y contenedores de basura
– Bicicletas como medios de dirección y al final del grupo de participantes

Vestuario

El vestuario desempeña diferentes funciones, que son:
– Guardar las bicicletas
– Los participantes pueden cambiarse de ropa después de la prueba de natación y ciclismo
– Cuidados a los atletas después de la natación y antes de la carrera
– Quizás también punto de descanso después de llegar a la meta con cuidados
– Quizás también masaje

Estas exigencias fuerzan a los organizadores a pensar exactamente cómo será el paso por el vestuario y ofrecer una solución que satisfaga todas las necesidades, que sea fácilmente controlable y que tenga las mismas condiciones para todos los participantes.

Con el equipo cada vez mejor de los triatletas también aumenta el valor del material que se guarda en el vestuario. En las competiciones importantes puede llegar a costar varios millones. El organizador debe descartar el robo y los daños por medio de una valla resistente y personal de vigilancia. Esto es muy importante porque ningún seguro cubre los desperfectos en el vestuario y su contenido. La entrega de las bicicletas y de demás equipo solamente debería hacerse a cambio de un justificante que el atleta recibirá conjuntamente con la documentación de la competición.

La estructura y la organización del vestuario dependen también del carácter de la competición. La federación alemana, en su reglamento deportivo, distingue entre las reglas generales para las competiciones de triatlón (parte A) y reglas para las competiciones de clasificación y los

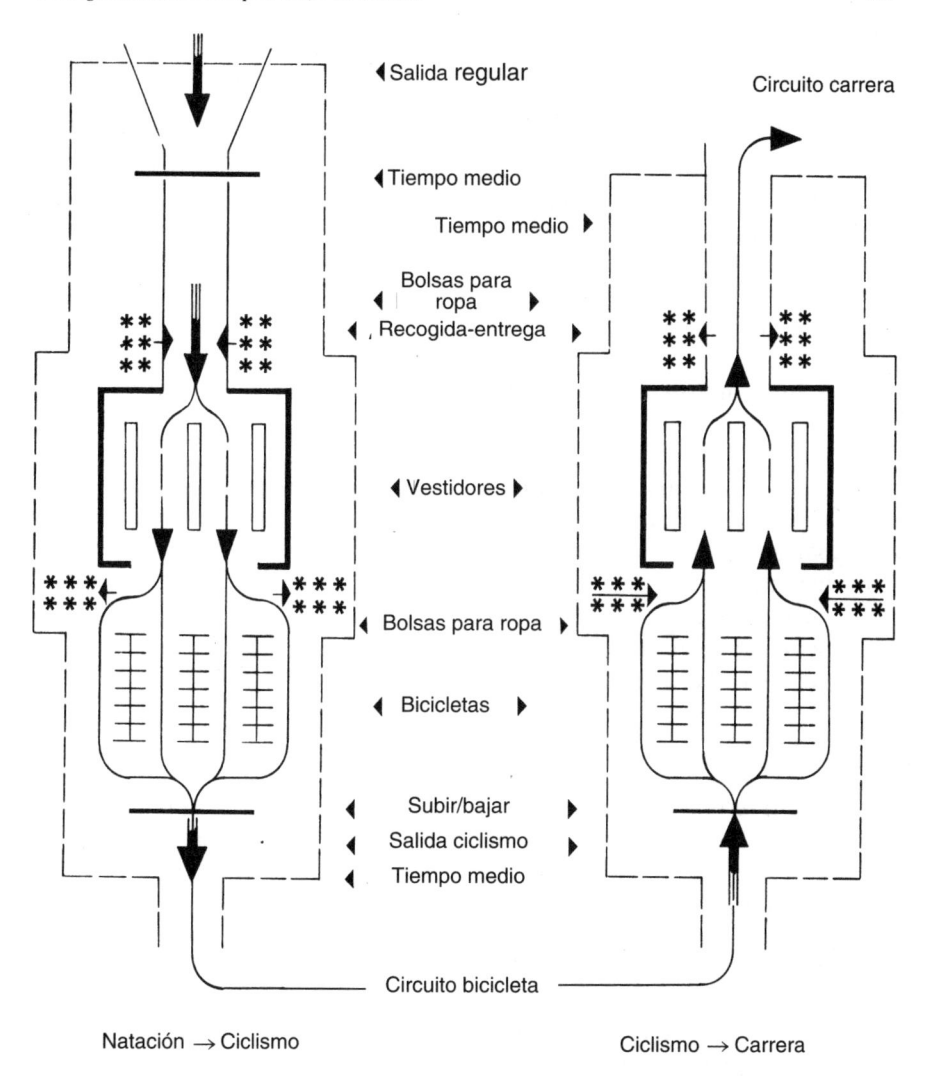

La organización de competiciones de triatlón 263

Ilustración 73: Estructura de los vestuarios (esquema) según el reglamento deportivo, parte B

campeonatos (parte B). En el segundo caso, debe ofrecerse una posibilidad de cambiarse en lugar reservado y cerrado. El deportista recibe para cada disciplina una bolsa de ropa y debe cambiarse en la zona del vestuario. En el lugar donde se guardan las bicicletas solamente se pueden dejar las zapatillas de ciclismo. Esta variante supone unas mayores exigencias para la organización. La ilustración muestra un vestuario según el reglamento deportivo, parte B.

Deben marcarse tanto el comienzo como el final de la zona de vestuario, ya que en él el atleta debe empujar su bicicleta y solamente puede quitarse el casco dentro del vestuario.

Condiciones materiales del vestuario

- Valla y material de cerramiento
- una o dos cabinas para cambiarse (para hombres y mujeres)
- soportes para bicicletas numerados
- bolsas se ropa
- banquetas
- puestos de aprovisionamiento
- personal de vigilancia
- quizás vallas a la entrada y la salida

Llegada a la meta

Cuando se llega a la zona de meta, debe cumplirse la tarea principal de la competición, es decir el cronometraje final. No está bien que se haya perdido el tiempo parcial, pero puede perdonarse. Mucho peor es que el atleta no haya sido cronometrado a la llegada a la meta o se le atribuyan tiempos y puestos incorrectos. Ello ocurre especialmente cuando varios deportistas llegan al mismo timepo. El cronometraje en la llegada solamente deberían realizarlo aquellos jueces que tienen experiencia en este aspecto y no permiten que el nerviosismo de la competición les influya.

Lo determinante para que se pueda cronometrar perfectamente el tiempo también es la organización de la llegada a la meta. Es necesario que haya una calle de llegada y un área de cronometraje cerrado. También es importante que el puesto conseguido y el tiempo final se midan por medio de dos sistemas diferentes para asegurar la obtención de resultados sean cuales sean las condiciones.

Para el cronometraje del tiempo ya existen programas informáticos en los que se puede confiar. Por tanto, ahora solamente se trata de que los números de los participantes que llegan a la meta entren correctamente en el programa. Para ello son necesarias personas que los digan y otras que los anoten en la computadora. La computadora calculará automáticamente a qué grupo pertenecen, su puesto en la clasificación general así como el tiempo obtenido.

Además de un control por computadora de los resultados también debería tenerse otro control manual. En una lista preparada de antemano se anotan los atletas que llegan a la meta y su tiempo si lo permite la densidad de los llegados. Como control, para el deportista es suficiente este tiempo único. El cronometraje total se hace más fácil si detrás de la línea de meta hay una calle de entrada lo más estrecha posible. Aquí se puede entregar a los atletas un certificado de participación o una camiseta de participante.

Condiciones materiales de la llegada a la meta

– Torre de llegada, a poder ser con cronometrador
– Material para cerramientos en la calle de llegada
– Material de cerramiento para el lugar de llegada
– Puestos de aprovisionamiento para los corredores (bebidas, fruta, alimentos sólidos)
– Computadora, cronómetro, relojes
– Espacio o tienda para analizar los datos de la computadora
– Mesas, sillas
– Quizás un espacio para hacer los certificados de participación

Protección del medio ambiente

Durante largo tiempo solamente se consideraba a las industrias, los productores de energía y al tráfico los únicos responsables de la contaminación medioambiental. En los últimos años, también se han hecho comentarios sobre el deporte y el turismo. No es de extrañar, ya que es evidente que, por ejemplo, el esquí de fondo transforma parajes enteros y los deportes acuáticos perjudican a muchos lagos.

La influencia sobre el medio ambiente por causa del deporte del triatlón es baja, ya que las disciplinas parciales de ciclismo y carrera se realizan sobre caminos y carreteras, y la prueba de natación se desarrolla principalmente en piscinas o playas. Sin embargo existen muchas posibilidades de minimizar las influencias que el triatlón pueda tener sobre el medio ambiente.

Llegada triunfal de un gladiador

Aquí damos algunas indicaciones de cómo se pueden mejorar las competiciones y el trabajo de los clubes en el sentido de la protección del medio ambiente:

— En la fase de preparación de una competición ya debería decidirse si se utilizará papel satinado o reciclado para los documentos, los programas, los avisos, etc.

— El recorrido debe hacerse de forma que no perjudique zonas protegidas, lugares de anidación de pájaros y otros lugares naturales tan sensibles. Ello puede ser de importancia especialmente en el triatlón de cross.

– Debe estudiarse la posibilidad de no utilizar sacos de ropa de plástico. Las bolsas de tela aumentan los gastos de organización, pero hacen más fácil limpiar el vestuario después de la competición. Los vasos de cartón hacen que la fabricación y recogida perjudiquen el medio ambiente mucho menos que los de plástico. Lo mejor son los vasos que puedan volver a utilizarse.

Por principio debería procurarse que el volumen de basura fuera el mínimo.

– En las competiciones de envergadura, el ruido puede convertirse en un problema (altavoces, pistoletazos de salida). Los organizadores deberían procurar reducir el volumen y la duración del ruido.

– En el triatlón existe un problema especial con el aumento del tráfico y la ocupación de párkings. Ya que no es muy realista pedir a los triatletas que acudan en transporte público, por lo menos debería procurarse que se formasen grupos para así disminuir la densidad de tráfico.

– Se ruega a los clubes que no exijan solamente a la hora de obtener un permiso, sino también a contribuir a observar las medidas pertinentes (p. ej. limpieza de la orilla). Ello contribuye a tener una mejor relación con los protectores de la naturaleza que a menudo también deciden en la concesión de permisos.

– También en las pequeñas competiciones de triatlón es usual anunciar las ideas de la organización. Las medidas para la protección del medio ambiente, para evitar la producción de basura y para la limpieza no suelen estar incluidas. Las organizaciones deben tomar medidas a este respecto.

– Finalmente, la principal tarea de los clubes y los responsables de las federaciones consiste en desarrollar la conciencia frente al medio ambiente. Los triatletas por regla general son personas que se sienten unidas a la naturaleza, pero sin embargo es importante aumentar la comprensión por la naturaleza, ya que en muchas situaciones el deportista mismo debe decidir lo que puede exigirle a la naturaleza.

El triatlón depende de que el medio ambiente permanezca intacto, por ello los atletas deben ayudar a su conservación. Reconocer cada vez más esta dependencia mutua y respetarla debería ser la tarea de todos los responsables.

La protección del medio ambiente en el deporte del triatlón se hace en interés propio. ¿Quién quiere cortar la rama sobre la cual está sentado?

Esquema de un plan de organización

Este esquema debería servir de guía para los organizadores de competiciones de triatlón sobre las medidas organizativas que deben tomar y darles a los atletas una idea del trabajo que supone llevar a cabo una tarea de este tipo.

1 mes antes de la competición

1. **Planificación de fechas, determinación de los lugares donde se celebrará la competición**
   – Acuerdos con los propietarios de las instalaciones deportivas, de las aguas para la prueba de natación o del espacio destinado a vestuario.
   – Determinación de una fecha para la competición y de la hora de comienzo (teniendo en cuenta otras competiciones y el clima)
2. **Determinación del número máximo de participantes**
3. **Obtención de los permisos pertinentes**
   – Utlización de carreteras y caminos públicos
   – Alta en la federación regional
   – Permiso del ayuntamiento o la administración local
   – Permiso de los propietarios legítimos de las instalaciones deportivas utilizadas y de los recorridos (administración forestal, administración local, propietarios privados)
4. **Preparación de la publicidad**
   Ésta debe contener:
   – denominación de la competición
   – organizadores
   – lugar de la competición
   – número máximo de participantes
   – fechas y horarios de salida de los diferentes grupos
   – longitud de los recorridos
   – competiciones adicionales
   – división por grupos de edad
   – límite de tiempo para los diferentes recorridos
   – dirección de correspondencia / fecha límite de inscripción

- cuota a pagar y número de cuenta
- indicaciones sobre la organización de la competición (p. ej. plano de los recorridos, momento de la toma de posesión, premios)
- tiempos de entrenamiento sobre los recorridos parciales
- posibilidades de pernoctar
- párkings

5. Plan de organización
- Desarrollo temporal exacto de las competiciones principales y adicionales
- planificación temporal de todos los trabajos de organización
- definición de las medidas de seguridad
- plan de publicidad y anuncios en medios de información
- medidas para la obtención de patrocinadores

6 meses antes de la competición

1. Envío de inscripciones (a personas individuales y clubes)
2. Diseño de un plan de financiación
   Ingresos
   - dinero inicial
   - ganancias por la venta de recuerdos y por publicidad
   - dinero de patrocinadores

Gastos
- gasto de publicidad (inscripciones, pósters, listas de resultados, etc.)
- gastos por el acondicionamiento de los recorridos y el vestuario
- alquileres (tiendas, sillas, mesas, aparatos deportivos, botes)
- asistencia sanitaria
- cuidados durante la competición
- transporte
- números de salida
- instalación de megafonía
- señalización
- cronometraje y servicio de anuncio de resultados (computadora)
- recuerdos, regalos para los ganadores
- premios en metálico
- honorarios de jueces de competición y ayudantes

3. Organización de un grupo de colaboradores
   Debe organizarse un grupo de colaboradores que se ocupe de los demás

campos organizativos. Es necesario celebrar reuniones regulares. El grupo de colaboradores debería estar compuesto por :
- director general de la competición
- director organizativo
- director de la competición de natación
- director de la competición de ciclismo
- director de la competición de carrera
- director del cronometraje
- director de información / anuncio de ganadores
- director de seguridad y asistencia sanitaria
- responsable de mantenimiento
- jefe del jurado

4. Apertura de oficinas de inscripción
- abrir una cuenta para el pago de las cuotas de inscripción

5. Elaboración de un programa para adquirir material
para
- el vestuario
- el recorrido de natación
- el recorrido de ciclismo
- el recorrido de carerra
ver «condiciones materiales».

3 meses antes de la competición

1. Envío de material informativo a la prensa, la radio y televisión
(folletos, pósters, información para la prensa)

2. Acuerdos con diferentes organizaciones con respecto a su colaboración
- Cruz Roja
- ayuntamientos de las comunidades afectadas por los recorridos
- vigilancia en carretera
- policía (para posibles cortes de tráfico)
- bomberos
- equipos de salvamento del mar
- clubes deportivos

3. Elaboración del plan de trabajo para los jueces y ayudantes
- obtención de jueces y ayudantes

4. Envío de las condiciones para la salida
- folleto informativo para el deportista

5. **Servicio de masaje**
6. **Adquisición de medios de transporte y motos para los controles**

4 semanas antes de la competición

1. **Marcaje de los recorridos de competición para el entrenamiento**
    – quizás determinar horarios diarios
2. **Publicidad**
    – información regular a la prensa (quizás también conferencia de prensa)
    – invitación a personalidades y patrocinadores
3. **Acuerdos con policía y ayuntamientos**
    – incluso visita del lugar

1 semana antes de la competición

1. **Comienzo de los preparativos del lugar de competición, especialmente del vestuario**
2. **Reunión de todos los responsables de los grupos de colaboradores**

1 día antes de la competición

1. **Montaje de todas las instalaciones**
    – vestuario (soportes de bicicletas, etc.)
    – instalaciones en la salida y la llegada
    – instrumentos de cronometraje
    – preparación de las instalaciones adicionales, inclusive el párking
    – instalación de megafonía
2. **Marcaje de los recorridos (indicaciones de km)**
    – marcaje del suelo y de señales indicativas para el recorrido de ciclismo y carrera
    – quizás también instalar señales de tráfico
    – colocación de las boyas para el recorrido de natación
3. **Instalación de los altavoces**
4. **Control de las medidas técnicas de seguridad**
    – vehículos de guía y finales
5. **Instalación de la publicidad de los patrocinadores y adornos**

Día de la competición

1. **Instalar el puesto de inscripción e información**
   – trabajos de oficina
   – pizarras de información (resultados)
2. **Reunión con los jueces de competición**
   – control de la distribución de los jueces de competición
3. **Control de las medidas de seguridad**
4. **Montaje de los puestos de agua y estaciones de aprovisionamiento en los vestuarios y a lo largo de los recorridos**
5. **Chequeo de la salida**

Competición

1. **Salutación**
2. **Inscripción en la competición** (obligatoria para todos los atletas)
3. **15 minutos después de la inscripción: salida**
4. **Entrega de premios**

Después de la competición

1. **Desmontaje de todas las instalaciones**
2. **Limpieza del lugar**
3. **Devolución de todos los materiales**
4. **Facilitación de información para los medios de comunicación**
5. **Protocolo de resultados enviado a los participantes**
6. **Escrito de agradecimiento a los colaboradores y patrocinadores de la competición**
7. **Recuento de los costes**
8. **Valoración de todas las deficiencias y errores de la organización**
9. **Comienzo de la preparación del siguiente triatlón**

BIBLIOGRAFÍA

Altig, Rudi/Link, K.: Optimale Radsport-Technik 2. Für Könner. Oberhaching: Sportinform Verl., 1986

Aschwer, Hermann: Handbuch für Triathlon. Aachen: Meyer & Meyer, 1988

Berendonk, Brigitte: Dopingdokumente. Von der Forschung zum Betrug. Berlin/Heidelberg/New York: Springer-Verlag, 1991

Bremer, D./Engelhardt, M./Kremer, A./Wodick, R. (Red.): Triathlon. Trainingssteuerung, Psychologie, Jugendtriathlon. Internationales Triathlon-Symposium, Neumünster 1988. Ahrensburg: Czwalina, 1989

Bremer, D./Engelhardt, M./Kremer, A.: Triathlon: Psychologie, Training, Doping: Internationales Triathlon-Symposium, Nürnberg, 1987

Bremer, D./Engelhardt, M./Kremer, A./Wodick, R. (Red.): Triathlon. Sportmedizin und Trainingswissenschaft. Internationales Triathlon-Symposium, Hanau, 1986. Ahrensburg: Czwalina, 1989

Bremer, D. (R.)/Engelhardt, M./Kremer, A./Wodick, R.: Triathlon: Physiologie, Betreuung, Trainingsplanung. Internationales Triathlon-Symposium, Niedernberg, 1989

Die Ordnung der DTU. München: Bayrischer Triathlon-Verband, 1992

Ehrler, W./Menschel, C. H./Meyer, J.: Triathlon. Berlin: Sportverlag, 1987

Engelhardt, M.: Faszination Triathlon. Bielefeld: Bielefelder Verlagsanstalt, 1987

Engelhardt, M. / Kremer, A.: Triathlon perfekt. München/Wien/Zürich: BLV, 1987

Janssen, P. G. J. M.: Ausdauertraining. Trainingssteuerung über die Herzfrequenz- und Milchsäurebestimmung. Erlangen: perimed, 1989

Klaeren, K.: Trainingsplan Triathlon – Einsteiger und Fortgeschrittene. Oberhaching: sportinform, 1988

Klaeren, K.: Der Triathlon-Ratgeber. Oberhaching: sportinform, 1988

Lachmann, G./Steffens, T.: Triathlon. Die Krone der Ausdauer. Hilden: Spiridon, 1983

Schramm, E.: Sportschwimmen. Berlin: Sportverlag, 1987

Wachter, G./Hofmann, J./Zaeck, J.: Erfolg im Triathlon durch systematisches Kraft- und Schnelligkeitstraining. Bielefeld: Bielefelder Verlagsanstalt, 1988

Wachter, Gerhard: Faszination Triathlon. Bielefeld: Bielefelder Verlagsanstalt, 1987